高等院校立体化创新经管教材系列

大众理财与证券市场

张本照　主　编
王海涛　阮素梅　郑　岚　副主编

清华大学出版社
北　京

内 容 简 介

本书是国家级精品视频公开课程《证券市场与大众理财》配套教材、安徽省高等学校"十二五"省级规划教材,也是一本全面介绍各类理财工具、分析各类理财工具收益和风险以及如何进行证券市场分析的工具书。全书由三篇(十七章)组成:上篇为理财工具篇,包括储蓄理财与银行理财工具、股票理财工具、债券理财工具、基金理财工具、期货理财工具、外汇理财工具、保险理财工具、贵金属投资理财工具、信托理财工具、房地产投资理财工具等内容;中篇为理论基础和投资组合篇,包括大众理财投资的理论基础和大众理财投资的组合设计等内容;下篇为证券市场分析篇,包括证券市场的宏观经济分析、证券市场的行业及区域分析、证券市场的上市公司分析、证券市场的技术分析、证券市场的策略分析等内容。每章章首附有"学习目标"和"导读案例",每章章末附有"本章小结"和"自测题"。本书配备有多媒体教学课件。

本书不仅适合在高等院校财经类、工商管理类专业以及 MBA、相关理财培训教学中作为教材使用,也可用作国家理财规划师和证券从业人员资格考试参考教材及普通投资者提高理财市场分析能力和投资技巧的工具书。

本书封面贴有清华大学出版社防伪标签,无标签者不得销售。
版权所有,侵权必究。举报:010-62782989,beiqinquan@tup.tsinghua.edu.cn。

图书在版编目(CIP)数据

大众理财与证券市场/张本照主编. —北京:清华大学出版社,2021.8
高等院校立体化创新经管教材系列
ISBN 978-7-302-58678-4

Ⅰ.①大… Ⅱ.①张… Ⅲ.①私人投资—高等学校—教材 Ⅳ.①F830.59

中国版本图书馆 CIP 数据核字(2021)第 140023 号

责任编辑:	陈冬梅
封面设计:	刘孝琼
责任校对:	周剑云
责任印制:	朱雨萌
出版发行:	清华大学出版社
	网　　址:http://www.tup.com.cn, http://www.wqbook.com
	地　　址:北京清华大学学研大厦 A 座　　邮　　编:100084
	社 总 机:010-62770175　　邮　　购:010-62786544
	投稿与读者服务:010-62776969, c-service@tup.tsinghua.edu.cn
	质量反馈:010-62772015, zhiliang@tup.tsinghua.edu.cn
	课件下载:http://www.tup.com.cn, 010-62791865
印 装 者:	三河市国英印务有限公司
经　　销:	全国新华书店
开　　本:	185mm×260mm　　印　张:17.75　　字　数:431 千字
版　　次:	2021 年 8 月第 1 版　　印　次:2021 年 8 月第 1 次印刷
定　　价:	49.80 元

产品编号:085128-01

前　言

改革开放以来，中国创造了在人类经济史上不曾有过的奇迹：将1978年作为基期，中国人均GDP从156美元到2020年突破10000美元；GDP总值占全球GDP比重从年均1.75%到2020年的17%；外汇储备从1.67亿美元到2020年的3.22万亿美元；中美GDP差距从15.7倍到2020年的1.4倍。随着我国经济社会的快速发展和综合国力的显著增强，居民收入也呈快速增长态势。国家统计局数据显示，2017年全国居民人均可支配收入达25974元，扣除价格因素，比1978年实际增长22.8倍，2020年，全国居民人均可支配收入32189元，扣除价格因素，比1978年实际增长26.4倍。1978年居民家庭金融资产总额为380.2亿元；2019年，金融资产的规模是129.5万亿元(经济日报社中国经济趋势研究院家庭财富调研组，2019)，是四十一年前的3407倍。

改革开放的四十周年，既是中国经济飞速发展的四十年，也是居民家庭资产飞速增加的四十年。四十年，有无数值得记住的关键节点，从八九十年代的"储蓄为王"，到千禧年后房地产崛起，再到股票、债券、投资基金、信托、银行理财、保险等各类投资工具的全面登场，居民财富配置多元化、投资理财范围全球化趋势渐显。

长期以来，中国人家庭财富结构主要就是存款，对理财的理解便是储蓄。根据《中国家庭财富调查报告 2019》调查结果显示，居民家庭的金融资产分布依然集中于现金、活期存款和定期存款，占比高达88%，接近九成。在有数据可查的35个OECD(经济合作与发展组织)国家中，仅有8个国家的存款和现金占家庭金融资产比例超过了50%。这一比重超过60%的国家只有3个国家；在社会福利和社会保障覆盖范围比较广的北欧国家中，瑞典、丹麦、芬兰和挪威的现金、活期存款和定期存款所占家庭金融资产比重分别为19.34%、31.14%和38.75%(中国人民银行调查统计司城镇居民家庭资产负债调查课题组，2019)。从我国居民家庭财产结构来看，居民住房资产占家庭总资产的比重为59.1%，金融资产占比较低，仅为20.4%。同期，美国居民财富构成中超过七成配置了金融资产，在居民各类资产中，股票和投资基金占比32.2%，房地产占比24.3%，保险与养老金占比23.8%，三者成为居民资产配置的主要去向(姜超，宏观债券研究，2019)。

当前中国住房资产占比偏高、金融资产结构单一、较高的预防性储蓄等都与扩大内需背道而驰，单一的资产结构更加难以抵御资产风险，不利于居民财产稳定增长。回顾刚刚过去的2020年，公募基金规模、业绩创造多项"奇迹"，投资者对公募基金的认可与日俱增，新发基金数量与募集规模也迎来骤涨。2020年新发基金(特指"非货币基金"，下同)共1508只，合计规模高达3.16万亿元，达到近五年之最。不仅是公募基金，私募基金的市场也同样火爆。私募基金发行创历史纪录，2020年证券类私募基金全年新增产品数量近2万只。可以预见居民财富从房地产向证券金融资产增配将是大势所趋，未来随着中国家庭的收入和资产水平的上升，对股票、基金、保险和债券等风险资产和金融资产的需求将显著上升。目前中国家庭资产正在进入金融资产配置加速的拐点，中金公司研究报告认为主要原因有如下五点。①经济发展阶段：收入水平抬升推动资产配置行为改变。目前中国人均GDP达到10000美元，部分国家的发展经验显示，居民资产配置行为往往在这一水平前后发生显著变化。②资产配置结构：住房等实物资产已经占到较高比重，从房地产行业发展上看,一方面,随着人口红利见顶,住房需求将下滑;另一方面,在"房住不炒"的理念下国家房地产调控政策逐步加码,房价上涨将回归理性。③人口结构变化:年龄阶段对资产配置行为产生影响,实践中看日本、美国居民不动产配置的拐点与20~55岁人口数占比的拐点比较接近。中国20~55岁人口数量占比的拐点已经在 2010—2015 年发生。④资本市场发展与实体经济需求:目前中国资本市场发展已经初具规模,居民进行金融资产配置的条件已经基本具备;多层次资本市场改革与开放仍在推进实体经济结构转型、创新升级对资本的需求加大。⑤低利率环境:会促使居民多渠道寻求收益。

2021 年,中国经济将阔步迈入"重质"发展新阶段。围绕构建以国内大循环为主体、国内国际双循环相互促进的新发展格局,深入推进供给侧结构性改革,持续激发并扩大内需潜力,为"十四五"开好局、起好步。我国国民财富将进一步增加,民众对财富管理意识和意愿将进一步强烈,人们对财富的追求和对财富的保值增值愿望更加迫切。但国民投资常识匮乏、财经金融素养整体偏低,投资受骗、金融诈骗等案件频发,大众理财知识学习和普及已成为全社会关注的热点。让大众投资者了解目前有哪些主要投资理财工具,把握理财工具性质、收益与风险,掌握投资理财的理论基础和进行投资组合设计,提高大众投资者投资理财素质,是一个十分重要且紧迫的问题。本教材的编写出版正是为了适应社会这一迫切需求。

本教材在编写过程中,主要体现了以下几个主要特点。①理论与实践紧密结合。通过分析理财工具的概念、性质和特点,将理论知识和现实市场结合起来,重点分析理财工具的收益和风险、理财的技巧。②应用性强。通过使用大量的表格和图解,并列举了大量的习题和具体案例,有利于读者对大众理财理论和方法的理解与运用。③反映最新理论和应用成果。将中国理财市场发生的新变化、新情况导入本教材中,提高读者对理财市场的前瞻性分析和判断能力。

本教材的编写出版,得到了清华大学出版社相关领导的认可和大力支持,得到了安徽省教育厅、合肥工业大学教务处与经济学院、安徽财经大学研究生院与金融学院的支持和帮助。全书由张本照(合肥工业大学教授/博士)制订编写计划,张本照、王海涛(合肥工业大学副教授/博士)、阮素梅(安徽财经大学教授/博士)、郑岚(合肥工业大学副教授/博士)最终统稿完成。全书共分 17 章,具体编写分工如下:第一章(王海涛、汪曲)、第二章(郑岚、张玉)、第三章(郑岚、杜启明)、第四章(王海涛、梅健)、第五章(阮素梅、倪晓瑞)、第六章(郑岚、王宏军)、第七章(阮素梅、刘静然)、第八章(张本照、王浩林)、第九章(张本照、沈爱迪)、第十章(张本照、彭春琳、祁原杰、廖锂川)、第十一章(阮素梅、谢逢彬)、第十二章(张本照、张子扬)、第十三章(王海涛、方心语)、第十四章(张本照、吴佳湟)、第十五章(王海涛、慕文静)、第十六章(王海涛、赵明远)、第十七章(王海涛、张婷)。另外,郭正梅帮助查阅了大量资料和进行了文字校对工作。在此,对以上相关支持者表示衷心的感谢。

本教材在编写过程中,参阅了国内外大量的相关文献,已在书后列出,在此对这些作者和网站资料收集者、提供者表示衷心感谢。若有遗漏,万望见谅。由于编者水平有限,编写时间仓促,难免有很多不成熟的观点和粗糙之处,敬请投资界专家和广大读者雅正并提出宝贵意见,以便进一步修订。

张本照
2021 年 2 月于翡翠科教楼

目 录

上 篇 理财工具篇

第一章 储蓄理财与银行理财工具 1
 第一节 储蓄理财概述* 2
 第二节 银行理财概述 2
  一、银行理财产品的概念和特点 2
  二、银行理财产品分类* 3
  三、银行理财产品的收益和风险 3
  四、银行理财产品的投资技巧 6
 第三节 储蓄理财与银行理财的发展趋势* 8
 本章小结 8
 自测题 8

第二章 股票理财工具 11
 第一节 股票概述 12
  一、股票的定义和特征 12
  二、股票的主要类型 13
  三、股票的价格 15
  四、股票的发行与流通* 19
 第二节 股票的收益与风险 19
  一、股票收益的构成 19
  二、股票收益率的计算 20
  三、股票的风险 22
 第三节 股票交易 25
  一、股票交易的含义 25
  二、股票交易程序* 25
  三、交易方式 25
 本章小结 26
 自测题 26

第三章 债券理财工具 29
 第一节 债券概述 30
  一、债券的定义 30
  二、债券的特征 31
  三、债券的分类* 31
  四、债券市场 31
  五、债券的价格属性 32
  六、债券的估值 34
 第二节 债券的收益与风险 35
  一、债券的收益 35
  二、债券的收益率* 37
  三、债券的定价原理 37
  四、债券的风险 37
  五、债券的信用评级* 39
 第三节 债券投资的流程及策略 39
  一、债券的投资流程 39
  二、债券投资的适宜人群* 41
  三、债券的理财策略及方法 41
 本章小结 44
 自测题 44

第四章 基金理财工具 47
 第一节 基金概述 48
  一、基金的定义 48
  二、基金涉及的主体 48
  三、基金的特征 49
  四、基金的分类 50
 第二节 基金的收益与风险 52
  一、基金的费用 52
  二、基金的收益 54
  三、基金的估值 56
  四、基金的风险 58
 第三节 基金的交易及策略 59

一、基金交易流程*..................59
　　二、基金投资选择策略..............59
　　三、基金投资操作策略..............61
　　四、基金投资的常见误区及防范*......63
本章小结..............................63
自测题................................63

第五章　期货理财工具..................66

第一节　期货概述......................66
　　一、期货的概念....................66
　　二、期货市场的构成................67
　　三、期货的分类*...................69
第二节　期货交易......................70
　　一、期货交易制度..................70
　　二、期货交易的基本程序............71
　　三、期货合约......................73
第三节　期货理财的收益和风险..........75
　　一、期货价格......................75
　　二、期货理财的收益................77
　　三、期货理财的风险................79
　　四、期货理财风险规避方法..........80
本章小结..............................81
自测题................................81

第六章　外汇理财工具..................84

第一节　外汇概述......................85
　　一、外汇的定义和分类..............85
　　二、汇率与标价方式................86
　　三、外汇市场......................88
第二节　外汇理财产品..................89
　　一、外汇理财产品..................89
　　二、国内的外汇理财业务*...........92
　　三、外汇理财交易..................92
第三节　外汇理财的收益与风险..........95
　　一、外汇理财收益与风险............95
　　二、外汇理财的策略................95
本章小结..............................97

自测题................................97

第七章　保险理财工具..................99

第一节　保险的概述...................100
　　一、保险的含义...................100
　　二、保险的分类...................100
　　三、保险的要素...................102
　　四、保险的基本原则*..............103
第二节　理财保险的收益与风险.........104
　　一、理财保险的概念...............104
　　二、理财保险的优点...............104
　　三、理财保险的缺点...............104
　　四、保险理财的收益...............104
　　五、保险理财的风险...............105
　　六、购买保险理财产品的注意
　　　　事项*.........................106
　　七、保险理财产品的主要种类.......106
第三节　保险理财规划.................109
　　一、保险理财规划的主要内容.......109
　　二、保险理财方案规划步骤.........110
　　三、保险理财规划的实施...........111
　　四、不同人生阶段的保险理财需求
　　　　分析*........................111
本章小结.............................111
自测题...............................111

第八章　贵金属投资理财工具...........114

第一节　贵金属概述...................114
　　一、贵金属的定义和属性...........114
　　二、贵金属市场*..................116
　　三、贵金属的投资优势.............116
第二节　贵金属投资产品...............118
　　一、贵金属价格波动的影响因素*....118
　　二、贵金属理财产品及实务操作.....118
第三节　贵金属投资的风险与控制.......125
　　一、贵金属投资风险...............125
　　二、投资风险控制.................125

三、风险控制的实施 127
　本章小结 127
　自测题 128

第九章　信托理财工具 130

　第一节　信托与信托理财概述 130
　　一、信托概述* 130
　　二、信托理财概述 131
　第二节　信托理财的收益与风险 138
　　一、信托理财产品的收益 138
　　二、信托理财产品的风险 140
　第三节　信托理财的交易 143
　　一、信托交易基本要求 143
　　二、信托交易流程* 144
　本章小结 144
　自测题 145

第十章　房地产投资理财工具 147

　第一节　房地产投资概述 148
　　一、房地产投资的概念和特点 148
　　二、房地产投资的基本分类 149
　　三、房地产投资的主要作用 152
　第二节　房地产投资的要素分析 153
　　一、房地产投资的政策分析 153
　　二、房地产投资的价格分析 154
　　三、房地产投资影响因素分析 155
　　四、房地产投资风险分析 156
　第三节　房地产投资交易 157
　　一、房地产投资交易原则 157
　　二、房地产投资交易程序 158
　　三、房地产投资的交易策略 159
　第四节　房地产投资趋势分析* 161
　本章小结 161
　自测题 161

中　篇　理论基础和投资组合篇

第十一章　大众理财投资的理论基础 165

　第一节　有效市场理论 166
　　一、有效市场理论的产生 166
　　二、有效市场理论的内涵 167
　　三、有效市场理论的表现形式 168
　　四、有效市场理论的意义 170
　第二节　投资组合理论 171
　　一、现代资产组合理论 171
　　二、投资组合理论的发展* 172
　　三、资产定价理论 172
　　四、投资组合理论的应用 176
　第三节　行为金融理论 176
　　一、行为金融学的产生 177
　　二、行为金融的理论基础* 177
　　三、行为金融学的主要内容* 177
　本章小结 178
　自测题 178

第十二章　大众理财投资的组合设计 181

　第一节　大众理财投资组合设计的一般
　　　　　原理 182
　　一、个人特征与大众理财规划 182
　　二、不同理财投资工具的特征* 186
　第二节　不同净值家庭的理财投资组合
　　　　　设计 186
　　一、家庭净值概况 186
　　二、不同净值家庭投资组合设计的
　　　　案例分析 187
　第三节　不同年龄家庭的理财投资组合
　　　　　设计 191
　　一、青年家庭 191
　　二、中年家庭 192
　　三、老年家庭 195
　第四节　不同风险态度家庭的理财投资
　　　　　组合设计 195

一、不同风险态度类型家庭的
　　界定 195
二、不同风险态度家庭投资组合设计
　　的案例分析* 196
本章小结 197
自测题 197

下　篇　证券市场分析篇

第十三章　证券市场的宏观经济分析 201

第一节　宏观经济分析的意义 202
一、宏观经济分析有助于判断证券
　　市场的总体变动趋势 202
二、宏观经济分析有助于正确评估
　　证券市场的投资价值 202
三、宏观经济分析有助于把握经济
　　政策对证券市场的影响程度 202

第二节　宏观经济分析的主要指标* 202

第三节　宏观经济运行与证券市场 203
一、国内生产总值(GDP)变动对证券
　　市场的影响 203
二、经济周期变动对证券市场的
　　影响 204
三、通货膨胀对证券市场的影响 204
四、国际收支状况对证券市场的
　　影响 205

第四节　宏观经济政策与证券市场 206
一、财政政策对证券市场的影响 206
二、货币政策对证券市场的影响 208
三、汇率政策对证券市场的影响 211
本章小结 212
自测题 212

第十四章　证券市场的行业及区域
　　　　　　分析 215

第一节　行业分析概述 215
一、行业的定义 216
二、行业的分类 216

第二节　证券市场的行业基本特征
　　分析 217

一、行业的市场结构分析 217
二、行业的竞争环境分析 219
三、行业的景气变动分析 221
四、行业的生命周期分析 223
五、行业的影响因素分析* 224

第三节　证券市场的区域分析 224
一、区域分析 224
二、区域板块效应 226
本章小结 227
自测题 227

第十五章　证券市场的上市公司分析 230

第一节　上市公司基本素质分析 230
一、上市公司基本情况分析 230
二、上市公司竞争地位分析* 233

第二节　上市公司财务分析 233
一、上市公司财务报表概况* 233
二、财务报表分析方法 234
三、上市公司财务指标分析 235

第三节　上市公司估值分析* 244
本章小结 244
自测题 244

第十六章　证券市场的技术分析 247

第一节　技术分析概述 247
一、技术分析的内涵 247
二、技术分析的分类与特点 250

第二节　技术图形分析 250
一、道氏理论* 250
二、K线理论* 250
三、移动平均线理论 250

四、形态理论* 253
　　五、波浪理论* 253
第三节　技术指标分析 254
　　一、技术指标概述 254
　　二、价格类技术指标 255
　　三、成交量类技术指标* 258
　　四、大盘类技术指标* 258
本章小结 257
自测题 258

第十七章　证券市场的策略分析 261

第一节　证券市场的风险与投资策略 261

　　一、证券市场的投资风险* 261
　　二、证券市场的投资策略 262
第二节　证券市场的价值投资策略 264
　　一、价值投资策略的概述 264
　　二、价值投资策略的流程 266
第三节　证券市场的组合投资策略* 268
第四节　证券市场的量化投资策略 268
　　一、量化投资策略概述 268
　　二、量化投资流程* 271
本章小结 271
自测题 271

参考文献 273

上 篇　理财工具篇

第一章　储蓄理财与银行理财工具

【学习目标】

通过学习本章，读者应当掌握储蓄的特点和利息计算以及银行理财产品的特点、收益和风险；熟悉基本的储蓄理财产品和银行理财产品；了解投资储蓄和银行理财产品的技巧以及银行理财的现状和发展趋势。

【导读案例】

2020年中国银行业理财市场情况

银行业理财登记托管中心发布的《中国银行业理财市场年度报告(2020年)》显示，截至2020年年底，银行理财市场规模达到25.8万亿元，同比增长6.90%。当年累计为投资者创造收益9932亿元，同比增长7.13%。全年封闭式理财产品的兑付客户平均收益率为4.05%。

银行理财投资收益显著提升的同时，理财投资者队伍也在迅速壮大。截至2020年年底，全市场持有理财产品的投资者数量为4162.48万人，较2019年增长86.85%，其中个人投资者占比99.65%。报告认为，投资者数量的不断增长，一方面是由于新产品的不断发行，另一方面是理财新规后产品起售金额的大幅下降，也让越来越多的普通投资者进入理财市场。

以净值化转型为重点，2020年银行理财业务规范发展、稳步推进。一是净值型产品存续规模及占比持续快速增长。截至2020年年底，净值型理财产品存续规模为17.4万亿元，同比增长59.07%；净值型产品占理财产品存续余额的67.28%，上升22.06个百分点。二是存量资产化解有序推进。银行在大力发行净值型产品推进转型的同时，加快存量资产处置，合规新产品占比持续升高，同业理财及嵌套投资规模持续缩减。

产品发行方面，2020年共有380家金融机构发行了理财产品，累计发行6.9万只，累计募集资金124.56万亿元，同比增长10.59%。值得注意的是，金融机构开始倾向于做大做精理财产品，提升理财产品品牌知名度和影响力。报告显示，单只理财产品的平均规模从2019年年底的5.1亿元上升至2020年年底的6.7亿元，增长31%。

从产品结构看，除净值型产品占比显著上升外，理财产品在产品期限、运作模式等方面也出现了新的变化：长期限产品发行力度稳步提升，期限错配的情况有所缓解；随着同业理财大幅压降及保本理财逐步退出市场，公募理财产品成银行理财的绝对主力。

(资料来源：中国理财网官网，www.chinawealth.com.cn)

第一节　储蓄理财概述*

拓展阅读 1-1　储蓄理财概述见右侧二维码

拓展阅读 1-1.docx

第二节　银行理财概述

一、银行理财产品的概念和特点

(一)银行理财产品的概念

银行理财产品是指商业银行在对金融消费者分析和研究的基础上，针对特定目标客户群开发设计并销售的资金投资和管理计划。在理财产品这种投资方式中，银行只是接受客户的授权管理资金，投资收益与风险由客户或客户与银行按照约定方式承担。

(二)银行理财产品的特点

与储蓄理财产品相比，银行理财产品在流动性、收益、风险、交易方式、产品类型等方面都有很大差别，更加侧重于投资的功能。

1. 流动性较低

银行理财产品的流动性相对较差，在销售合同中，通常银行会事先约定能否提前终止、终止的日期和条件，以及如果投资者提前终止可能需要支付的费用或承担的损失。

2. 收益具有不确定性

在收益方面，银行理财产品的收益率是不确定的，每个银行的理财产品都由其自行定价，个人在购买这些产品时看到的收益率只是"预期收益率"，最终实现的收益率要根据理财期间得到的结果而定。

3. 投资风险与该产品的投资方式直接相关

在投资风险上，银行理财产品的风险要视其投资方式和投资实际达到的结果而定。例如，利率挂钩型产品包含利率风险，汇率挂钩型产品包含汇率风险，信用挂钩型产品包含信用风险等，这些风险是由选择了相关理财产品的投资者自己承担的。

储蓄理财与银行理财的区别

流动性。 储蓄存款流动性强，客户可以随时支取，本金不会有任何损失，利息也都是按规定利率计算。银行理财产品流动性相对较差，通常银行都会事先规定能否提前终止、终止的日期等，有时客户提前终止还需要承担一些损失。

风险。储蓄存款是最安全的，客户需要面对的风险只有"通货膨胀风险"和存款机构破产不能偿付本息的风险。储蓄利率如果低于通货膨胀率，实际利率就是负数，获得的利息很可能不够弥补本金贬值部分；存款机构如果破产，在没有国家保护或存款保险作保障的情况下，客户也是有可能受到损失的。理财产品的风险要视其投资方式和投资标的而定，比如，利率挂钩型产品包含利率风险，汇率挂钩型产品包含汇率风险，信用挂钩的产品包含信用风险等。应当注意，经银监会批准发行的理财产品，并不确保收益，只说明该银行具备发行和管理这些产品的资质、产品合法合规且满足发行条件。

收益。储蓄存款的利息收益是明确的，商业银行都要执行中国人民银行制定的统一存款利率，如果擅自抬高利率就是"高息揽存"，违反了我国的银行监管规定。理财产品的收益率是不能事先明确的，因此在客户购买这些产品时看到的收益率只是"预期收益率"。最终实现的收益率要根据整个理财期间投资标的的表现而定。每个银行的理财产品都由其自行定价，因此，哪怕是期限、结构等完全相同的产品，在收益率上也有可能不同。

税收规定。储蓄存款按规定必须由银行代扣代缴利息税。理财产品因结构不同在税收方面的处理也有不同情况，有的是银行只代扣代缴基础存款部分的利息税，有的是全部不代缴。但"银行不代缴"并不等于这个产品是免税的，如果国家税务机关有明确规定，还需要投资者自行申报缴纳。

办理流程。办理储蓄存款时，客户只需带上本人有效身份证件和要存入的现金到银行柜台即可开户存钱。购买理财产品时，客户不仅需要提供身份证件、认购资金，还需要在签署理财协议前由银行理财人员为客户进行风险属性测试，认真阅读理财产品说明书，并在协议书上抄录签字，以证明客户已理解并愿意承担相应的投资风险。

(资料来源：中国人民银行官网，http://www.pbc.gov.cn/)

二、银行理财产品分类*

拓展阅读 1-2 银行理财产品分类见右侧二维码

拓展阅读 1-2.docx

三、银行理财产品的收益和风险

(一)银行理财产品的收益

银行理财产品的收益状况一般用收益率指标来测算。

1. 预期收益率

预期收益率，又称期望收益率，是指在不确定的条件下，预测的某资产未来可实现的收益率。预期收益率可以是指数收益率，也可以是对数收益率，即以市场指数的变化率或指数变化率的对数来表示预期收益率。预期收益率是在理想情况下理财产品的收益情况，因此，存在一定预期收益率最终不能实现的市场风险。

2. 年化收益率

年化收益率仅是把当前收益率(日收益率、周收益率、月收益率)换算成年收益率，是一种理论收益率，并不是真正的已取得的收益率。例如，某银行卖的一款期限为91天的理财产品，号称年化收益率为3.1%，如果你购买了10万元，则实际上能收到的利息是772.88(=100000×3.1%×91/365)元，而绝对不是3100元。

另外，还要注意的是，一般银行的理财产品不像银行定期存款那样，当天存款当天计息，到期返还本金及利息，理财产品都有认购期、清算期等。这期间的本金是不计算利息或只计算活期利息的。例如，上述理财产品的认购期为5天，到期日至还本日之间又是5天，那么实际占用资金101天。实际的资金年化收益只有2.79%(=772.88×365/101/100000×100%)，绝对收益是0.7728%(=772.88/100000×100%)。

对于较长期限的理财产品来说，认购期、清算期这样的时间也许可以忽略不计，但对于7天或1个月以内的短期理财产品来说，这个时间就有非常大的影响。例如，银行的7天理财产品，号称年化收益率是1.7%，但至少要占用资金8天，实际的资金年化收益率只有1.48%(=1.7%×7/8)，已经跟银行的7天通知存款利率差不多了。而银行通知存款，无论是方便程度还是稳定可靠程度，都要远高于一般有风险的理财产品。所以，看年化收益率，绝对不是看银行声称的数字，而要看实际的收入数字。

随着银行业竞争加剧，即使是同一种银行理财产品，可能也会给客户带来不同的收益效应，所以在选择银行理财产品时，除了要对理财产品进行比较以外，还应慎重选择提供产品的银行。除此之外，在购买银行理财产品时有几个重要的日期是需要特别留意的，如图1-1所示。

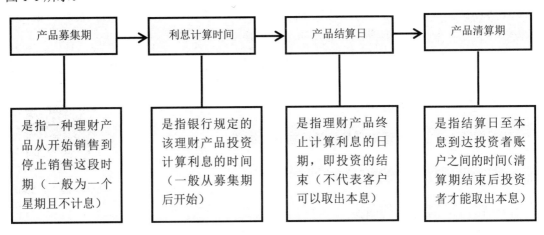

图1-1 银行理财产品的几个重要时间

(二)银行理财产品的风险

1. 信用风险

信用风险，又称违约风险，是指债务人不能按期偿还本息的可能性。对投资者来说，购买银行理财产品的一个重要原因，就是出于对商业银行的信任。如果银行理财产品仅涉及客户和商业银行之间的债权债务关系，一般来说，商业银行从维护自身形象及监管部门的要求出发，违约风险极低。然而，银行理财产品常常是商业银行提供的一项综合性的金融服务，在组合性理财产品中，往往体现为客户和几个经济主体之间的债权债务关系，如客户购买银行代销的债券、基金产品等，在这种情况下，银行理财产品面临较大的信用风险。此外，在银行面临破产等突发事件时，也不排除产生投资者收益受损的可能性。

2. 汇率风险

汇率风险是指由于汇率变动而给投资者带来损失的可能性。对于购买银行外汇理财产品的投资者来说，需特别关注汇率风险。

3. 通货膨胀风险

通货膨胀风险是指由于物价上涨使投资者实际投资收益下降的可能性。银行理财产品多数执行的是固定利率，当物价上涨率超过银行理财产品的税后收益率时，投资者将产生实际损失。需要强调的是，由于我国目前的银行理财产品基本是以储蓄为基础的理财产品，所以不可预测的物价上涨对投资者的投资收益影响很大。

4. 政策风险

政策风险是指由于国家货币政策、外汇管理政策、银行监管政策等一系列政策发生变化，从而影响相关银行理财产品的价格和收益所产生的风险。例如，自2005年7月21日起，我国开始实行以市场供求为基础、参考一揽子货币进行调节、有管理的浮动汇率制度。受此汇率政策变化的影响，持有美元理财产品的投资者面临人民币兑美元汇率升值的汇率风险，进而影响其投资收益。

5. 道德风险

道德风险是指在委托—代理关系中，掌握信息多的代理人与掌握信息少的委托人之间存在着信息不对称，代理人有可能利用自身所拥有的信息优势，采取隐蔽行为，改变签订合同时约定的行为模式(如挪用委托人资金、提供虚假信息误导委托人等)，从中获取更大的利益，从而损害委托人或其他人的利益。

从表1-1可以看出，工商银行把风险等级分为五级，不同风险评级的理财产品适合不同的目标客户。在选择理财产品时，我们可以参考风险评级来挑选适合自己的产品。

表1-1 工商银行理财产品风险评级

风险等级	风险水平	评级说明	目标客户
PR1级	很低	产品保障本金，且预期收益受风险因素影响很小；或产品不保障本金但本金和预期收益受风险因素影响很小，且具有较高流动性	经工商银行客户风险承受能力评估为保守型、稳健型、平衡型、成长型、进取型的有投资经验和无投资经验的客户
PR2级	较低	产品不保障本金但本金和预期收益受风险因素影响较小；或承诺本金保障但产品收益具有较大不确定性的结构性存款理财产品	经工商银行客户风险承受能力评估为稳健型、平衡型、成长型、进取型的有投资经验和无投资经验的客户
PR3级	适中	产品不保障本金，风险因素可能对本金和预期收益产生一定影响	经工商银行客户风险承受能力评估为平衡型、成长型、进取型的有投资经验的客户

续表

风险等级	风险水平	评级说明	目标客户
PR4级	较高	产品不保障本金,风险因素可能对本金产生较大影响,产品结构存在一定复杂性	经工商银行客户风险承受能力评估为成长型、进取型的有投资经验的客户
PR5级	高	产品不保障本金,风险因素可能对本金造成重大损失,产品结构较为复杂,可使用杠杆运作	经工商银行客户风险承受能力评估为进取型的有投资经验的客户

四、银行理财产品的投资技巧

(一)制定理财规划

银行提供的五花八门的理财产品和服务,使人不知从何下手。而且,一些银行理财产品的专业性很强,投资者很难在短期内全面了解和熟悉其性能。因此,投资者需针对自身的短期、中期和长期投资需求及收益目标,梳理出一个清晰的理财框架和思路。在缺少专业知识的情况下,通常可借助银行提供的专业理财顾问服务的帮助,实现财富的增值。

(二)选择适合的银行理财产品

了解了银行理财产品基础知识后,下一步是如何购买到自己所需要的那一款理财产品。购买理财产品的途径非常多,包括银行网点、网上银行、电话银行等。一般通过网点柜面购买时,需要在产品发行期持本人有效身份证件到相关银行营业网点签署产品协议书(或开通理财交易账户)、填写理财产品认购凭证、接受银行的风险评估,同时在指定的该银行账户中存入足额资金后即可购买。此外,目前很多理财产品也能够通过发行银行的网上银行进行购买,投资者在开通该行的网上银行、履行完相应流程(如风险承受能力测评等)后即可登录网上银行进行购买。在购买理财产品前,投资者要先了解自己、银行和产品,以选择适合的产品。

1. 评估自己

投资者在购买理财产品之前,首先要了解自己的财务状况、风险偏好、风险承受能力和收益、流动性的需求等,对自身所能承受的风险和期望的收益率做一个评估,在风险承受范围之内选择银行理财产品。同时,要结合自身的流动性需求,平衡好投资期限结构和流动性,合理规划产品投资期限。

一般来讲,财务实力雄厚、有较高的风险偏好并且风险承受能力较强的投资者可以购买较高收益的理财产品,同时承受较高的风险;而财务实力较弱、风险偏好弱(甚至厌恶风险)、风险承受能力较差的投资者比较适合购买低风险产品,对产品的收益预期也要适当降低。对流动性要求较高的投资者可以购买期限短、变现能力强的理财产品,在急需资金的时候,可以快速将产品赎回;对流动性要求中等的投资者可购买中短期产品;对流动性要求较低的投资者可以考虑购买较长期限产品。

2. 选择合适的银行

选择银行非常重要，评价发行银行在市场上的信誉，其历史业绩是关键参考信息。例如，看发行银行是否以理财产品为主要经营重点，创新理财产品的推出和升级是否每次都在第一时间，是否被市场一致好评，推出的每期理财产品是否按照其预期收益率实现回报。有些银行在竞争中产品推出较迟，升级产品也只是跟风，运作经验较少，往往达不到当初宣传的预期收益的底线，更不要说宣传的最高线了，但每次都会利用投资者的执迷不悟以及想在理财产品上追求高收益的心理，推出比市场同业更高的预期收益产品。而有的银行每次推出好的理财产品往往领先同业 3～5 个月，运作经验和资源也很好(当然管理费可能也最高)，连续几年被市场评为"最佳理财银行"，发售理财产品量市场排名第一，宣传的预期收益往往不是市场最高的，但到期兑付时却是市场同期收益最高的，甚至多次超出其当初预期收益的上限。因此，选择银行时，应该多关注发行银行理财产品历史业绩，而不是当前宣传的预期年化收益率。

3. 评估产品

实际上，就理财产品而言，没有最好的，只有最合适的。市场规律表明，投资产品的预期收益一般与风险成正比，也与期限成正比。也就是说，在其他条件相同的情况下，高风险的产品一般会提供较高预期收益，低风险产品提供的预期收益往往较低；同时，在其他条件相同的情况下，期限长的产品提供的预期收益要高于期限短的产品，以弥补投资者的流动性损失。

为了选择适合自己的产品，投资者须仔细阅读相关的产品说明书。

(1) 关注产品是否具有保本条款，口头承诺"保本"不可信。

(2) 关注产品的投资品类型。投资品类型是购买一款理财产品最应该关注的问题，因为投资品类型决定了一款产品风险的大小和预期收益率实现概率的大小。

(3) 关注产品的流动性安排。

(4) 关注产品的预期收益率。

(5) 关注产品面临的各种风险。大多数产品的说明书都会列出产品所面临的各种投资风险，如信用风险、流动性风险、不可抗力风险等，投资者应仔细阅读并运用自身的判断力评估产品面临的各项风险，并基于自身的评估做出独立、理性的判断。

(6) 关注产品的投资起点金额。国内理财产品购买起点金额一般为 5 万元人民币(或等值外币)，仅适合有投资经验客户的理财产品的起点金额不低于 10 万元人民币(或等值外币)，有些专门针对高端客户发行的理财产品，购买起点会更高。

4. 选择精确匹配理财需求的产品

在做好"评估自己"和"评估产品"后，投资者最后需要做的就是选择精确匹配自身理财需求的合适的理财产品。

小贴士

购买注意事项

1. 厘清银行自营和代销的理财产品，所有的正规银行理财产品在"中国理财网"均可查询到。
2. 避免投资理财顾问的"飞单"和虚假理财，辨识真理财和假理财。
3. 忌产品风险超出承受能力，R4 和 R5 级产品不适合普通中小投资者。
4. 知悉高收益结构性理财难达预期，收益率指的是预期最高收益率，达到的可能性较低。
5. 2018 年 5 月，银监会规定银行发售理财产品不再承诺保本保息。

(资料来源：中国经济网，http://www.ce.cn/)

第三节　储蓄理财与银行理财的发展趋势*

拓展阅读 1-3　储蓄理财与银行理财的发展趋势见右侧二维码

拓展阅读 1-3.docx

本 章 小 结

理财中的储蓄是狭义的储蓄概念，是指城乡居民将暂时不用或结余的货币收入存入银行或其他金融机构的一种存款活动，又称储蓄存款。储蓄存款有安全性高、收益较低、方式及期限灵活和操作简单等特点，且种类丰富。

银行理财产品是指商业银行在对金融消费者分析和研究的基础上，针对特定目标客户群开发设计并销售的资金投资和管理计划。银行的理财产品并不是储蓄存款，更偏重于投资，与储蓄存款相比，在很多方面都有很大的不同。

自 测 题

一、名词解释

银行储蓄　银行理财　银行理财产品　利息　活期储蓄　通知存款　教育储蓄　预期收益率　产品募集期　通货膨胀风险

二、判断题

1. 合理的储蓄方法可以兼顾流动性和收益性。　　　　　　　　　　　　　　（　　）
2. 复利的计算是将上期末的本利和作为下一期的本金，在计算时每一期本金的数额相同。　　　　　　　　　　　　　　　　　　　　　　　　　　　　　　（　　）

3. 中国银行理财团队中的成员包括理财客户经理、理财产品经理、柜员和引领员。（ ）
4. 银行理财产品的实际投资时间要比该理财产品标的投资时间长。（ ）
5. 银行的储蓄存款和理财产品都是在提供理财顾问服务的基础上，接受委托和授权，按照事先约定的方案进行投资和资产管理。（ ）

三、单项选择题

1. （ ）是居民个人及家庭最稳妥、最便捷、最安全可靠的积累财产的途径。
   A. 股票投资　　B. 债权投资　　C. 基金投资　　D. 储蓄
2. "利滚利"就是（ ）。
   A. 单利　　B. 复利　　C. 现值　　D. 终值
3. （ ）是指在存款时约定存期，客户按月定额存入，到期一次支取本息的服务。
   A. 整存整取定期存款　　　　B. 零存整取定期存款
   C. 存本取息定期存款　　　　D. 整存零取定期存款
4. 广义的银行理财产品包括（ ）。
   A. 新型银行理财产品和传统银行理财产品
   B. 新型银行理财产品和各种服务
   C. 传统银行理财产品和各种服务
   D. 与货币资金相关的各种服务
5. 银行的理财产品按照资金投资方式和方向可以分为（ ）。
   A. 货币型理财产品、债券型理财产品、结构型理财产品
   B. 股票(股权)类理财产品、信贷资产类理财产品、组合投资类理财产品
   C. 保证收益类理财产品、保本浮动收益类理财产品、非保本浮动收益类理财产品
   D. A和B
6. 投资者选择理财产品，需要从（ ）三个方面综合考虑。
   A. 风险性、安全性和流动性　　B. 盈利性、安全性和风险性
   C. 盈利性、安全性和流动性　　D. 盈利性、风险性和流动性
7. 通知存款适用于（ ）。
   A. 储蓄期限一定的小额资金　　B. 储蓄期限不定的大额资金
   C. 储蓄期限一定的大额资金　　D. 储蓄期限不定的小额资金
8. 银行理财产品风险等级为R2的目标客户的特点是（ ）。
   A. 稳健型　　B. 进取型　　C. 保守型　　D. 平衡型
9. 无论是储蓄理财还是银行理财，除了关注利率或收益率，还要注意期限，一般是（ ）。
   A. 利率上行时，期限越短越好
   B. 利率上行时，期限越长越好
   C. 利率下行时，期限越短越好
   D. 无论利率上行或下行，期限都是越长越好
10. 银行理财子公司应当根据理财业务性质和风险特征，建立健全理财业务管理制度，不包括（ ）。
    A. 产品托管　　B. 分配管理　　C. 投资管理　　D. 产品估值

四、多项选择题

1. 储蓄理财的基本策略有(　　)。
   A. 阶梯储蓄法　　　　　B. 月月储蓄法　　　　　C. 利滚利储蓄法
   D. 四分储蓄法　　　　　E. 分层储蓄法
2. 银行理财产品有哪些风险?(　　)
   A. 信用风险　　　　　　B. 道德风险　　　　　　C. 汇率风险
   D. 通货膨胀风险　　　　E. 政策风险
3. 在购买银行理财产品时有几个重要的日期是需要特别留意的,分别包括(　　)。
   A. 产品募集期　　　　　B. 利息计算时间　　　　C. 产品发行期
   D. 产品结算日　　　　　E. 产品清算期
4. 储蓄理财与银行理财的区别主要体现在(　　)上。
   A. 收益　　　　　　　　B. 风险　　　　　　　　C. 流动性
   D. 税收规定　　　　　　E. 办理流程
5. 银行理财发展要把握(　　)等趋势。
   A. 资本市场趋势　　　　B. 金融业对外开放趋势　C. 金融科技发展趋势
   D. 商业化养老市场崛起趋势　　　E. 资管市场发展趋势

五、简答题

1. 如何理解银行储蓄与银行理财之间的区别?
2. 简述银行理财产品有哪些。
3. 如何理解银行理财产品风险与收益之间的联系?
4. 现在储蓄的替代品有很多,请举例列举一下。
5. 银行理财发展的积极意义与产生的问题有哪些?

六、论述题

1. 梳理银行理财的发展历程以及转型现状,并对银行理财未来的发展进行展望。
2. 为自己做一次投资评估,依评估制订一份理财计划并简述。

第二章 股票理财工具

【学习目标】

通过学习本章，读者应当掌握股票的定义和特点、股票的类型、股票的价格种类，了解股票价格指数的种类；熟悉股票的发行与流通、股票的场外交易市场和场内交易市场的区别；掌握股票的收益和风险；熟悉股票的交易流程及交易方式。

【导读案例】

中国股票市场大事记

1990年12月19日，上交所鸣锣开业，1990年12月1日，深交所试营业，1991年7月3日正式营业的两个交易所的成立，标志着中国证券市场的开端。下面十件大事回顾中国股市：

1984年11月18日，中国第一个公开发行的股票——飞乐音响向社会发行一万股(每股票面50元)；

1990年12月9日，沪市的首个交易日以96.05点开盘，并以当日最高价99.98点报收，当日成交金额49.4万元人民币；

1992年10月12日，中国证监会成立；

2000年7月19日，上证综指以2000.33点开盘，首次站上2000点关口，当日成交量达149.6亿元；

2001年4月23日，第一只退市公司股票——PT水仙；

2001年5月，经国务院批准，中国证监会批复同意深圳证券交易所在主板市场内设立中小板块；

2007年10月16日，沪市大盘达6124点历史最高点；

2008年10月28日，沪市大盘探底创出一个中国股民忘不了的数字1664；

2009年10月30日，在全球金融危机接近尾声中，创业板在深交所诞生；

2018年11月5日，习近平主席出席首届中国国际进口博览会开幕式并发表主旨演讲，宣布在上海证券交易所设立科创板并试点注册制；

2019年7月22日，科创板正式开板。

三十年来，新中国股票市场从无到有、从小到大、从粗放到规范，得到了迅速发展。中国作为一个发展中国家，用三十年的时间走完了发达国家用近三百年走完的发展之路。随着多层次资本市场体系的建立和完善，中国证券市场逐步走向成熟。

(资料来源：央视网，https://jingji.cctv.com//，2019年12月5日)

第一节　股票概述

一、股票的定义和特征

(一)股票的定义

股票是股份有限公司经过一定的法定程序发行、证明股东对公司财产拥有所有权及其份额的凭证。可见，股票的签发主体是股份有限公司，其发行必须依照相关法定程序；其基本功能是证明股东对公司出资后所持有的股份与股份份额和相应享有的财产权利与权利份额。在目前的理财市场中，股票是最大众化的理财工具和产品之一。

股份有限公司将筹集的资本划分为股份，每一股份的金额相等，份额以一股为单位，用股票表示。在我国，目前每一股份的人民币价值均统一为1元(紫金矿业除外，其每股为0.1元)。购买股票的投资者即成为公司的股东，股票实质上代表了股东对股份公司的财产所有权，这个财产所有权集中反映在股东有权利参加股东大会并决定经营管理方面的决策、定期获得公司的股息和红利、在新增发行新股时拥有优先认股权、公司破产和清算时可参与剩余财产分配，同时也承担相应的责任与风险。

我国《公司法》规定，设立股份有限公司，应当有2人以上200人以下为发起人。由于所有股份公司均须是承担有限责任的有限公司(但并非所有有限公司都是股份公司)，所以一般合称"股份有限公司"。同时《公司法》规定，股票采用纸面形式或国务院证券监督管理机构规定的其他形式。股票应当载明下列主要事项：公司名称、公司成立的日期、股票种类、票面金额及代表的股份数、股票的编号。股票由法定代表人签名，公司盖章。发起人的股票应当标明"发起人股票"字样。

> **小贴士**
>
> **中国存托凭证(CDR)**
>
> 中国存托凭证(Chinese Depository Receipt，CDR)，是指由存托人签发、以境外证券为基础在中国境内发行、代表境外基础证券权益的证券。
>
> 一般来说，在境外(包含中国香港)上市公司将部分已发行上市的股票托管在当地保管银行，并发行由中国境内的存托银行发行、在境内A股市场上市、以人民币交易结算、供国内投资者买卖的投资凭证，从而实现股票的异地买卖。
>
> 2020年9月22日，证监会发布公告称，同意九号有限公司(即"九号智能")科创板公开发行存托凭证注册。这意味着，九号智能将成为第一家通过发行CDR(中国存托凭证)的形式登录科创板的红筹企业。
>
> 存托凭证与股票均为权益性证券，但存在差异：一是参与主体增加了存托人和托管人，分别承担存托职能和托管职能；二是存托凭证的持有人尽管可以实质上享受基础股票的分红、投票等基本权利，但因不是在册股东，不能直接行使股东权利，须通过存托人代为行使。
>
> (资料来源：上海证券交易所官网，http://www.sse.com.cn/)

(二)股票的特征

1. 收益性

收益性是股票最基本的特征,它是指股票可以为持有人带来收益。股票投资者的收益来源于两个方面:一是公司派发的股息和红利,二是股票持有者可通过低买高卖赚取价差收入。

2. 风险性

任何一项投资都伴随着风险,股票投资也不例外。股票的风险性是与股票的收益性相对应的,其风险来源于股票投资收益的不确定性。首先,股票的收益取决于公司的经营状况和盈利水平,公司经营状况良好,获利多,则投资者获得股息和红利也多;公司经营不善,获利少,则投资者获得股息和红利也会减少;如果公司破产,则投资者可能血本无归。其次,股票在交易市场上作为交易对象,同商品一样,有自己的市场价格。由于股票价格除了受制于公司的经营状况之外,还受供求关系、银行利率、大众心理等多种因素的影响,处于不断变化的状态中,大起大落的现象也时有发生。股票价格的波动虽然不会影响上市公司的经营业绩,从而影响股息与红利,但股票的贬值还是会使投资者蒙受部分损失,因此,股票是一种高风险的金融产品。

3. 流通性

股票的流通性是指股票在股票交易市场上可随时转让,进行买卖。通过股票的流通和股价的变动,可以看出人们对于相关行业和上市公司的发展前景和盈利潜力的判断。那些在流通市场上吸引大量投资者、股价不断上涨的行业和公司,可以通过增发股票,不断吸收大量资本进入生产经营活动,以达到优化资源配置的效果。

4. 参与性

参与性是指股票持有人作为公司的股东,有权出席股东大会,选举公司董事会,行使对公司经营决策的参与权。一般来说,股东参加股东大会的权利不受所持股票多寡的限制,但公司决策参与权的大小,取决于其所持有股份的多少。在实践中,当股东持有的股票数额达到决策所需的相对多数时,他就能掌握公司的决策控制权。

5. 永久性

永久性是指股票所载有权利的有效性是始终不变的,因为它是一种无期限的法律凭证。股票的有效期与股份公司的存续期间相联系,二者是并存的关系。这种关系实质上反映了股东与股份公司之间比较稳定的经济关系。

二、股票的主要类型

(一)普通股与优先股

按股东享有权利的不同,股票可以分为普通股和优先股。

1. 普通股

普通股是最基本、最重要的一种股票,其持有者享有股东的基本权利和义务,能参与公司的经营决策。所得股利完全随公司经营利润的高低而变化,在公司盈利较多时,普通股股东可获得较高的股利收益;在公司盈利较少时,普通股股东可获得的股利收益相应较少,因此风险较大。具体来说,普通股股东按其持有股份比例享有以下基本权利。

1) 公司决策参与权

普通股股东有权参与股东大会,并有建议权、表决权和选举权,即有权就公司重大问题进行发言和投票表决,也可以委托他人代表其行使股东权利。

2) 利润分配权

普通股股东有权从公司利润分配中得到股利,但必须在公司支付了债息和优先股股息后才能分得。且普通股的股利不是固定的,一般由公司的盈利状况和股利分配政策决定。

3) 优先认股权

如果公司需要增发普通股股票时,现有普通股股东有权按其持股比例,以低于市场价格的某一特定价格优先购买一定数量的新发行股票,从而保持其对企业所有权的原有比例。

4) 剩余资产分配权

当公司破产或清算时,若公司的资产在偿还债务后还有剩余,其分配顺序按先优先股股东、后普通股股东的顺序进行分配,即普通股股东是剩余财产最后索取人。剩余财产多时多分,少时少分,没有则只能作罢。

2. 优先股

优先股是股份公司发行的在分配红利和剩余财产时比普通股具有优先权的股份,是一种没有期限的所有权凭证。优先股股东一般不能向公司要求退股,其主要特征如下。

1) 优先股的优先表现在股利领取优先权和剩余资产分配优先权

通常来说,股份公司分配股利的顺序是优先股在前,普通股在后。股份公司不论盈利多少,都需按事先固定的优先股股息率向优先股股东支付股息。即使普通股减少或没有股利,优先股亦应按约定分派股利。

股份公司在解散、破产清算时,优先股具有公司剩余资产的优先分配权。不过,优先股的优先分配权在债权人之后,而在普通股之前。只有还清公司债权人的债务之后,有剩余资产时,优先股才具有剩余资产的分配权。只有在优先股索偿后,普通股才参与分配。

2) 优先股的权利范围小

优先股股东一般没有选举权和被选举权,对股份公司的重大经营无投票权,但在某些情况下可以享有投票权。

(二)流通股和限售股

按流通受限与否,股票可以分为流通股和限售股。

1. 流通股

流通股是指上市公司发行的、可以在证券交易所上市流通的股份。流通股是相对于非流通股而言的,并不特指某一种股票。

2. 限售股

限售股是指股份持有人依照法律法规或按自身承诺而持有的转让受限的股份。目前我国市场的限售股主要包括但不限于股改产生的限售股、新股首次发行上市(IPO)产生的限售股以及依照坚持相关法律法规产生的限售股。

(三) A 股、B 股、H 股等

按股票上市地点不同，我国上市公司的股票可以分为 A 股、B 股、H 股、N 股和 S 股等。

1. A 股

A 股的正式名称是人民币普通股票，它是由我国境内的公司发行，供境内机构、组织或个人(从 2013 年 4 月 1 日起，境内、港、澳、台居民可开立 A 股账户)以人民币认购和交易的普通股股票。A 股不是实物股票，以无纸化电子记账，实行"T+1"交割制度，有涨跌幅限制(10%)。

2. B 股

B 股的正式名称是人民币特种股票。它是以人民币标明面值，以外币认购和买卖，在境内(上海、深圳)证券交易所上市交易的。它的投资人限于：外国的自然人、法人和其他组织，我国香港、澳门及台湾地区的自然人、法人和其他组织，定居在国外的中国公民，中国证监会规定的其他投资人。在上海证券交易所的 B 股以美元计价和交易，在深圳证券交易所的 B 股以港元计价和交易。经国务院批准，中国证监会决定自 2001 年 2 月起，允许境内居民以合法持有的外汇开立 B 股账户，交易 B 股股票。

3. H 股

H 股指注册地在内地、上市地在香港的股票。因香港的英文是 Hong Kong，取其首字母，故我国公司在香港上市的股票叫作 H 股。

以此类推，纽约的第一个英文字母是 N，新加坡的第一个英文字母是 S，我国公司在纽约和新加坡上市的股票分别叫作 N 股和 S 股。

三、股票的价格

从本质上讲，股票仅仅作为一种凭证，它本身并没有价值。但是，股票作为权利凭证具有收益性的特征，当持有人持有股票从而成为股东后，就享有了相应的股东权利，不仅可以参与股东大会，对股份公司的经营管理决策施加影响，更重要的是，在股份公司有税后利润时，股东还能行使分红和派息的权利，分享好处和相应的经济利益。股份公司的成长性越佳，资产价值创造和价值增值能力越强，税后利润越多，股东获取的经济利益就越丰厚，股东持有的股票的价值就越高，形成了它与普通商品不同的价格属性。不难看出，作为股东的股票持有人凭借持有的股票可取得经济利益，利益越大，股票的价值就越大，股票在流通中的价格就越高。

(一)股票价格的分类

1. 票面价格

股票的票面价格通常是指股票的面值,也就是股票发行时在股票上标明的金额。其基本作用是用来表明每一张股票所包含的资本数额,作为确认股东权利的依据。在现实经济生活中,股票在发行时其面额之和构成公司的实收资本溢价部分计入资本公积金,因而票面价格也具有簿记方面的作用。此外,股票票面价格在最初发行时就设计已定,与公司经营状况无关,因此它与股票的市场价格没有直接联系。

2. 账面价格

股票的账面价格,又称每股净资产值,指的是用会计方法计算出来的每股股票所包含的净资产值。其计算方法是将公司的股东权益除以发行的股票总数。所谓股东权益即股份公司的总资产减去总负债,是股份公司的净资产总额。

3. 清算价格

股票的清算价格是指股份公司破产或解散进行清算时每股股票所含有的实际价值。从理论上讲,股票的每股清算价值应当与股票的账面价格相一致,但企业在破产或解散清算时,其剩余财产价值的计算依据是实际的市场销售价格,而在剩余财产处置时,通常售价都会低于实际价值而产生跌价损失,与此同时,清算过程中少不了发生清算费用,从而出现股票的清算价格与股票的账面价格不一致,一般都会小于账面价格。股票的清算价格只有在股份公司因破产或解散丧失法人资格、进行清算而被作为确定股票价格的根据时才具有意义,它与股票的市场价格无关,因为所有的投资者不至于在进行股票投资时不自信到首先要考虑其清算价格。

4. 发行价格

股票发行价格是指股份公司将股票公开发售给投资者所采用的价格。股票的发行价格大于票面价格时,称为溢价发行;等于票面价格时,称为平价发行。但不得低于票面价格发行。

股票的发行价格是发行公司与证券承销商议定的价格,发行价格越高,发行公司的发行收入就越高,发行成本也相应降低。发行价格过高,可能会使投资人望而生畏,导致发行失败;发行价格过低,将不能满足发行公司的资金需求,并损害原有股东的利益。

股票发行价格的确定通常以市盈率法为基础,其做法是:首先,应根据注册会计师审核后的盈利预测计算出发行人的每股收益;其次,发行人会同主承销商确定股票发行市盈率;最后,依发行市盈率与预测每股收益的乘积决定股票发行价格。

市盈率,又称本益比(P/E),是指股票市场价格与每股收益的比率。市盈率有流通市盈率与发行市盈率之分。确定发行市盈率,往往既要参照二级市场的平均市盈率,又要结合同行业其他公司的市盈率,以及发行人的状况、市场行情等因素共同决定。

确定预测每股收益有两种方法:一是完全摊薄法,即用发行当年预测全部税后利润除以总股本,直接得出每股税后利润;二是加权平均法。其计算公式为

$$E = \frac{E_f}{C + c \times (12 - t) \div 12} \tag{2.1}$$

式中：E——每股税后利润；

E_f——发行当年预测税后利润；

C——发行前总股本；

c——本次发行股本；

t——发行月份。

不同的方法会得出不同的发行价格。每股收益采用加权平均法较为合理。因为股票发行的时间不同，资金实际到位的先后对公司效益有影响，同时投资者在购股后才享受应有的权益。

5. 市场价格

股票的市场价格即股票在市场上交易的价格。股票的市场价格主要决定于股票的内在价值。由于股票的市场价格最终由市场供求关系决定并受多种因素影响，因而变化频繁。股票市场价格变动将直接影响投资者的收入，因此，它是投资者最为关心的价格。

6. 除权除息价格

除权除息价格是指除去交易中股票享有的送股、配股、领息的权利而产生的股票市场价格。一般来说，股份公司在一个会计年度终了时，都会向股东分配本年度的股息或送股票；有时股份公司会推出增资配股的再融资计划，为此，股份公司通常会确定一个股权登记日，在登记日股票市场营业时间内持有股票的股东可享受分配股票和股息的派息分红及参与配股的权利，而在登记日后第二个营业日通常为除权日。从除权日开始，股份公司将原股东所能得到的本年度配股和分红派息的权利从市价中除去。由于派息分红和配股将导致股份公司每股账面价格或净资产值发生变动，股东实际享有财产权利不同，这样，除权前后的股票尽管面值相等，其市场价格也要做出修正和变换，从而出现市场价格的除权缺口。

除权除息价的计算方法如下：

(1) 当股份公司推出派息方案时，除权除息价的计算公式为

$$P = P_r - d \tag{2.2}$$

式中：P——除权除息价格；

P_r——登记日收盘价格；

d——每股股息。

(2) 当股份公司推出送股方案时，除权除息价的计算公式为

$$P = \frac{P_r}{1 + k} \tag{2.3}$$

式中：k——每股送股率。

(3) 当股份公司推出既有派息又有送股方案时，除权除息价的计算公式为

$$P = \frac{P_r - d}{1 + k} \tag{2.4}$$

(4) 当股份公司推出派息送股，同时又实施配股时，除权除息价的计算公式为

$$P = \frac{P_r - d + p \times g}{1 + k + g} \tag{2.5}$$

式中：p——每股配股价格；

g——每股配股率。

7. 理论价格

股票的理论价格即股票的内在价值，是决定股票市场价格的重要依据。一般来说，股票的市场价格应该围绕理论价格波动并最终趋于理论价格。确定股票理论价格的方法称为收入的资本化定价法，即将未来的预期现金股利按一定的贴现率折现成现值。

(二)股票价格指数

1. 股票价格指数的定义

股票价格指数是由证券交易所或金融服务机构编制的表明某一类股票平均价格变动的一种供参考的指标。由于股票价格起伏无常，投资者必然面临市场价格风险。对于具体某一种股票的价格变化，投资者容易了解，而对于多种股票的价格变化，要逐一了解，既不容易，也不胜其烦。

2. 常见的股票指数

主要的股票价格指数包含以下几类。

1) 道琼斯指数

道琼斯指数最早是在 1884 年由道琼斯公司的创始人查尔斯·亨利·道(Charles Henry Dow，1851—1902 年)开始编制的一种算术平均股价指数。道琼斯指数是世界上历史最悠久的股票指数，它的全称为股票价格平均指数。

通常人们所说的道琼斯指数是指道琼斯指数四组中的第一组道琼斯工业平均指数(Dow Jones Industrial Average)。道琼斯指数又称$US30，即道琼斯股票价格平均指数，是世界上最有影响力、使用最广的股价指数。它以在纽约证券交易所挂牌上市的一部分有代表性的公司股票作为编制对象，由四种股价平均指数构成。

2) 标普 500 指数

标普 500 指数，全称是"标准普尔 500 指数"，英文简写是"S&P 500 Index"。它是记录美国 500 家上市公司的一个股票指数，因为这个股票指数是由标准普尔公司创建并维护的，所以叫作"标普 500 指数"。而标准普尔由普尔先生于 1860 年创立，是一家世界性的权威金融分析机构。

标普 500 指数是在 1957 年开始编制的，它最初的成分股包含了 425 种工业股票、15 种铁路股票和 60 种公用事业股票，根据纽约证券交易所上市股票中绝大多数普通股票的价格计算而成。

标普 500 指数覆盖的所有公司，都是在美国的主要交易所上市的公司。也正因为它包含的公司很多，所以它的指数数值很精确，也具有很好的连续性，能够反映出非常广泛的市场变化，也因此被普遍认为是一种理想的股票指数期货合约的标的，同时也成了美国投资组合指数的基准。

3) 上证综合指数

上证综合指数是上海证券交易所股票价格综合指数的简称，是由上海证券交易所编制的股票指数，该指数的前身为上海静安指数，是由中国工商银行上海市分行信托投资公司静安证券业务部于 1987 年 11 月 22 日开始编制的，1990 年 12 月 19 日正式开始发布。该股票指数的样本为所有在上海证券交易所挂牌上市的股票，其中新上市的股票在挂牌的第二天纳入股票指数的计算范围。该股票指数的权数为上市公司的总股本，所以总股本较大的股票对股票指数的影响就较大。其计算公式为

$$今日股价指数=(今日市价总值/基日市价总值)\times 100$$

上海证券交易所股票指数的发布几乎是和股票行情的变化相同步的，它是我国股票投资者研判股票价格变化趋势必不可少的参考依据。

4) 深圳成分股指数

深证成分股指数是深圳证券交易所编制的一种成分股指数，是从上市的所有股票中抽取具有市场代表性的 40 家上市公司的股票作为计算对象，并以流通股为权数计算得出的加权股价指数，综合反映深交所上市 A、B 股的股价走势。

它以 1994 年 7 月 20 日为基期，基期指数为 1000 点。其计算公式为

$$即日成分股指数=(即日成分股可流通总市值/基日成分股可流通总市值)\times 1000$$

5) 沪深 300 指数

沪深 300 指数是从上海和深圳证券市场中选取 300 只 A 股作为样本编制而成的成分股指数。

沪深 300 指数样本覆盖了沪深市场六成左右的市值，具有良好的市场代表性。沪深 300 指数是沪深证券交易所第一次联合发布的反映 A 股市场整体走势的指数。它的推出，丰富了市场现有的指数体系，增加了一项用于观察市场走势的指标，有利于投资者全面把握市场运行状况，也进一步为指数投资产品的创新和发展提供了基础条件。

四、股票的发行与流通*

拓展阅读 2-1　股票的发行与流通见右侧二维码

拓展阅读 2-1.docx

第二节　股票的收益与风险

一、股票收益的构成

股票收益的构成主要包括红利收益、资本扩张收益及股价升值收益三部分，其中后两部分在股票收益中占很大比重。

(一)红利收益

红利收益的具体形式主要包括：现金红利，即以现金支付红利，其发放取决于董事会对公司长远利益和股东近期利益的权衡，另外，税收也是公司在发放现金红利时重点考虑

的因素；股票红利，即公司将新增发的股票作为红利发给股东。这实际上是公司将应分配的红利转入了资本，再发行同等金额的新股票，按股东持股比例分配给股东。这种做法，对公司来讲可防止资金外流，但股票数量的增加也会影响股票价格，并加重公司以后的红利负担；对股东而言，股票红利往往会提高投资者的投资增值预期，而受到投资者追捧。

红利高低往往与公司盈利状况紧密相关，如公司经营亏损就不存在红利分配。此外，也与公司分配政策及公司发展所处阶段有关。如公司发展处在高速成长期，可能更注重积累与资本扩张，因此即使盈利率很高，也未必发放很高的红利；反之，公司发展处在稳定阶段(成熟期)时，即使盈利能力一般，也可能维持较高的红利发放率。

(二)资本扩张收益

资本扩张收益主要是公司送配股后股价填权带来的收益。公司的股本扩张主要通过送股与配股实现。送股又称为无偿增资扩股，它是一种投资者不必缴款就可获取收益的扩股形式。它有两种类型：一是将盈余公积金中本可发放现金红利的部分转为股票赠送给股东(又称红利发放)；二是将资本公积金(包括盈余结存及资产重估增值等)转入资本金，股东无偿取得新发股票。配股又称为有偿增资扩股，即公司按老股东持股比例配售新股的扩股形式。配售扩股的价格一般低于市场价，作为对老股东的优惠。经过送配，股价将除权。若除完权后，实际价格回升到理论除权价之上为填权，投资者获得资本扩张收益；反之为贴权，投资者受损。

(三)股价升值收益

对于买卖股票来说，只要低价买入，高价卖出，即可获得差价收益(又称资本利得)。在投机性甚强的不成熟市场中，这一收益十分可观，当然也包含着很大风险。

二、股票收益率的计算

(一)股息收益率

股息收益率是指公司派发的年现金红利与股票买入价之间的比率。该指标可用于计算已得的收益率，也可用来预测未来一两年以后可能得到的收益率，以此作为投资决策的依据。其计算公式为

$$R = \frac{D}{P_0} \times 100\% \tag{2.6}$$

式中：R——股息收益率；

D——年每股现金红利；

P_0——发行市场买入价。

应当指出的是，股息发放后，市场价格将出现除权除息情况，即股价要跌去相当红利部分的金额。若市场不景气，价格不回升并补上这一跌去部分，则红利收益暂时得不到。其次，若投资者获得红利后，即卖出股票，持有股票不到 1 年，事实上其收益率就高得多。

(二)持有期收益率

持有期收益率是指投资者持有股票期间的红利收入与买卖差价占股票买入价的比率。

由于股票没有到期日，投资者既可长期持股投资，也可短线操作投机，再加上差价收入成为股票收益的主要来源，因此，持有期收益率的计算十分重要。其计算公式为

$$R = \frac{D + \{P_2 - [P_0(或P_1)]\}}{N \times P_0(或P_1)} \times 100\% \tag{2.7}$$

式中：R——持有期收益率；

　　　D——总现金红利；

　　　P_2——交易市场卖出价；

　　　P_0——发行市场买入价；

　　　P_1——交易市场买入价；

　　　N——持有年限。

(三)持有期回收率

持有期回收率是从另一个角度来考察投资结果的。它是指持有股票期间现金红利收入与股票卖出价占买入价的比率，主要反映投资回收状况。若投资者出现亏损，收益率会出现负数，这时可用持有期回收率指标作补充分析。其计算公式为

$$R = \frac{D + P_2}{P_0(或P_1)} \times 100\% \tag{2.8}$$

式中：R——持有期回收率；

　　　D——年每股现金红利；

　　　P_2——交易市场卖出价；

　　　P_0——发行市场买入价；

　　　P_1——交易市场买入价。

(四)到期收益率

所谓到期收益，是指将债券持有到偿还期所获得的收益，包括到期的全部利息。到期收益率，又称最终收益率，是投资购买债券的内部收益率，即可以使投资购买债券获得的未来现金流量的现值等于债券当前市价的贴现率。它相当于投资者按照当前市场价格购买并且一直持有到满期时可以获得的年平均收益率，其中隐含了每期的投资收入现金流均可以按照到期收益率进行再投资。其计算公式为

$$R = \frac{[P_2 - P_0(或P_1) + D]}{P_0(或P_1) \times N} \times 100\% \tag{2.9}$$

式中：R——到期收益率；

　　　D——总现金红利；

　　　P_2——交易市场卖出价；

　　　P_0——发行市场买入价；

　　　P_1——交易市场买入价；

　　　N——持有年限。

与持有期收益率一样，到期收益率也同时考虑到了利息收入和资本损益，而且，由于

收回金额就是票面金额，是确定不变的，因此，在事前进行决策时就能准确地确定，从而能够作为决策的参考。但到期收益率适用于持有到期的债券。

三、股票的风险

股票理财活动中的风险是普遍存在的，进而影响股票的收益率。根据风险形成的特点，可划分为系统性风险与非系统性风险。

(一)系统性风险

系统性风险是指由于社会、政治、经济等全局性的因素变化而使所有股票价格均受影响，进而导致投资收益变动的风险。这些风险具有如下共同特征：一是这些影响因素是"外在的"，来自整个经济运行过程的随机性、偶然性的变化或不可预测的趋势；二是这些影响是总体的，任何股票价格都会受到影响，只是程度不同而已；三是由于其产生的影响是总体的，因而是不可回避的，即使通过分散投资也是无法抵消的，所以，这一风险又被称为不可规避的风险。

1. 政治风险

政治风险主要指国家政局的变动、国家重要领导人的人事变动以及政治体制的重大变动给市场所带来的风险。这种影响所造成的风险往往是突然的，程度上也是很强烈的。

2. 政策风险

政策风险是指政府一般经济政策及有关股票市场的政策发生重大变化或有重要的法规出台，引起市场波动，从而给投资者带来的风险。通常，政策风险可分为两个层次。一是一般经济政策变化所带来的风险。如一段时间实行紧缩的财政货币政策，必然使股票市场价格受到影响，从而给投资者带来风险。二是针对股票市场的具体政策法规的出台所带来的风险。当一国股票市场处在发展初期时，由于对市场运行规律认识不足，再加上法规不健全，管理不完善，更容易频繁地改变监管规则，从而使政策性风险影响力更大。一旦出现这种风险，几乎所有股票的市场价格均会受到影响，因此该风险也属于系统性风险。

3. 经济周期波动风险

由于股票市场本身是社会经济的一个组成部分，因而所有股票价格的变化必然会受经济周期波动的影响，在经济发展处在衰退及萧条阶段时，股票市场价格波动总体处在下滑及低谷时期；相反，经济发展处在复苏繁荣阶段时，企业效益回升并逐步提高，股价逐步攀高。在与经济周期循环相关的股市波动中，几乎所有股票价格都会随之波动，因而这一风险的系统性特征也十分明显。

4. 市场风险

市场风险是指由股票市场行情总体波动而引起的风险。这种行情波动可通过股价指数全面反映。这种波动并不是指市场价格长期波动趋势，而是指中期波动与日常波动。前者与经济周期有关，后者形成的原因错综复杂，它更多地与市场供求关系、投资者心理变化等市场因素有关，显然，若不能顺势而为，就会带来很大风险。

5. 利率风险

利率风险是指市场利率变动引起投资收益减少甚至亏损的风险。这种风险是通过利率变化，进而影响股票价格变动而产生的。按一般规律，市场利率下跌，使滞留在银行及其他货币市场上的资金收益减少，根据比较利益及平均利润率调节原则，投资者的资金必然流向收益率略高的股票市场，当资金额与股票数量对比发生供大于求时，股票价格必然上涨；反之，在市场利率上升时，股票价格下跌。此外，由于利率下跌，公司经营成本(融资财务成本)降低，在其他条件不变的情况下，必然使盈利及派发的红利相应增加，由此使股票的内在价值提高，进而推动其市场价格上涨；反之，在市场利率上升时，则产生相反的结果。

市场利率不会自发变化，在现代经济中，利率政策也是中央银行调节社会资金供求关系的重要货币工具。当中央银行调整利率时，其产生的风险可归为政策风险。

6. 通货膨胀风险

通货膨胀风险又称为购买力风险。它是指由于通货膨胀货币贬值使股票投资者实际收益水平下降带来的风险。通货膨胀所造成的风险主要表现在两个方面。一是通货膨胀导致物价普遍上涨，实际收益率往往要在名义收益率基础上扣除通货膨胀率，而只有当实际收益为正值时，投资才有价值。二是在通货膨胀初期，通货膨胀形成的危害并未被人们所认识，但到了恶性通货膨胀时，会使企业经营成本提高，经营环境恶化，产品销售困难重重，由此导致企业效益下滑，最终使股票内在价值降低。这时若投资者丧失投资信心，纷纷抛售股票，股价更会加剧跌落。

通货膨胀风险对不同类型股票的影响程度也不完全相同。对优先股来说，由于其固定收益的属性决定了它遭受风险的可能更大。对普通股来说，发生通货膨胀时，公司产品价格上涨，公司名义收益也会增加，特别是当公司产品价格上涨幅度大于生产费用的涨幅时，公司净利润更高，这时可多分红利，股价也随之上涨，普通股股东增加的收益可弥补通货膨胀所造成的损失，因此风险相对较小。

不同股票由于公司所处行业及经营的产品不同，通货膨胀所造成的影响也不尽相同。持有那些率先涨价的产品、上游行业产品、供不应求产品的股票通货膨胀风险较小；反之，持有那些下游行业产品、供过于求产品的股票通货膨胀风险较大。

(二)非系统性风险

非系统性风险是指由于某个行业或个别公司内部因素变化而使其股票的市场价格受到影响，进而使投资这类股票的投资者收益发生变化的风险。与系统性风险相比，非系统性风险的主要特征为：一是这些风险产生的原因是"内在的"，即由行业和企业内部因素变化所致；二是这些风险造成的影响是个别的，不对股票市场所有股票价格产生影响，即与股票市场价格总体变动不存在系统的、全面的联系，只对个别或部分股票收益产生影响；三是这些风险可通过多元化分散投资来抵消，即通过投资组合可最大限度地降低其风险，甚至完全消除风险。因此，这一风险又称为可分散风险或可规避风险。

1. 行业风险

行业风险是指由股票发行企业所处行业特征所引起该股票价格及投资收益变动的风险。

(1) 不同行业与经济周期波动的相关性程度不一样。有些行业随经济周期而波动的特点较明显，甚至波幅更大。投资这类行业，若不把握好它的波动特点，将会遇到很大风险。相反，有些行业运行及增长具有相对独立性及稳定性，这些行业大多为需求稳定或是与生产生活必需品相关的行业。投资这类行业的股票风险较小，但收益也较低。

(2) 不同行业有不同生命周期特征。处于行业生命周期不同阶段的企业，其股票风险程度也不同。通常，投资处在开拓期、成长初期及衰退期的企业股票风险很大，而投资处在成熟期企业的股票，风险则较小；投资基础产业、公用事业类企业的股票，因不确定因素少，所以风险略小，而投资高新技术行业企业的股票因不确定因素太多，则风险较大。

(3) 不同行业内部竞争垄断程度并不一样，同时行业内不同企业在行业竞争中的地位也不同，因此风险程度也不同。一般来说，垄断程度较高的行业企业可获得稳定利润，因而投资这类企业的股票风险较小；反之，投资竞争过于激烈的行业或在行业中无优势企业的股票风险略大一些。

2. 违约风险

违约风险，又称信用风险，是指股票发行人不能按股票发行合约确定的要求履行义务，如任意变更募资投向、不支付红利等，从而使投资者遭受损失的风险。这种风险产生的原因主要是公司因财务状况不佳、经营不善导致盈利前景堪忧，不仅会影响股价，而且一旦公司出现连年亏损，股票退市甚至因资不抵债而最终破产，该公司股票将会一文不值，给投资者带来巨大风险。

3. 经营风险

经营风险是指公司经营不善导致企业业绩下滑，甚至竞争失败，从而使投资者无法获取预期收益导致亏损的风险。这种风险主要来自内部与外部或主观与客观两方面因素。就内部因素即主观因素而言，主要有以下四个方面。

(1) 企业经营管理人员投资决策失误造成的，即未对投资项目做好可行性研究，主观随意，草率上马，从而造成重大损失。

(2) 企业内部管理混乱，产品质量低劣，成本开支过大，丧失盈利能力。

(3) 不注意技术更新，使本企业在行业中无竞争优势。

(4) 不注意市场调查和研究、开发新产品、拓展新市场，公司产品的市场占有率与竞争力下降。

公司经营风险对投资者收益的影响也是十分明显的。公司的经营状况最终表现为盈利水平的变化及资产增值状况。一旦公司经营风险增大，势必影响其盈利及资产增值速度。若企业盈利及资产增值速度只是阶段性的暂时回落，对投资者收益的影响还不显著，只是对股价产生阶段性波动冲击；若企业经营出现亏损，净资产缩水，这种风险便属于中度风险，股票投资者受到的影响进一步扩大，其一已无红利可分，其二历来累积的盈利及资本公积金也因弥补亏损而耗尽，同时，这种状况又使该公司股票价格急剧下跌，投资者还要遭受市价降低变现困难的危害，若走向极端，即企业经营失败导致破产则属于高度风险。至此，股票交易转让资格也丧失，投资者只能等待清算与追索剩余资产。若企业资不抵债，股票投资者不仅得不到红利，因其资产追索权置于债券投资者之后，很可能持有的股票会一文不值。由此可见,对股票投资者来说,公司经营风险是很高的非系统性风险。

4. 财务风险

财务风险是指公司财务结构不合理、融资不当而使投资者承担预期收益下降的风险。广义地讲,财务风险也属于公司经营风险的一种形式。在现代经济中,每个企业都存在负债经营的问题。通过负债经营可弥补自有资金的不足,扩大企业规模,提高竞争能力,也可利用借贷资金实现更多利润。然而,要做到这一点,有一个前提条件,即公司借贷资金实现的利润率必须高于借贷利息率,否则负债比例越高,亏损越严重。由此可见,负债经营是一把双刃剑,既可能带来更多收益,又可能造成亏损,关键是如何调整好公司资本结构及合理地融资、用资。

系统性风险是不可回避的,但可尽量地降低其风险程度。主要措施是在战略上把握市场周期波动的规律,在战术上采用灵活的操作策略,既可在现货市场上做出总量变化结构调整的灵活反应,又可通过期货、期权等衍生工具与现货的对冲来降低风险。由于非系统性风险来源于个别上市公司及其股票,从理论上讲,投资者可通过多样化投资即分散投资来规避这类风险。因为当某些股票价格下跌、收益减少时,另一些股票可能正好价格上升、收益增加,这样就使风险被抵消,平均收益不至下降。

第三节 股 票 交 易

一、股票交易的含义

股票交易亦即股票买卖,是指投资者在股票流通市场中对已经发行的股票进行不断的买入或卖出的行为。股票交易主要有两种形式:一种是通过证券交易所买卖股票,称为场内交易;另一种是不通过证券交易所买卖股票,称为场外交易。股票交易的活跃程度、股票交易价格的合理与否等,是反映股票市场发展水平的重要指标。

二、股票交易程序*

拓展阅读 2-2　股票交易程序见右侧二维码

拓展阅读 2-2.docx

三、交易方式

股票交易方式是股票买卖的方法和形式,股票交易的基本环节,是随着股票市场的形成、发展而不断发展,丰富起来的。现代股票市场上的交易方式种类繁多。

从不同的角度,交易代码可如下分类。

(1) 从买卖双方的组合方式不同,可分为议价买卖和竞价买卖。议价买卖是一种原始的交易方式,由买方和卖方一对一地面谈,通过讨价还价达成交易。它是店头市场上最常用的交易方式,主要是在交易证券的数量少、需要保密或是为了节省佣金的情况下使用。竞价买卖是指买卖双方都由若干人组成,公开进行的"双向竞争"交易,即不仅是买卖双方之间出价的竞争,而且在众多的买者和卖者之间也存在着激烈的竞争,最后在买方出价最高者与卖方要价最低者之间完成交易的交易方式。由于双向竞争,买方可以自由选择卖方,反之亦然。交易比较公平。

(2) 按交易达成的方式不同,可分为直接交易和间接交易。前者是指买卖双方直接洽谈,票券亦由买卖双方自行结算交割的交易方式;后者是指买卖双方不直接见面,而是委托中介人进行股票买卖的方式来交易。

(3) 按照交割期限不同,可分为现货交易和期货交易。近年来,还出现了只需交纳少量保证金便从事大宗股票买卖的信用交易、期权交易、股票指数期货等方式。

本 章 小 结

本章介绍了股票的定义和特点、股票的类型、股票的价格种类,股票价格包括市场价格、发行价格以及理论价格,等等;介绍了股票价格指数的种类、股票的发行与流通、股票的场外交易市场和场内市场的区别;介绍了股票的收益和风险、股票的交易流程及交易方式。主要是从股票概念、股票收益与风险、股票交易三个方面系统介绍股票,从类型、发行、收益率计算到具体交易方式的方方面面为读者树立正确的股票投资理念,理性看待股票投资。

自 测 题

一、名词解释

股票　股票发行市场　股票流通市场　账面价格　发行价格　股票价格指数　系统性风险　私募发行　交割　保证金交易

二、判断题

1. 股票实质上代表了股东对股份公司的所有权,股东凭借股票可以获得公司的股息,参与股东大会并行使自己的权利。　　　　　　　　　　　　　　　　　　(　)
2. 我国《公司法》规定股票发行可以溢价发行、平价发行,也可以折价发行。(　)
3. 股票的内在价值即理论价值,也即股票未来收益的期望值。　　　　　(　)
4. 优先股在发行时就约定了固定股息率,无论公司经营状况和盈利状况如何变化,股息率都不变。　　　　　　　　　　　　　　　　　　　　　　　　　　(　)
5. 政治因素也会对股票价格产生很多影响。　　　　　　　　　　　　　(　)

三、单项选择题

1. (　)不是股票的特征。
   A. 收益性　　　B. 返还性　　　C. 风险性　　　D. 流动性
2. 股票的账面价值是指(　)。
   A. 发行价格　　　　　　　　　　B. 在二级市场上的交易价格

C. 股票票面上标明的价格　　　D. 每股所代表的实际资产
3. ( )是股票最基本的特点。
   A. 流动性　　B. 收益性　　C. 永久性　　D. 风险性
4. 普通股和优先股是按( )分类的。
   A. 股票的格式　　　　　　B. 股东享有的权利
   C. 股票的价值　　　　　　D. 股票的收益和风险
5. 下列财政、货币政策中，通常会造成股价上升的是( )。
   A. 中央银行提高法定存款准备金率
   B. 政府大幅降低税率
   C. 中央银行提高再贴现率
   D. 中央银行在公开市场上大量买入证券
6. 优先股的特征不包括( )。
   A. 股息率固定　　　　　　B. 股息分派优先
   C. 剩余资产分配优先　　　D. 具有优先认股权
7. 深圳证券交易所编制并公布的以全部上市股票为样本股，以指数计算日股份数为权数进行加权平均计算的股价指数是( )。
   A. 上证综合指数　　　　　B. 深圳综合指数
   C. 上证180指数　　　　　 D. 深圳成分股指数
8. 引起股价变动的直接原因是( )。
   A. 市场利率　　　　　　　B. 景气变动
   C. 公司的盈利水平　　　　D. 供求关系的变化
9. ( )不属于交割的方式。
   A. T+0　　B. T+1　　C. T+2　　D. 发行日交割
10. 买卖双方直接洽谈，票券亦由买卖双方自行结算交割的交易方式是( )。
    A. 直接交易　　B. 间接交易　　C. 议价买卖　　D. 自行交易

四、多项选择题

1. 股票具有的特性包括( )。
   A. 风险性　　B. 收益性　　C. 稳定性　　D. 永久性
2. 影响股票价格变动的基本因素包括( )。
   A. 公司的经营状况　　　　B. 心理因素
   C. 行业与部门因素　　　　D. 宏观经济
3. 以下关于普通股股东权利的阐述，正确的有( )。
   A. 公司重大决策参与权
   B. 公司为增加注册资产发行新股时，股东有权按照实缴的出资比例认购新股
   C. 公司资产收益和剩余资产分配权
   D. 股东有权查阅公司章程、股东名册、公司债券存根、股东大会会议记录、董事会会议决议、监事会会议决议、财务会计报告，对公司的经营提出建议或者质询

4. 关于股票收益性描述正确的是( )。
   A. 股票的收益只来源于股票公司
   B. 收益性是股票最基本的特征
   C. 其实现形式可以是资本利得
   D. 其实现形式可以是从股份公司领取股息和分红
5. 股票交易的基本流程包括( )。
   A. 开户　　　　B. 交割清算　　C. 委托　　　　D. 竞价成交

五、简答题

1. 简述股票的特征。
2. 如何理解证券交易所与场外交易市场之间的区别?
3. 影响股票市场价格的基本因素有哪些?
4. 如何理解系统性风险与非系统性风险之间的区别?
5. 股票的交易方式有哪些?

六、论述题

1. 就如何建立一个健康的A股市场谈谈你的看法。
2. 结合所学知识谈谈在实际的股票交易中应该注意哪些问题。

第三章 债券理财工具

【学习目标】

通过学习本章，读者应当掌握债券的特征、债券的价格和估值，以及债券的收益和风险；熟悉债券的不同分类和信用评级；了解债券的理财策略；能够熟练运用相关知识进入债券市场投资，能够了解更多的债券市场概况。

【导读案例】

华晨集团债券违约

2020年11月4日，华晨汽车集团控股有限公司(以下简称"华晨集团")发布公告称，公司2017年非公开发行的公司债券(第二期)(以下简称"17华汽05")发生债务违约，规模高达10亿元。公开资料显示，该债券发行于2017年10月，票息5.3%，期限为3年。华晨集团隶属于辽宁省国资委，是其重点国有企业，股东辽宁省国资委持股比例占80%，为公司实际控制人，辽宁省社会保障基金理事会持股20%。

投资者李先生口述：7年经验、4次调研、投资500多万元却踩雷。

我从2013年开始做债券投资，经验不少，前前后后投过的公司非常多，包括国企、民企和城投都有涉足，不是盲目地投资。在决定买入前，都会对公司的基本财务情况进行了解，也会跟踪一段时间，再做投资决定。今年8月，我关注到17华汽05，投资原因有三：第一，2020年9月底前，华晨集团的评级为AAA；第二，华晨集团有辽宁省国资委股东背景；第三，华晨集团拥有分公司华晨宝马，经营得很好。当时有消息称，华晨集团拖欠员工工资，我还特意问了华晨相关人员这个问题，他跟我说的信誓旦旦，原话是"咱们公司一点儿问题都没有"，称不发薪水是员工有问题。在经过差不多2个月的观察后，10月初，通过个人公司账户投资17华汽05约300万元人民币。10月15日，我看到一份加盖华晨集团公章的公告，其中提到，债券登记日为2020年10月22日。截至该日收市后，本期债券投资者对托管账户所记载的债券余额享有本年度利息和剩余全部本金。本息兑付日和债券摘牌日均为2020年10月23日。看到这份公告时，离兑付时间很近了。我想公司跟交易所出兑付公告了，而且加盖了公章，我觉得也有了法律效力，同时公司也有兑付意愿和能力，所以就在10月16日又追加了投资，大约200万元人民币。前后在17华汽05债券总共投资了500多万元人民币。

李先生的亲身经历说明了债券投资风险虽然相对较小，作为投资者还是要慎之又慎。因此，了解更多的债券知识和投资技巧有助于我们控制风险，让我们的投资之路多一份保障。

(资料来源：《中国经济周刊》2020年11月18日，有增删)

第一节 债券概述

一、债券的定义

(一)债券的定义

债券是一种有价证券,是社会各类经济主体等为筹集资金而向债券投资者出具的,承诺按一定利率定期支付利息并到期偿还本金的债权债务凭证。债券上规定资金借贷的权责关系主要有三点:第一,所借贷货币的数额;第二,借款时间;第三,在借贷时间内应有的补偿或代价是多少(即债券的利息)。

债券包含四个方面的含义:第一,发行人是借入资金的经济主体;第二,投资者是出借资金的经济主体;第三,发行人需要在一定时期付息还本;第四,债券反映了发行人和投资者之间的债权、债务关系,而且是这一关系的法律凭证。

(二)债券的票面要素

债券作为证明债权债务关系的凭证,其票面具有四个基本要素。

1. 票面价值

债券的票面价值是债券票面标明的货币价值,是债券发行人承诺在债券到期日偿还给债券持有人的金额。债券的票面价值要标明的内容主要有:币种、票面金额。票面金额大小不同,可以适应不同的投资对象,同时也会产生不同的发行成本。票面金额定得较小,有利于小额投资者,购买持有者分布面广,但债券本身的印刷及发行工作量大,费用可能较高;票面金额定得较大,有利于少数大额投资者认购,且印刷费用等也会相应减少,但是小额投资者无法参与。因此,债券票面金额的确定也要根据债券的发行对象、市场资金供给情况及债券发行费用等因素综合考虑。

2. 到期期限

债券的到期期限是指债券从发行之日起至偿清本息之日的时间,也是债券发行人承诺履行合同义务的全部时间。决定偿还期限的主要因素:资金使用方向、市场利率变化、债券变现能力。一般来说,当未来市场利率趋于下降时,应发行期限较短的债券;而当未来市场利率趋于上升时,应发行期限较长的债券,这样有利于降低筹资者的利息负担。

3. 票面利率

票面利率指债券利息与债券票面价值的比率,通常年利率用百分数表示。

影响票面利率的因素有:第一,借贷资金市场利率水平;第二,筹资者的资信;第三,债券期限长短。

一般来说,期限较长的债券流动性差,风险相对较大,票面利率应该定得高一些;而期限较短的债券流动性强,风险相对较小,票面利率就可以定得低一些。

4. 发行人名称

这一要素指明了该债券的债务主体，既明确了债券发行人应履行对债权人偿还本金和利息的义务，也为债权人到期追回本金和利息提供依据。

需要说明的是，以上四个要素虽然是债券票面的基本要素，但它们并非一定在债券票面上印制出来。在许多情况下，债券发行人是以公布条例或公告形式向社会公开宣布某债券的期限与利率。此外，债券票面上有时还包含一些其他要素，如附有赎回选择权、出售选择权、可转换条款、交换条款、新股认购条款，等等。

二、债券的特征

(一)偿还性

偿还性是指债券有规定的偿还期限，债务人必须按期向债权人支付利息和偿还本金。这一特征与股票的永久性有很大的区别。

(二)流动性

流动性是指债券持有人可按需要和市场的实际状况，灵活地转让债券，以提前收回本金和实现投资收益。流动性首先取决于市场为转让债券所提供的便利程度；其次取决于债券在迅速转变为货币时，是否在以货币计算的价值上蒙受损失。

(三)安全性

安全性是指债券持有人的收益相对稳定，不随发行人经营收益的变动而变动，并且可按期收回本金。一般来说，具有高度流动性的债券同时也是较安全的，因为它不仅可以迅速地转换为货币，而且还可以按一个较稳定的价格转换。

债券投资不能收回的两种情况。

第一，债务人不履行债务，即债务人不能按时足额履行约定的利息支付或者偿还本金。

第二，流通市场风险，即债券在市场上转让时因价格下跌而使债券持有者承受损失。

(四)收益性

收益性是指债券能为投资者带来一定的收入，即债券投资的报酬。在实际经济活动中，债券收益可以表现为三种形式：一是利息收入；二是资本损益，即债权人到期收回的本金或中途卖出债券与买入债券之间的价差收入；三是再投资收益。

三、债券的分类*

拓展阅读 3-1 债券的分类见右侧二维码

拓展阅读 3-1.docx

四、债券市场

债券市场是发行和买卖债券的场所。债券发行市场，又称一级市场，是发行单位初次出售新债券的市场。债券发行市场的作用是将政府、金融机构以及工商企业等为筹集资金向社会发行的债券，分散发行到投资者手中。

债券流通市场，又称二级市场，指已发行债券买卖交易的市场。债券一经认购即确立了一定期限的债权债务关系，但通过债券流通市场，投资者可以交易债权，把债券变现。

债券发行市场和流通市场相辅相成，是互相依存的整体。发行市场是整个债券市场的源头，是债券流通市场的前提和基础。发达的流通市场是发行市场的重要支撑，流通市场的发达是发行市场扩大的必要条件。我国 2019—2020 年债券市场发行情况如表 3-1 所示*。

拓展阅读3-2 我国2019—2020年债券市场发行情况见右侧二维码

五、债券的价格属性

(一)债券价格的概念

债券价格是指债券发行时的价格。理论上，债券的面值就是它的价格。但实际上，由于发行者的种种考虑或资金市场上供求关系、利息率的变化，债券的市场价格常常脱离它的面值，有时高于面值，有时低于面值。也就是说，债券的面值是固定的，但它的价格却是经常变化的。发行者计息还本是以债券的面值为依据，而不是以其价格为依据的。

(二)债券价格的分类

1. 发行价格

债券的发行价格是指在发行市场(一级市场)上，投资者在购买债券时实际支付的价格。

通常有三种不同情况：①按面值发行、面值收回，其间按期支付利息；②按面值发行，按本息相加额到期一次偿还，我国目前发行债券大多数是这种形式；③以低于面值的价格发行，到期按面值偿还，面值与发行价之间的差额即为债券利息。

2. 市场交易价格

债券发行后，一部分可流通债券在流通市场(二级市场)上按不同的价格进行交易。交易价格的高低，取决于公众对该债券的评价、市场利率以及人们对通货膨胀率的预期等。一般来说，债券价格与到期收益率成反比。也就是说，债券价格越高，从二级市场上买入的投资者所得到的实际收益率越低；反之亦然。

不论票面利率与到期收益率的差别有多大，只要离债券到期日愈远，其价格的变动就愈大；实行固定的票面利率的债券价格与市场利率及通货膨胀率呈反方向变化，但实行保值贴补的债券例外。

(三)影响债券价格的因素

1. 偿还期

偿还期指债券距离到期日之间的期限。偿还期越短，意味着离到期日越近，债券的价格就越接近其终值(兑换价格)；而偿还期越长，则债券离到期日越远，其价格就越低。一般来说，偿还期越长，投资者面临各种风险的可能性越大，债券的价格就越低。

2. 票面利率

债券的票面利率也就是债券的名义利息率，债券的名义利率越高，到期的收益就越大，所以债券的售价也就越高。

3. 投资者的获利预期

债券投资者的获利预期是跟随市场利率而发生变化的，若市场利率调高，则投资者的获利预期也高涨，债券的价格就下跌；若市场利率调低，则债券的价格就会上涨。这一点在债券发行时表现得最为明显。

一般是债券印制完毕离发行有一段间隔，若此时市场利率发生变动，债券的名义利息率就会与市场的实际利息率出现差距，此时要重新调整已印好的票面利息率已不可能，而为了使债券的利率和市场的现行利率相一致，就只能是债券溢价或折价发行了。

4. 企业的信用水平

发债者信用水平高，其债券的风险就小，因而其价格就高；而发债者信用水平低，其债券价格就低。所以在债券市场上，对于其他条件相同的债券，国债的价格一般要高于金融债券，而金融债券的价格一般又要高于企业债券。

5. 供求关系

债券的市场价格还决定于资金和债券供给间的关系。在经济发展呈上升趋势时，企业一般要增加设备投资，所以它一方面因急需资金而抛出债券，另一方面它会从金融机构借款或发行公司债，这样就会使市场的资金趋紧而债券的供给量增大，从而引起债券价格下跌。而当经济不景气时，生产企业对资金的需求将有所下降，金融机构则会因贷款减少而出现资金剩余，从而增加对债券的投入，引起债券价格的上涨。而当中央银行、财政部门、外汇管理部门对经济进行宏观调控时也往往引起市场资金供给量的变化，一般利率、汇率会随之变化，从而引起债券价格的涨跌。

6. 物价波动

当物价上涨的速度较快或通货膨胀率较高时，人们出于保值的考虑一般会将资金投于房地产、黄金、外汇等可以保值的领域，从而引起资金供应的不足，导致债券价格的下跌。

7. 政治因素

政治是经济的集中反映，并反作用于经济的发展。当人们认为政治形式的变化将会影响到经济的发展时，比如，在政府换届时，国家的经济政策和规划将会有大的变动，从而促使债券的持有人做出买卖决策。

8. 投机因素

在债券交易中，人们总是想方设法地赚取价差，而一些实力较为雄厚的机构大户就会利用手中的资金或债券进行技术操作，如拉抬或打压债券价格从而引起债券价格的变动。

六、债券的估值

债券作为一种投资,现金流出是其购买价格,现金流入是利息和本金的归还,或出售时得到的现金。债券的价值或债券的内在价值,是指债券未来现金流入按投资者要求的必要投资收益率进行贴现的现值,即债券各期利息收入的现值加上债券到期偿还本金的现值之和。债券的未来现金流入包括利息流入、本金流入、转让价款流入等。

债券的内在价值是投资者为取得未来的货币收入目前愿意投入的资金;只有债券的价值大于市场价格才值得购买,才能获取投资收益。因此,债券价值是债券投资决策时使用的主要指标之一。

不同的计息方法,债券价值的估算方法各有不同。

1. 按复利计息、固定利率、定期支付利息的债券估值模型

$$V = \sum_{t=1}^{n} \frac{I}{(1+k)^t} + \frac{M}{(1+k)^n} \tag{3.1}$$

式中:V——债券价值;
I——债券每期的利息;
M——债券的面值,即到期的本金;
k——贴现率,即投资者要求的最低报酬率或市场利率;
t——债券每期利息的付息时间;
n——付息的总期数。

2. 到期一次还本付息,且按复利计算利息的债券估值模型

$$V = \frac{M(1+i)^n}{(1+k)^n} \tag{3.2}$$

式中:V——债券价值;
M——债券的面值;
i——债券的票面利率;
k——贴现率,即投资者要求的最低报酬率或市场利率;
n——发行期限。

3. 贴现发行债券的估值模型

$$V = \frac{M}{(1+k)^n} \tag{3.3}$$

式中:V——债券价值;
M——债券的面值;
k——贴现率,即投资者要求的最低报酬率或市场利率;
n——发行期限。

4. 永久债券的估值模型

永久债券,又称年金债券,是一种没有到期日,无限期地定期支付利息的债券。永久债券一般附有息票,购买此债券的投资者,不能要求还本,只能按期得到利息收入。

$$V = \frac{I}{k} \tag{3.4}$$

式中:V——债券价值;

I——债券每年的利息;

k——贴现率,即投资者要求的最低报酬率或市场利率。

一般而言,对于分期付息的新发债券和复利计息、到期一次还本付息的新发债券来讲,当必要报酬率等于票面利率时,债券价值一定等于债券面值;当必要报酬率高于票面利率时,债券的价值一定低于债券面值;当必要报酬率低于债券利率时,债券的价值一定高于债券面值。

第二节 债券的收益与风险

一、债券的收益

(一)债券收益的构成

1. 利息收入

利息收入是指按照债券的票面利率计算而来的收益。如果是一次还本付息债券,投资者将于债券到期时一次收入该债券的全部利息;如果是附息票债券,则债券持有人可以定期获得利息收入。显然,这一部分收益是确定的。

2. 买卖差价

买卖差价,又称资本损益,是指债券投资者购买债券时所投入资金与债券偿还时或未到期前卖出时所获资金的差额。如果是到期一次还本付息的债券,无论是零息票债券还是贴现债券,其收益都由买卖差价构成,即债券到期的偿还金额或卖出时的价格包含了投资者持有债券期间应得的利息收入,但对附息票债券而言就不一定如此。

3. 利息再投资收益

利息再投资收益是指在附息票债券情况下,投资者将每年定期收到的利息收入再进行投资所获得的收益。显然,利息再投资收入具有两个特征:首先,只有附息票债券才会产生利息再投资收入,而到期一次还本付息债券不具有到期前的利息收入,也就不会有利息再投资收益。其次,利息再投资收益具有很大的不确定性。由于利息是投资者定期收到的,而各期的市场利率是处于变化之中且各不相同的,因此,在不同时期收到的利息的再投资收益可能是各不相同的,故利息再投资收益具有很大的不确定性。此外,越是息票利率高的债券,越是期限长的债券,利息再投资收益就会在总收益中占有越大的比例,因而对总收益的影响程度也越大。

(二)影响债券收益的因素

1. 内部因素

1) 债券的票面利率

债券的票面利率是债券发行的重要条件之一,其高低主要取决于两个因素。一是债券发行人的信用情况。一般来说,在其他因素相同的情况下,发行人的信用水平越高,债券的利率越低;信用水平越低,债券的利率越高。二是发行时市场利率的高低。一般来说,在不考虑发行折价策略的情况下,发行时的市场利率越高,则债券的票面利率越高;市场利率越低,发行时的票面利率越低。

2) 债券的价格

债券的价格可分为发行价格和交易价格。由于债券票面利率和实际利率有差别,所以它的发行价格往往高于或低于面值。债券价格若高于面值,则它的实际收益率将低于票面利率;反之,收益率则高于票面利率。债券的交易价格是投资者从二级市场上买卖债券的价格,其价差将直接影响到债券收益率的高低。

3) 债券的期限

在其他因素相同的情况下,债券期限越长,票面利率越高;反之,票面利率越低。除此之外,当债券价格与票面金额不一致时,期限越长,债券价格与面额的差额对收益率的影响越小。当债券以复利方式计息时,由于复利计息实际上是考虑了债券利息收入再投资所得的收益,所以债券期限越长,其收益率越高。

4) 债券的信用级别

发行债券主体的信用级别是指债券发行人按期履行合约规定的义务,足额支付利息和本金的可靠程度。一般来说,除政府发行的债券之外,其他债券都存在违约风险或信用风险。但是,不同的债券其信用风险不同,这种不同主要从债券的信用级别体现出来。信用级别越低的债券,其隐含的违约风险越高,因而其票面利率相对较高。

2. 外部因素

1) 基准利率

基准利率一般是指无风险利率。政府债券风险最低,可以近似看作无风险资产,因此,其票面利率可看作无风险利率。基准利率的高低是决定债券票面利率的重要因素。其他债券在发行的时候,总要在无风险利率的基础上增加风险溢价以弥补投资者所额外承担的风险。因此,基准利率越高,债券的票面利率也会越高。

2) 市场利率

市场利率属于债券投资的机会成本。在市场利率上升时,新发行的债券其收益率也会上升,但已发行债券的市场价格会下跌,因而持有债券的投资者就会遭受损失。相反,市场利率下降时,已发行债券的市场价格就会上升,持有者会因此受益,但新发行的债券其收益率会下降。

3) 通货膨胀

通货膨胀通常是指一般物价水平的持续上升。通货膨胀的存在可能使得投资者从债券投资中所实现的收益不能弥补由于通货膨胀而造成的购买力损失。

二、债券的收益率*

拓展阅读 3-3 债券的收益率见右侧二维码

拓展阅读 3-3.docx

三、债券的定价原理

1962 年伯顿·马尔基尔(Burton Malkiel)在对债券价格、债券利息率、到期年限以及到期收益率之间进行了研究后，提出了债券定价的五个定理。

定理一：债券的市场价格与到期收益率成反比关系。即债券的市场价格上涨，那么它的到期收益率会下降；反之，债券的市场价格下降，到期收益率会上升。

定理二：当债券的收益率不变，即债券的息票率与收益率之间的差额固定不变时，债券的到期时间与债券价格的波动幅度之间成正比关系。即到期时间越长，价格波动幅度越大；反之，到期时间越短，价格波动幅度越小。

定理三：随着债券到期时间的临近，债券价格的波动幅度减少，并且是以递增的速度减少；反之，到期时间越长，债券价格波动幅度增加，并且是以递减的速度增加。

定理四：对于期限既定的债券，由收益率下降导致的债券价格上升的幅度大于同等幅度的收益率上升导致的债券价格下降的幅度。

定理五：对于给定的收益率变动幅度，债券的息票率与债券价格的波动幅度之间成反比关系。即息票率越高，债券价格的波动幅度越小。

四、债券的风险

投资者在证券市场上购买债券，具有一定的风险，例如，债券市场价格波动，债券的发行者经营失败或宣告破产，丧失偿债能力，或债券的发行者不履行有关发行债券的章程，到期不偿付本息等。总体来说，债券投资的风险包括以下几项。

(一)违约风险

违约风险是指发行人无法按时支付利息和偿还本金的风险。财政部发行的国库券，由于有政府做担保，所以没有违约风险。地方政府和公司发行的债券则或多或少地有违约风险。因此，信用评估机构要对中央政府以外部门发行的债券进行评价，以反映其违约风险。必要时，投资人也可以对发行债券企业的偿债能力直接进行分析，避免违约风险的方法是不买质量差的债券。

(二)利率风险

利率风险是指由于利率变动而使投资者遭受损失的风险。一般债券的到期时间越长，则利率风险越大，但长期债券的利率一般比短期债券高。减少利率风险的办法是分散债券的到期日。因此，建议投资者购买债券时，选择不同期限的债券进行组合投资。

(三)购买力风险

购买力风险，是指由于通货膨胀而使货币购买力下降的风险。在通货膨胀期间，购买力风险对于投资者相当重要。当通货膨胀发生，货币的实际购买能力下降时，就会造成有时候即使投资者的投资收益在量上增加，而在市场上购买的东西却相对减少。一般来说，预期报酬率会上升的资产，其购买力风险低于报酬率固定的资产。例如，房地产、普通股等投资受到的影响较小，而收益长期固定的债券受到的影响较大，前者更适合作为减少通货膨胀损失的避险工具。

(四)流动性风险

流动性风险，又称变现力风险，是指无法在短期内以合理价格卖掉资产的风险。这意味着，如果投资者遇到一个更好的投资机会想出售现有资产以便再投资，但在短期内找不到愿意出合理价格的买主，只能把价格降低或要花较多时间才能找到买主，对投资者来讲有可能丧失新的投资机会或承受降价带来的损失。例如，当购买小公司债券的投资者准备在短期内出售时，小公司债券没有活跃的市场，就只能折价出让；而如果投资者当初购买的是国库券，则可以在极短的时间里以合理的市价将其售出，因为国库券有一个活跃的市场，一定程度上可以规避流动性风险。

(五)再投资风险

购买短期债券，而没有购买长期债券，会有再投资风险。例如，长期债券的利率为15%，短期债券的利率为10%，为减少利率风险买了短期债券，在债券到期收回现金时，如果市场利率仅为5%，你只能找到报酬率大约5%的投资机会，不如当初购买长期债券，仍可获15%的投资收益。

(六)企业经营风险

企业的经营是一个动态过程，当其在经营管理过程中发生失误，导致资产减少而使债券投资者遭受损失。为了防范经营风险，选择债券时一定要对公司进行调查，通过对其报表进行分析，了解其盈利能力和偿债能力、信誉等。

以上六种风险，利率风险、流动性风险和购买力风险统称为系统性风险，其他的都归于非系统性风险。一般来说，风险防范的原则是：对于系统性风险，要针对不同的风险类别采取相应的防范措施，最大限度避免风险对债券价格的不利影响；对于非系统性风险，一方面要通过投资分散化来减少风险，另一方面也要尽量关注企业的发展状况，充分利用各种信息、资料，正确分析，适时购进或抛出债券，以规避非系统性风险。

小贴士

关注信息披露，不可掉以轻心

信息披露是投资者了解公司经营情况、财务状况和偿债风险最重要的渠道和来源。早在2012年9月，H公司发行的"11H01/02"的评级已发生下调，2014年发布的年报进一步反映了企业生产经营的重大不利变化，回售实施前的信息披露文件也多次揭示了回售存在的风险。对相关信息披露保持关注能够让投资者及时获取重要信息，合理研判投资风险。

目前交易所债券市场的信息披露文件主要通过交易所官网披露，分为两大类。第一类是定期报告，包括年度报告和半年度报告，通常在每年的 4 月末和 8 月末披露，能够较为全面地反映发行人报告期的主要经营成果、资产状况和风险情况；第二类是临时报告，目前有关法规和规则要求发行人及时披露可能影响其偿债能力或债券价格的重大事项。两类报告都有较为明确的格式准则，一般能够涵盖影响债券价格和投资决策的重要信息。

在"11H01/02"的案例中，评级公司的评级报告和发行人的信息披露公告先后披露了影响发行人偿债能力的重要事项及其财务上的影响，能够起到及时揭示风险的作用。对信息披露保持密切关注既是对自身投资行为的负责，也是规避违约风险的关键所在。

(资料来源：证监会投资者保护局、公司债券监管部汇编.《债券投资者问答》，2017)

五、债券的信用评级*

拓展阅读 3-4　债券的信用评级见右侧二维码

拓展阅读 3-4.docx

第三节　债券投资的流程及策略

一、债券的投资流程

(一)证券交易所的交易程序

证券交易所的债券交易程序是：开设账户—委托买卖—竞价交易—清算交割—过户。

1. 开设账户

开设账户投资者买卖债券须在证券公司开立委托买卖账户。投资者根据证券公司的实力、信誉程度和有无进场资格等选择好证券公司后，和该公司签订开户契约，开立委托买卖账户。投资者根据所采取的交易方式，还须开立现金账户或保证金账户。

现金账户是客户委托证券公司以现金交易方式代为买卖有价证券而开立的账户；保证金账户是客户采取信用交易方式所开立的账户。保证金账户开户手续较严。客户必须按规定签订"保证金合约"，保证金交足后才能使用该账户进行交易。收取保证金的目的：一是保证交易清算交割的顺利进行；二是保证若委托人违约得以交付佣金或充当违约金。我国上海证券交易所规定：委托人可以根据自己的选择在证券商营业处开立资金账户的证券账户。资金账户和资金由证券商代为转存银行，利息自动转入该账户；证券账户的证券由证券商免费代为保管。若委托人委托购买债券，只要委托人的资金账户有足够的余额，则从资金账户中扣减相应款项，所购债券便记入债券账户，而无实际提券；反之卖出债券，从债券账户中扣减出售，所得款项则记入资金账户。目前国内投资者只采用有深、沪交易所的股东账户就可以选择和其联网的任何一家证券经营机构参与买卖国债及其他上市债券。

2. 委托买卖

(1) 委托书。投资人委托证券商买卖证券须签订委托契约。委托书内容有：①委托人姓名、委托日期、委托人户头账户；②买卖交易的类型(当日交易、普通日交易、特约日交易)；③证券的名称和牌号(或称代码)；④买进或卖出。委托买卖债券的数量或买卖单位；⑤价格(市价委托或限价委托)；⑥交割方式；⑦委托有效期限。以上内容，委托方和受委托方都须明确。

(2) 委托方式。委托方式按不同的划分方法有不同的标准，债券交易中的委托方式主要有下列几种：①按买进和卖出划分为债券买进委托和债券卖出委托；②按委托有无时限划分为有时限委托和无时限委托；③按照交易所的交易数量单位划分为整数委托和零数委托；④按照委托的价格要求划分为市价委托和限价委托；⑤按委托的载体划分为当面委托、电话委托、电报委托、传真委托、信函委托和磁卡委托。上海证券交易所允许这六种委托方式，但最常用的是前两种。

3. 竞价交易

债券的竞价交易方式主要有口头唱报竞价交易、计算机终端申报竞价交易和专柜书面申报竞价交易。目前，在证券交易所场内市场的债券竞价交易主要是计算机终端申报竞价交易；场外交易市场则多采用其他交易方式，如专柜申报竞价交易、挂牌柜台交易等。

计算机终端申报竞价交易是指证券商及其分支营业机构在接到投资者委托买卖指令后，即刻将委托指令通过卫星直接传至交易所主机进行撮合成交，计算机主机将本着价格优先、时间优先和市价委托优先的原则进行竞价交易。

专柜书面申报竞价交易是指证券商接受投资者委托后，将委托内容报给中介经纪人，由中介经纪人依据各自的委托内容进行撮合成交。成交后即通知证券商进行交割。未成交者在有效期内仍然可以继续竞价交易，直至成交或委托失效或委托者撤单。

4. 清算交割

(1) 净额交收。债券交易成交后，经纪人在事先约定时间内，按债券类别和交易所交易记录核对无误后，就受托成交的同种债券买卖双方数额进行抵销，抵销后的差额和证券交易所办理清算交割手续。随后受托经纪商再和委托人依据清算交割单办理交割。

(2) 清算交割日类型及上交所的清算交割规定。交割日一般分当日交割、次日交割、例行日交割、特约日交割和发行日交割。上海证券交易所对场内交易按交割时间规定有：当日交割交易、普通日交割交易(买卖成交后的第四个营业日交割)和约定日交割交易。为保证清算交割顺利进行，上交所规定各证券商必须在上交所所属的登记结算公司开设清算账户、结算资金账户，统一在中国人民银行上海分行业务部开设；有价证券则集中寄存于交易所。各证券商要保持足够用以即日清算交割的资金余额和有价证券。

5. 过户

记名债券成交交割时，须在证券上背书，然后到发行公司办理过户；无记名债券只需在买卖双方的交易账户上予以交割处理。我国《公司法》第 171 条规定：记名债券，由债券持有人以背书方式或者法律、行政法规规定的其他方式转让。记名债券的转让，由公司将受让人的姓名或者名称及住所记载于公司债券存根簿。无记名债券由债券持有者在依法设立的证券交易所将该债券交付给受让人后即发生转让效力。

(二)场外市场交易程序

大部分公司(企业)债券是通过在证券交易所之外的场外交易市场或柜台交易市场以非集中竞价的方式成交。我国目前"沈阳""武汉""大连""天津""南方"五大柜台交易中心之间设有联合报价系统。其特点是：交易活动不是由一个或少数几个统一机构来组织，而是由很多各自独立经营的证券公司分别进行。交易价格是在证券公司和投资人(或投资人的代理证券公司)之间一对一地协商议价的过程中形成的。此外，柜台交易市场以自营买卖为主，代理买卖为辅，这和交易所市场相反。

1. 自营买卖程序

自营债券买卖的程序是：①证券公司先行垫入资金买入一些可流通债券，建立足够的库存；②证券公司对自己经营的债券同时挂出债券买入价和债券卖出价；③无论投资者是按买入价出售债券还是按卖出价购入债券，公司不得拒绝。若投资者不同意证券公司挂出的价格，双方可以讨价还价；④证券公司应根据债券的种类、交易额、市场状况及有关管理规定及时调整报价，并双价齐调；⑤卖价略高于买价，其所形成的差价收益即为自营商的经营收益。

2. 委托交易程序

委托债券交易程序是：①填写委托书。写明债券品种、数量、价格、联系方式及身份证件号码；②交出债券/交出和购买债券等额或超额的现金；③取得证券公司出具的临时收据/收取收据；④证券公司发布信息，征求买方/卖方，议定可能的最好卖价/买价；⑤成交。证券公司通知委托人结算，付给现金/交给债券，债券/现金多余时一并退还；⑥未成交。或办理继续委托(一般委托期限为一个月)，或停止委托，收回临时收据/收回收据，退还债券/现金。在公司债券交易中，委托买卖(代理买卖)方式所占比重较小。

二、债券投资的适宜人群*

拓展阅读 3-5 债券投资的适宜人群见右侧二维码

拓展阅读 3-5.docx

三、债券的理财策略及方法

从总体上来看，债券的理财策略可以分为消极型理财策略和积极型理财策略两种，每位投资者可以根据自己的资金来源和用途来选择适合自己的理财策略。

(一)消极型理财策略及方法

消极型理财策略是一种不依赖于市场变化而保持固定收益的理财方法，其目的在于获得稳定的债券利息收入和到期安全收回本金。因此，消极型理财策略也称作保守型理财策略。

1. 购买持有法——最简单的债券理财方法

购买持有法是债券投资人在对债券市场上所有的债券进行分析之后，根据自己的爱好和需要，买进能够满足自己要求的债券，并一直持有至到期兑付之日。在持有期间，并不进行任何买卖活动。

这种理财策略虽然十分简单、粗略，但有其自身的好处。具体如下。

(1) 这种理财策略所带来的收益是固定的，在进行决策时就完全知道收益，不受市场行情变化的影响。它可以完全规避价格风险，保证获得一定的收益率。

(2) 如果持有的债券收益率较高，同时市场利率没有很大的变动或者逐渐降低，则这种理财策略也可以取得令人相当满意的理财效果。

(3) 交易成本较低。由于这种理财策略在持有期间没有任何买进卖出行为，因而手续费很低，有利于提高收益率。因此这种理财策略很适合不熟悉市场或者不善于使用各种投资技巧的投资者。

但是，购买持有法理财策略也有其不足之处。虽然投资者可以获得固定的收益率，但是这种收益率只是名义上的，当发生通货膨胀或市场利率上升时，这种策略都会给持有人带来损失。

2. 梯形投资法

梯形投资法，又称等期投资法，就是每隔一段时间，在债券发行市场认购一批相同期限的债券，每一段时间都如此，接连不断，这样，投资者在以后的每段时间都可以稳定地获得一笔本息收入。

梯形投资法的优点在于，采用此种投资方法的投资者能够在每年中得到本金和利息，因而不致产生很大的流动性问题，不致着急卖出尚未到期的债券。同时，当市场利率发生变化时，梯形投资法下投资组合的市场价值不会发生很大变化，因此，债券组合的投资收益率也不会发生很大变化。此外，这种投资方法是持有债券至到期时才卖出的，因而交易成本比较低。

3. 三角投资法

三角投资法是利用债券投资期限不同所获本息和不同的原理，在连续时段内进行具有相同到期时间的投资，从而保证在到期时收到预定的本息和。这个本息和可能已被投资者计划用于某种特定的消费。

三角投资法和梯形投资法的区别在于，虽然投资者都是在连续时期(年份)内进行投资，但是，这些在不同时期投资的债券的到期时间是相同的，而债券的期限是不同的。这种投资方法的优点是既能获得较固定收益，又能保证到期得到预期的资金，可以用于特定的目的。

(二)积极型理财策略及方法

积极型理财策略是投资者能够结合自身整体资产与负债的情况以及未来现金流的状况，对影响债券价格的因素进行有效分析，以期实现收益性、安全性与流动性最佳结合的主动债券交易的理财策略。

1. 利率预测法

利率预测法是指投资者通过主动预测市场利率的变化，采用抛售一种债券并购买另一种债券的方式来获得差价收益的投资方法。这种理财策略着眼于债券市场价格变化所带来的资本损益，其关键在于能够准确预测市场利率的变化方向及幅度，从而能准确预测债券价格的变化方向和幅度，并充分利用市场价格变化来取得差价收益。因此，正确预测利率变化的方向及幅度是利率预测投资法的前提，而有效地调整所持有的债券就成为利率预测投资法的主要手段。

2. 等级投资计划法

等级投资计划法是由股票投资技巧演化而来的，其方法是投资者事先确定债券的买入和卖出价位，然后根据结果进行操作。其操作要领是"低进高出"，即在低价时买进、高价时卖出。只要债券价格处于不断波动中，投资者就必须严格按照事先拟订好的计划来进行债券买卖，而是否买卖债券则取决于债券市场的价格水平。

具体而言，当投资者选定一种债券作为投资对象后，就要将债券变动的一定幅度作为等级，这个幅度可以是一个确定的百分比，也可以是一个确定的常数。每当债券价格下降一个等级时，就买入一定数量的债券；每当债券价格上升一个等级时，就卖出一定数量的债券。

3. 逐次等额买进摊平法

如果投资者对某种债券投资时，该债券价格具有较大的波动性，并且无法准确地预期其波动的各个转折点，则投资者可以运用逐次等额买进摊平法。

逐次等额买进摊平法就是在确定投资于某种债券后，选择一个合适的投资时期，在这一段时期中定量定期地购买债券，不论这一时期该债券价格如何波动，都持续地进行购买，这样可以使投资者的每百元平均成本低于平均价格。运用这种操作方法，每次投资时，都要严格控制所投入资金的数量，以保证投资计划逐次等额地进行。

4. 金字塔式操作法

与逐次等额买进摊平法不同，金字塔式操作法实际上是一种倍数买进摊平法。当投资者第一次买进债券后，发现价格下跌时可加倍买进，以后在债券价格下跌过程中，每一次购买数量比前一次增加一定比例，这样就成倍地加大了低价购入的债券占购入债券总数的比重，降低了平均总成本。由于这种买入方法呈正三角形趋势，形如金字塔，所以称为金字塔式操作法。

在债券价格上升时运用金字塔式操作法买进债券，则需每次逐渐减少买进的数量，以保证最初按较低价买入的债券在购入债券总数中占有较大比重。债券的卖出同样也可以采用金字塔式操作法，在债券价格上涨后，每次加倍抛出手中的债券。债券价格上升，卖出的债券数额也就越大，以保证高价卖出的债券在卖出债券总额中因占较大比重而获得较大盈利。

运用金字塔式操作法买入债券，必须对资金做好安排，以避免最初投入资金过多，以后的投资无法加倍摊平。

本章小结

本章的主要内容是对债券的基本概述,介绍了债券的定义、特征以及分类,梳理债券投资的理论基础,详细阐述债券投资的必要概念,价格属性及不同类型债券估值,债券收益率计算,以及债券风险因素,并且阐述了什么样的人群更适合投资于债券,同时提供了一些简单的债券投资小技巧,以供大家参考。为读者区分债券与储蓄、银行理财以及股票的投资策略对比,帮助读者更好地建立个人理财策略。

自测题

一、名词解释

债券　票面价值　政府债券　金融债券　公司债券　债券市场　到期收益率　持有期收益率　利率风险　债券信用评级

二、判断题

1. 流通市场风险,即债券在市场上转让时因价格下跌而蒙受的损失。许多因素会影响债券的转让价格,其中较为重要的是市场利率水平。（　　）
2. 记账式国债购买方便、变现灵活、利率优惠、收益稳定、安全无风险,是我国重要的国债品种。（　　）
3. 在政府债券与其他证券名义收益率相等的情况下,如果考虑税收因素,持有政府债券的投资者可以获得更多的实际投资收益。（　　）
4. 拥有债券的人是债权人,是公司的外部利益相关者。（　　）
5. 债券的票面价值、到期期限、票面利率、发行者名称是债券票面的基本要素,所以必须在债券票面上负责制出来。（　　）

三、单项选择题

1. 信用公司债券属于(　　)范畴。
   A. 抵押债券　　B. 担保债券　　C. 无担保债券　　D. 金融债券
2. 关于债券,下面叙述错误的是(　　)。
   A. 发行人是借入资金的主体
   B. 投资者是出借资金的经济主体
   C. 发行人必须在约定的时间付息还本
   D. 债券反映了发行者和投资者之间的委托代理关系,而且是这一关系的法律凭证
3. 关于债券,发行主体论述不正确的是(　　)。
   A. 政府债券的发行主体是政府
   B. 公司债券的发行主体是股份公司
   C. 凭证式债券的发行主体是非股份制企业

D. 金融债券的发行主体是银行或非银行的金融机构
4. 下列选项中,不属于债券交易市场构成的是( )。
   A. 中介服务机构　　B. 发行者　　　　C. 交易者　　　D. 市场监督者
5. 仅面向中小企业和个人的债券交易市场是( )。
   A. 银行间市场　　B. 交易所债券市场　C. 网上债券市场　D. 柜台交易市场
6. 在证券交易所进行债券交易时,遵循( )原则,采用公开竞价方式进行。
   A. 价格优先、时间优先　　　　　　B. 数量优先、时间优先
   C. 时间优先、总额优先　　　　　　D. 价格优先、数量优先
7. 投资者与证券公司之间委托关系的确立,其核心程序是( )。
   A. 开户　　　　　B. 委托　　　　　C. 成交　　　　　D. 清算
8. 世界上最早的债券评级制度诞生于( )。
   A. 日本　　　　　B. 德国　　　　　C. 美国　　　　　D. 英国
9. 下列各项中,属于债券票面基本要素的是( )。
   A. 债券的发行日期　　　　　　　　B. 债券的承销机构名称
   C. 债券持有人的名称　　　　　　　D. 债券的到期期限
10. 根据债券券面形态,债券可分为( )。
    A. 零息债券、付息债券和息票累计债券　　B. 实物债券、凭证式债券和记账式债券
    C. 政府债券、金融债券和公司债券　　　　D. 国债和地方债

四、多项选择题

1. 以下属于我国金融债券的是( )。
   A. 商业银行次级债券　　　　　　　B. 公司债券
   C. 混合资本债券　　　　　　　　　D. 证券公司短期融资债券
2. 关于外国债券论述不正确的是( )。
   A. 债券发行人属于一个国家,债券的面值货币和发行市场则属于另一个国家
   B. 在日本发行的外国债券被称为扬基债券
   C. 在美国发行的外国债券被称为武士债券
   D. 外国债券是指某一国借款人在本国发行以外国货币为面值的债券
3. 委托方式按委托人买卖债券价格权力可分为( )。
   A. 买进委托　　B. 卖出委托　　C. 随行就市委托　　D. 限价委托
4. 债券不能收回投资风险的情况包括( )。
   A. 债务人不履行债务
   B. 流通市场风险
   C. 债务人不能按时足额满足按约定的利息支付或偿还本金
   D. 债券在市场上转让时因价格下跌而蒙受损失
5. 债券的基本性质有( )。
   A. 债券是债权的表现　　　　　　　B. 债券是一种虚拟资本
   C. 债券具有流动性　　　　　　　　D. 债券属于有价证券

五、简答题

1. 如何理解债券和股票之间的区别?
2. 如何理解到期收益率和当期收益率之间的区别?
3. 市场利率是如何影响债券价格的?
4. 简述伯顿·马尔基尔提出的债券定价的五个定理。
5. 谈谈你的债券理财策略选择,并简述原因。

六、论述题

材料一:近几年国债已经成为老百姓主要的理财工具之一。国债发行时,时常看到人们排队购买国债的场景。

材料二:随着经济的深入发展和人民生活水平的不断提高,投资理财已逐步成为决定和影响人们生活的重要方面,人们的投资渠道也越来越多。

(1) 人们青睐国债说明了什么?

(2) 假如你是投资者,你认为选择投资方向时应注意哪些问题,并说明理由。

(3) 假如你有10万元闲置资金,请你设计一套你最中意的投资方案。

第四章 基金理财工具

【学习目标】

通过学习本章，读者应当掌握基金的定义和特征，基金的费用、收益以及风险的种类；熟悉各类基金的含义，基金交易的流程以及基金的选择和操作策略；了解基金当事方的概念、职责和之间的相互关系，基金估值的原则和方法，基金常见误区及防范。

【导读案例】

基金的起源以及我国基金发展

证券投资基金作为一种以信托关系为基础的资金组织形式起源于英国，盛行于美国。1868年11月，英国组建了"海外和殖民地政府信托基金"，因其在许多方面为现代基金的产生奠定了基础，金融史学家将之视为证券投资基金的雏形。第二次世界大战后，美国经济增长势头强劲，投资者的信心很快恢复起来。在严谨的法律保护下，投资基金特别是开放式基金再度活跃，基金规模逐年上升。目前，美国已成为世界上基金业最发达的国家。

我国基金发展分为四个阶段：

1. 早期探索阶段：1987年，中国新技术创业投资公司(中创公司)与汇丰集团、渣打集团在中国香港联合设立了中国置业基金，首期筹资3900万元人民币，直接投资于以珠江三角洲为中心的周边乡镇企业，并随即在香港联交所上市。这标志着中资金融机构开始正式涉足投资基金业务。1992年，中国投资基金业的发展异常迅猛，11月，我国第一家比较规范的投资基金——淄博乡镇企业投资基金由中国人民银行批准成立。

2. 调整与规范阶段：由于我国的基金从一开始就发展势头迅猛，其不规范问题和积累的其他问题逐步暴露出来，多数基金的资产状况趋于恶化，在经营上步履维艰，调整与规范我国基金业成为金融管理部门的当务之急。1993年5月19日，人民银行总行发出紧急通知，要求省级分行立即制止不规范发行投资基金和信托受益债券的做法。在这种情况下，投资基金的审批受到限制。

3. 试点发展阶段：1997年11月14日颁布了《证券投资基金管理暂行办法》。这是我国首次颁布规范证券投资基金运作的行政法规，为我国基金业的规范发展奠定了法律基础，由此中国基金业的发展进入一个新的阶段。

4. 快速发展阶段：2004年6月1日开始实施的《证券投资基金法》，为我国基金业的发展奠定了重要的法律基础，标志我国基金业的发展进入了一个新的发展阶段。截至2020年9月，我国境内共有132家基金管理公司，管理着公募基金7644只，其中开放式基金6538只，封闭式基金1106只，私募基金91798只，总规模超过33.62万亿元。基金已逐渐成为国内最主要、参与者最广泛的投资工具之一。

(资料来源：中国证券监督管理委员会官网，http://www.csrc.gov.cn/，有删减)

第一节 基 金 概 述

一、基金的定义

从广义上说,基金是指为了某种目的而设立的具有一定数量的资金。主要包括信托投资基金、公积金、保险基金、退休基金、各种基金会的基金等。从狭义上说,基金是一种利益共享、风险共担的集合证券投资方式,即通过发行基金单位,集合投资者的资金,由基金托管人托管,由基金管理人管理和运用资金,从事股票、债券、外汇、货币等金融工具投资,以获得投资收益和资本增值。本章介绍的基金主要是指证券投资基金。

二、基金涉及的主体

(一)基金管理公司

基金管理公司是指依据有关法律法规设立的对基金的募集、基金份额的申购和赎回、基金财产的投资、收益分配等基金运作活动进行管理的公司。一家基金管理公司可以管理多个基金。基金管理公司作为受托方,目标是使投资者利益最大化。

(二)基金投资者

基金投资者是指持有基金单位或基金股份的自然人和法人,也就是基金的持有人。一个投资者可以同时投资多个基金,当投资者投资某家基金管理公司旗下的基金时,其实就相当于投资者与该基金公司签订了一份委托协议,即投资人委托基金管理公司进行投资基金。

(三)基金托管公司

基金托管公司是根据法律法规的要求,在证券投资基金运作中承担资产保管、交易监督、信息披露、资金清算与会计核算等相应职责的机构。每个基金都由一家基金托管公司进行托管。基金托管公司是基金持有人权益的代表,对基金管理公司的投资活动进行监督,维护投资人的利益权利,通常由有实力的商业银行或信托投资公司担任。具体见表4-1。

表4-1 基金涉及主体之间的关系

	基金投资者	基金管理公司	基金托管公司
身份	基金的实际所有者	专业经营机构,本身不实际接触和拥有基金资产	保管基金资产,依据管理方指令处置基金资产,监督管理人的投资运作的合规性
基金管理公司	所有者与经营者的关系		经营与监管的关系
基金托管公司	委托与受托的关系	经营与监管的关系	

(四)其他参与方

除上述三个参与主体以外，基金在设立、运行过程中还涉及许多其他参与方，主要是基金销售机构、过户代理机构、律师和会计师等。

随着基金规模的不断扩大，基金行业内部的专业化分工不断深化。除基金管理人直接销售以外，基金的销售也可以通过承销商批发或中介机构代理完成，这些独立的销售机构为基金管理人提供销售服务，并收取一定的佣金和服务费。

过户代理商(Transfer Agent，TA)负责投资者账户的管理和服务，负责基金单位的登记、过户以及红利发放等服务内容。我国的 TA 系统是中国结算公司开放式基金登记结算系统的简称，用于登记投资者在上海或者深圳证券账户内的基金份额。

会计师、律师作为专业的服务中介，为基金管理人提供专业的内部审计报告。

三、基金的特征

与股票、债券、储蓄等理财工具一样，基金也为投资者提供了一种投资渠道。那么，与其他的理财工具相比，基金具有哪些优势呢？

(一)集合理财，专业管理

基金将众多投资者的资金集中起来，委托基金管理人进行共同投资，表现出一种集合理财的特点。通过汇集众多投资者的资金，积少成多，有利于发挥资金的规模优势，降低投资成本。基金由基金管理人进行投资管理和运作。基金管理人一般拥有大量的专业投资研究人员和强大的信息网络，能够更好地对证券市场进行全方位的动态跟踪与分析。将资金交给基金管理人管理，使中小投资者也能享受到专业化的投资管理服务。

(二)组合投资，分散风险

为降低投资风险，我国《证券投资基金法》规定，基金必须以组合投资的方式进行基金的投资运作，从而使"组合投资，分散风险"成为基金的一大特色。中小投资者由于资金量小，一般无法通过购买不同的股票分散投资风险。基金通常会购买几十种甚至上百种股票，投资者购买基金就相当于用很少的资金购买了一篮子股票，某些股票下跌造成的损失可以用其他股票上涨的盈利来弥补，因此可以充分享受到组合投资、分散风险的好处。

(三)利益共享，风险共担

基金投资者是基金的所有者。基金投资者共担风险，共享收益。基金投资收益在扣除由基金承担的费用后的盈余全部归基金投资者所有，并依据各投资者所持有的基金份额比例进行分配。为基金提供服务的基金托管公司、基金管理公司只能按规定收取一定的托管费、管理费，并不参与基金收益的分配。

(四)严格监管，信息透明

为切实保护投资者的利益，增强投资者对基金投资的信心，中国证监会对基金业实行比较严格的监管，强制基金进行较为充分的信息披露，并对各种有损投资者利益的行为进行严厉打击。在这种情况下,严格监管与信息透明也就成为基金的一个显著特点。

(五)独立托管,保障安全

基金管理人负责基金的投资操作,本身并不经手基金财产的保管。基金资产的保管由独立于基金管理人的基金托管公司负责。这种相互制约、相互监督的制衡机制对投资者的利益提供了重要的保护。

四、基金的分类

基金依据不同的划分标准,可以进行不同的分类。

(一)按资金募集方式的不同

按资金募集方式的不同,基金可分为公募基金和私募基金。

1. 公募基金

公募基金是受政府主管部门监管的,向不特定投资者公开发行受益凭证的基金,这些基金在法律的严格监管下,有着信息披露、利润分配、运行限制等行业规范。

2. 私募基金

私募基金是指通过非公开方式向少数特定投资者募集资金并成立运作的基金,具有监管相对宽松、投资策略灵活、信息披露要求较低、高风险和高收益等特点。

(二)按基金规模是否固定和能否赎回划分

按基金规模是否固定和能否赎回划分为封闭式基金和开放式基金(见表4-2)。

表4-2 封闭式基金和开放式基金的区别

区别	封闭式基金	开放式基金
存续期限	固定的存续期限	没有固定的存续期限
发行规模	固定的基金规模	没有规模限制
交易方式	证券交易市场	不上市交易,随时向基金管理人提出购买或赎回
基金价格	基金的买卖价格受市场供求关系的影响	价格完全取决于基金单位净资产值
基金费用	要缴纳一定比例的证券交易税和手续费	相关费用包含在发行价格中
投资策略	长期的投资策略	必须将部分资金投资于中短期变现能力强的资产

1. 封闭式基金

封闭式基金的持有人在基金存续期内,可以在规定的场所转让其所持有的基金份额,但不得赎回。

2. 开放式基金

开放式基金的持有人可以依据基金份额的净值，在规定的时间和场所申购或者赎回基金份额。

(三) 按组织形式的不同

按组织形式的不同，基金划分为公司型基金和契约型基金。

1. 公司型基金

公司型基金是指依据《公司法》成立，通过发行基金股份集中资金投资进行证券投资的基金。该基金公司以发行股份的方式募集资金，投资者购买该公司的股份，就成为该公司的股东，凭其持有的股份依法享有投资收益。这种基金要设立董事会，重大事项由董事会讨论决定。

2. 契约型基金

契约型投资基金是基于契约原理而组织起来的代理投资行为，没有基金章程，也没有董事会，其由基金管理人、基金托管人和基金投资者三方订立"信托契约"，通过基金契约来规范三方当事人的行为。在契约型投资基金中，基金管理人设立基金，负责基金的管理操作；基金托管人负责基金资产的保管和处置；投资成果由投资人分享。

(四) 按投资标的分类

按投资标的分类，基金可分为股票基金、债券基金、货币市场基金、指数型基金和混合型基金。

1. 股票基金

股票基金是以股票为主要投资对象的基金，股票仓位不能低于 80%。股票基金在各类基金中历史最为悠久，也是各国或地区广泛采用的一种基金类型。股票基金的投资目标侧重于追求资本利得和长期资本增值。基金管理人拟定投资组合，将资金投放到一个或几个国家或地区，甚至是全球的股票市场，以达到分散投资、降低风险的目的。

2. 债券基金

债券基金是一种以债券为主要投资对象的基金，根据中国证监会对基金类别的分类指标，80%以上的基金资产投资于债券的为债券基金。由于债券的年利率固定，因而这类基金的风险较低，适合于稳健型投资者。通常债券基金收益会受货币市场利率的影响，当市场利率下调时，其收益就会上升；反之，若市场利率上调，则基金收益率下降。除此以外，汇率也会影响基金的收益，管理人在购买非本国货币的债券时，往往还在外汇市场上做套期保值。

3. 货币市场基金

货币市场基金是以货币市场为投资对象，投资工具期限在一年内的一种无风险或低风险的投资基金，包括银行短期存款、国库券、公司债券、银行承兑票据及商业票据等。通常，货币基金的收益会随着市场利率的下跌而降低，与债券基金正好相反。

4. 指数型基金

为了使投资者能获取与市场平均收益相接近的投资回报，20 世纪 70 年代产生了一种功能上近似或等于所编制的某种证券市场价格指数的基金。指数型基金一般选取特定的指数作为跟踪的对象，因为其不主动寻求取得超越市场的表现，而是试图复制指数的表现，所以又被称为"被动型基金"。其特点是它的投资组合等同于市场价格指数的权数比例，收益随着当期的价格指数上下波动。

5. 混合型基金

混合型基金同时以股票、债券等为投资对象，通过在不同资产类别上的投资，实现收益与风险之间的平衡。根据中国证监会对基金类别的分类标准，投资于股票、债券和货币市场工具，但股票投资、债券投资和货币市场工具投资的比例不符合股票基金、债券基金和货币市场基金规定的为混合基金。根据资产投资比例及其投资策略的不同，可进一步将混合型基金分为偏股型基金(股票配置比例为 50%～70%，债券比例为 20%～40%)、偏债型基金(与偏股型基金正好相反)、平衡型基金(股票、债券比例比较平均，为 40%～60%)和配置型基金(股债比例按市场状况进行调整)等。

(五) 按其他标准的分类*

拓展阅读 4-1　按其他标准的分类见右侧二维码

拓展阅读 4-1.docx

第二节　基金的收益与风险

一、基金的费用

封闭型基金是在深、沪证券交易所挂牌上市交易的基金，投资者只要到各个证券公司的证券营业部就可以进行买卖。买卖过程与股票买卖一样，只是买卖基金的手续费较低，买入和卖出一般只需缴纳 0.25%的交易佣金，无须支付印花税。

开放型基金的费用由直接费用和间接费用两部分组成。直接费用包括交易时产生的认购费、申购费和赎回费，这部分费用由投资者直接承担；间接费用是从基金净值中扣除法律法规及基金契约所规定的费用，包括管理费、托管费和基金运作费等其他费用。

(一) 直接费用

基金购买方式有认购和申购两种。基金首次发售基金份额称为基金募集，在基金募集期内购买基金份额的行为称为基金的认购。而投资者在募集期结束后，申请购买基金份额的行为通常叫作基金的申购。开放式基金过了封闭期可以随时申购(一般封闭期为 3 个月)。

1. 认购费

认购费指投资者在基金发行募集期内购买基金单位时所交纳的手续费，其计算公式为：

认购费用 ＝ 认购金额 × 认购费率
认购净额 ＝ 认购金额 － 认购费用

2. 申购费

申购费是指投资者在基金存续期间向基金管理人购买基金单位时所支付的手续费，归基金管理人及销售机构所有。申购费的收取，有"前端"与"后端"收费两种方式。前端收费是投资者在申购基金时，就缴纳相关的申购费用，而后端收费是指投资者在基金赎回的时候缴纳申购费用，通常是基金公司鼓励长期投资的一种方式。投资者购买时不支付费用，只需在赎回时补交申购费和赎回费，持有时间越长，手续费率越低。例如，如果投资者选择前端收费，申购费率一般随着申购金额的递增而递减；而如果选择后端费率，持有期越长，费率越低。其计算公式为：

前端申购费用 ＝ 申购金额 × 前端申购费率
后端申购费用 ＝ 申购金额 × 后端申购费率
认购净额 ＝ 申购金额 － 前端(后端)申购费用

两者的差别在于，前端申购费是在 t_0 支付，意味着可购买基金份额相应减少，而后端支付时，不会减少投资的基金份额；当采用后端支付时，由于基金份额多于前者，因此赎回时的支付要更高一些。

认购一般会享受一定的费率优惠，由于认购期购买的基金一般要经过封闭期才能赎回，而申购的基金在第二个工作日就可以赎回。

3. 赎回费

赎回费是指在开放式基金的存续期间，已持有基金单位的投资者向基金管理人卖出基金单位时所支付的手续费。它没有特定的标准，越复杂的投资工具，收取的费率会越高，但也有某些基金产品没有赎回费，如货币型基金。同样是鼓励投资人长期持有基金，一些基金公司推出了赎回费随持有时间增加而递减的收费方式，即持有基金的时间越长，赎回时付的赎回费越少，持有时间长到一定程度，赎回时就可不收赎回费。赎回费的计算公式为：

赎回总额 ＝ 赎回份额 × 当日基金净值
赎回费 ＝ 赎回总额 × 赎回费率

(二)间接费用

1. 管理费

基金管理费是支付给基金管理公司的报酬，其数额一般按照基金资产净值的一定比例从基金资产中提取。有时基金管理费还采取业绩报酬的形式。管理费率的高低因基金类别的不同而有所差别；同时不同地区或基金业发展程度不同也导致其高低不一。一般而言，收益和风险较高的品种，管理难度也较大，如股票型基金，管理费较高；而收益和风险较低的品种，如货币型基金，管理费较低。目前国内的年管理费率一般在 0.3%～1.5%。

管理费的支付方式和销售费、赎回费不同。后两种费用是在买卖基金的时候支付或从赎回款中扣除；而管理费则是从基金资产中扣除，在实践中，一般是每天计算，从当日的净值中扣除，投资人不需要额外拿钱出来。其计算公式为：

$$每日计提的管理费 = 计算日基金资产净值 \times 管理费率(年率)/当年天数$$

2. 托管费

基金托管费是指基金托管人由于为基金提供服务而向基金收取的费用，比如，银行为保管、处置基金信托财产而提取的费用。托管费通常按照基金资产净值的一定比例提取，目前通常为0.25%，逐日累计计提，按月支付给托管人。此费用也是从基金资产中支付，不需另向投资者收取。其计算公式为：

$$每日计提的托管费 = 计算日基金资产净值 \times 托管费率/当年天数$$

3. 基金运作费

基金运作费包括支付注册会计师费、律师费，召开年会费，中期和年度报告的印刷制作费以及买卖有价证券的手续费等。这些开销和费用是作为基金的运营成本支出的。运作费占资产净值的比率较小，通常会在基金契约中事先确定，并按有关规定支付。

二、基金的收益

(一)基金收益的构成

基金收益是基金资产在运作过程中所产生的超过自身价值的部分。具体地说，基金收益包括基金投资所得红利、股息、债券利息、存款利息、资本利得和其他收入。

1. 红利

红利是基金因购买公司股票而享有对该公司净利润分配的所得。一般而言，公司对股东的红利分配有现金红利和股票红利两种形式。基金作为长线投资者，其主要目标在于为基金投资者获取长期稳定的回报，红利是构成基金收益的一个重要部分。所投资股票红利的多少，是基金管理人选择投资组合的一个重要标准。

2. 股息

股息是指基金因购买公司的优先股权而享有对该公司净利润分配的所得。股息通常是按一定的比例事先规定的，这是股息与红利的主要区别。与红利相同，股息也构成基金投资者回报的一个重要部分，股息高低也是基金管理人选择投资组合的重要标准。

3. 债券利息

债券利息是指基金资产因投资于不同种类的债券(国债、地方政府债券、企业债、金融债等)而定期取得的利息。债券利息也是构成投资回报的不可或缺的组成部分。

4. 存款利息

存款利息指基金资产的银行存款利息收入。这部分收益仅占基金收益很小的一个组成部分。开放式基金由于需要随时准备支付基金持有人的赎回申请，所以必须保留一部分现金存在银行。

5. 资本利得

资本利得是指基金资产投资于证券而形成的价差收益，通常也称买卖证券差价。这是构成基金投资回报最重要的组成部分。

6. 其他收入

其他收入是指运用基金资产而带来的成本或费用的节约额，如基金因大额交易而从证券商处得到的交易佣金优惠等杂项收入，这部分收入通常数额很小。

(二)基金收益的分配

对投资者而言，他们选择投资于基金，就是为了在降低风险的条件下使自己的资产能够实实在在地保值和增值。理性的基金投资者最关心的就是基金的投资回报，即每年基金的投资收益有多少，有多少比例的收益能进行分配，基金的长期成长性如何，等等。

为了保障基金投资者的切身利益，各个国家或地区都会对基金的收益分配做出明确细致的规定，通常包括：基金收益分配的内容、收益分配的比例和频率、收益分配的对象、收益分配的方式，以及收益分配的支付方式等。

1. 收益分配的内容

基金收益分配的内容是指基金当年获得的全部收益扣除按照有关规定应扣除的费用后的余额，即基金当年的净收益。这里所说的费用一般包括：基金管理费、基金托管费、注册会计师和律师的中介服务费、基金设立时的开办费等。一般来说，如果基金以前年度有亏损，则当年的净收益应弥补相应亏损后还有余额才能进行分配。如果基金当年净亏损，则原则上不进行收益分配。

2. 收益分配的比例和频率

在不违反有关法律法规的前提下，各种基金可以在基金契约中对其收益分配的比例和频率做出各自不同的规定。从实际操作上看，出于保护投资者利益并以此促进基金行业发展的目的，各国所规定的基金收益分配的比例都比较高。比如，美国的有关法律规定，基金必须将其净收益的 95%以上分配给投资者。我国在《证券投资基金管理公司管理办法》中规定，基金收益分配应当采用现金形式，每年至少 1 次。基金收益分配比例，不得低于基金净收益的 90%。

在收益分配的频率上，各个国家或地区的规定和实际操作也各不相同。一般而言，货币基金每月分配一次，债券基金可以每月分配一次，也可以每季度分配一次，而股票基金通常每年分配一次。当然，收益分配的次数越少，所涉及的相关手续就越简单。

3. 收益分配的对象

和股票相似，基金收益分配的对象是指在特定时日持有基金份额的投资者。基金管理公司通常会规定获取基金收益分配权的最后登记日，在该登记日当天交易结束后，持有基金份额的所有投资者都有权获得基金的收益分配。

基金管理公司会委托证券公司打印基金份额持有者名单，以明确收益分配的对象。

4. 收益分配的方式

基金收益分配一般采用三种方式：分派现金、分派基金份额和不分配。分派现金是基金收益分配最常见的一种方式，是指将基金的净收益以派发现金的形式按总股份进行平均分配，投资者拥有多少股份就享受多少现金分红。

分派基金份额是指将应分配的净收益折成等额的新的基金份额送给投资者，这种方式类似于通常所说的"送股"，实际上是增加了基金的资本总额和规模。

不分配就是既不分派现金也不分派基金份额，而是将净收益进行再投资。基金的净资产会由于再投资而增加，但是投资者并没有收到实际到手的分红。

5. 收益分配的支付方式

所谓收益分配的支付方式是指投资者通过何种程序来领取属于他的那部分收益。通常做法是：如果是分派现金，由基金托管人通知基金所有者亲自来领取，或汇至所有者的银行账户里；如果是分派基金份额，则指定的证券公司会把分配的基金份额打印在投资者的基金份额持有证明上。

三、基金的估值

对于投资者而言，基金投资最重要的是了解基金的价值。财经网站或报纸上每天都会更新基金净值，投资者可以实时追踪基金净值情况，其中最重要的信息是基金的单位净值和累计净值。

(一)基金净值

基金的净资产是衡量一个基金经营绩效的重要指标，也是投资者据以买卖开放式基金的计价依据。基金估值是对基金的资产价值按照一定的标准进行估算。由于基金的主要资产是各类有价证券，这些资产具有较大的波动性，因此，为了准确、客观反映基金的资产价值，方便投资者决策，必须经常性地对基金资产进行估值。

基金的资产净值等于基金资产扣除基金负债(如应收管理费、应收托管费)后的余额，其计算公式为：

$$基金资产净值 = 基金资产 - 基金负债$$

单位基金资产净值，简称单位净值，即每一基金单位代表的基金资产的净值，在实务过程中，一般将其简称为NAV。其计算公式为：

$$单位基金资产净值 =(基金资产 - 基金负债)/基金份额$$

其中，基金资产是指基金拥有的所有资产的价值，包括现金、股票、债券、银行存款和其他有价证券。基金负债是指基金应付给基金管理人的管理费和基金托管人的托管费等应付费用和其他负债。因为开放式基金申购和赎回的价格是依据基金的净资产值计算的，所以如何公平计算基金净资产价值，对投资人利益的保障有重大的意义。如果基金净资产价值偏离市价或合理价格，基金有可能成为套利工具而损害投资人的利益。因此，有关法规和基金设立文件应对基金估值方法做出明确规定，特别是对基金持有的非公开市场交易或无参考价值的证券，应明确其资产价值的计算方法。

基金单位净值能直观反映基金价值增值能力,但需要注意的是,由于基金有分红派息,因此可能会对其产生影响,从而仅凭单位净值可能不能准确反映基金的收益。因此我们通常还需要关注基金累计净值,即基金单位资产净值与基金成立以来累计分红的总和,该值可以反映基金的总回报高低。例如,2018年7月2日某基金单位净值是1.0486元,2018年4月派发的现金红利是每份基金单位0.025元,则累计净值为1.0486+0.025=1.0736(元)。

应该注意的是,基金净值的高低并不是选择基金的主要依据,基金净值未来的成长性才是判断投资价值的关键。净值的高低除了受到基金经理管理能力的影响之外,还受到很多其他因素的影响。

(二)基金资产估值的原则与方法

由于证券投资基金的投资对象是有价证券,因此,基金资产的估值建立在这些有价证券市场价值或者公允价值的基础上。所谓公允价值是指资产在有成交意愿的交易对手间的现行交易价格(不包括强制性出售或破产出售的情况)。

我国财政部于2001年11月公布了《证券投资基金会计核算办法》,并于2002年1月1日开始实施,该项法规是根据《会计法》《金融企业会计制度》及国家其他有关法律和法规制定的,是我国基金会计核算最主要的规范性法规。其中,关于基金资产估值原则也是按照市场价值和公允价值进行规定的。对于任何上市流通的有价证券,以其估值日在证券交易所挂牌的市价(平均价或收盘价)估值;估值日无交易的,以最近交易日的市价估值。对于未上市的股票区分以下两种情况处理:配股和增发新股:按估值日在证券交易所挂牌的同一股票的收盘价估值;首次公开发行的股票,按成本估值。对于配股权证,从配股除权日起至配股确认日止,按市价高于配股价的差额估值;如果市价低于配股价,按配股价估值。如有确凿证据表明按上述方法进行估值不能客观反映其公允价值,基金管理公司应根据具体情况与基金托管人商定后,按最能反映公允价值的价格估值。

计算基金单位的资产净值有两种常用的方法。

1. 已知价计算法

已知价,又称事前价(backward price),或称历史计价(historic price),是指证券基金管理公司根据上一个交易日的收盘价来计算基金所拥有的金融资产,包括现金、股票、债券、期货合约、期权等的总值,减去其对外负债总值,然后再除以已售出的基金单位总数,得出每个基金单位的资产净值。

2. 未知价计算法

未知价,又称事后价(forward price),或称预约计价,是指根据当日证券市场上各种金融资产的收盘价计算的基金资产净值。投资者在收盘前进行基金买卖,是无法确切知道当日收盘价的,因此,就叫未知价计算法。在实行这种计算方法时,投资者当天并不知道其买卖的基金价格是多少,要在第二天才知道单位基金的价格。而在已知价计算法下,投资者当天就可以知道单位基金的买卖价格,可以及时办理交割手续。

采用已知价定价,会加剧股市的波动,损害其他持有人的利益。因为如果按已知价格交易,容易给基金内部人造成可乘之机,谋取套利机会。例如,在开放日基金资产价值实际上已经上涨时,基金经理及其关联人知晓内情,却仍然可以按前一天的较低价格申购基金单位。

采用未知价定价,相对于已知价定价,可以增加基金投资者购买和赎回基金单位的不确定性,从而在股市上涨(下跌)的时候减轻来自投资者的申购(赎回)压力,对股市的剧烈波动起一种缓和作用。所以,各国和地区对开放式基金的申购赎回大多采用未知价法。但从各国和地区的实践来看,也没有必要禁止已知价定价。如英国就规定,基金交易价格可以采用未知价格,也可以是已知价格,但基金经理必须二者择其一。我国目前开放式基金的申购赎回价格采取未知价法。

四、基金的风险

由于基金投资对象所依托的公司或企业基本面及其他不确定因素的存在和影响,基金在运作过程中存在很多风险。

(一)财务风险

财务风险是由于基金所投资公司经营不善带来的风险。若个人直接投资于股票或债券,因上市公司经营不善,可能造成公司股价下跌和无法分配股利,或者债券持有人无法收回本息,甚至会破产倒闭致使投资者血本无归。而投资于基金的情况则有所不同,基金管理专家精心选择股票或债券,并通过投资组合在一定程度上抵御个别风险,但不能将其完全消除。

(二)市场风险

市场风险是指基金净值或价格因投资目标的市场价格波动而随之变动所造成的投资损失。由于资本市场的价格波动频繁,投资者存在对基金品种选择和投资时机不当而损失资本的风险。

(三)利率风险

利率变化会直接影响金融资产的价格。如果利率上升,吸引社会资金进入间接融资渠道,减少直接融资市场的资金,对股票市场的需求下降,导致股价下跌,基金价格也往往会下跌;如果利率提高,使公司财务成本上升,利息负担加重,利润减少也会使股票价格下跌,引起基金价格下跌。与此同时,如果利率提高,投资者评估股票和其他有价证券的折现率会上升,从而使股票价格与基金价格下跌。利率下降,则会产生相反的效果,使基金价格上升。

(四)管理风险

管理风险是指基金管理人在基金的管理运作过程中因信息不对称、判断失误等影响基金收益水平的风险。基金业绩取决于基金管理人的专业知识、经验、分析能力及信息资料的完备性等。应该认识到的是,仅只具备上述条件的优势就一定可以凭借专家理财获利是不现实的。由于现阶段基金管理费、托管费仍较高,增加了投资基金的成本。实际上,基金在保持平均收益基础上扣除管理费、托管费后,其分红能力与投资国债收益相比优势并不突出。

(五)流动性风险

许多基金管理公司在与投资者的合同中,会约定当单日申请赎回的金额占基金总额的10%以上时,基金管理公司须向监管层申请暂停赎回。当某项利空因素使恐慌性卖出市场出现时,卖盘远大于买盘,股票乏人承接,基金投资者大幅申请赎回,但在市场上又无法卖出股票,此时也会发生基金的流动性风险。

(六)清算风险

基金清算就代表该基金运作行将结束,基金公司会结算这只基金现有资产,将其转为现金后,按投资比例全部平均分配给基金持有人。被清算的基金通常绩效表现不佳,基金清算时投资者在基金上的资金会被冻结一段时间,最后拿回来的钱通常会比起初投资少很多。

第三节 基金的交易及策略

一、基金交易流程*

拓展阅读 4-2 基金交易流程见右侧二维码

拓展阅读 4-2.docx

二、基金投资选择策略

市场上基金产品数量众多且业绩分化非常明显,投资者可以从基金品种、基金管理公司、基金经理以及基金业绩常见指标四个维度选择适合自己的优质基金产品。

(一)基金品种选择

投资者在开户后,一般都会在平台接受风险评估,投资者在做完风险评估后,接下来就是把评估结果与要买的基金品种的收益和风险进行比较,以便选择适合自己的基金品种。通常有 5 种类型:保守型、安稳型、稳健型、成长型和积极型。这 5 类投资者的风险承受能力依次递增。根据他们的风险承受能力可以提出如下选择基金品种的建议:

1. 保守型的投资者

建议这类投资者选择购买货币型基金或者是保本型基金。因为这样的投资者极不愿意面对投资亏本,不会主动参与有风险的投资,即使投资回报率相对较低,他们仍希望将钱存放于相对保本的地方。

2. 安稳型和稳健型的投资者

这类投资者可以购买货币型基金、债券型基金和保本型基金的组合。因为这类投资者较之保守型投资者愿意承担一定的风险，但是承担风险的能力较弱。

3. 成长型投资者

这类投资者可以选择股票型基金中投资风格稳健的基金，如混合型基金或者那些申明稳健成长风格的基金，也可以通过不同类型的基金的资产配置，实现收益的稳定增长。

4. 积极型的投资者

这类投资者可以选择股票型基金中那些追求高额回报的基金或者指数基金。

(二)基金管理公司选择

1. 基金管理公司的背景

投资者可以通过天眼查、企查查等网站来了解基金公司的机构成员、投资动态、新闻舆情等内容。投资者应选择信誉良好、无违法违规记录、内部管理及控制完善的基金管理公司。

2. 基金管理公司管理的资产规模

管理资产规模排名靠前的基金管理公司，说明投资人对其认可度较高，客户留存度高，侧面证明了基金公司的可靠性。投资人应选择管理资产规模较大，规模排名靠前的公司。

3. 基金管理公司业绩表现

投资者购买基金归根结底是为了收益，业绩是一家基金公司管理能力的根本体现，也是基金公司赖以生存的基石。在考量一家基金公司的业绩表现时，货币和债券型基金纵然是投资者要考察的范畴，但更应着重考察股票型基金的长期业绩，因为投资者需要更关注那些基金公司主动出击进行选择的基金，它们才能更有效地体现基金公司的交易能力。投资者应选择管理的主动型基金在多数时间相对同业及大盘有较好表现的基金管理公司。

(三)基金经理选择

基金经理主要可以从以下五方面进行评价选择。

1. 基金经理的稳定性

选择稳定性高的，稳定方能求发展。基金经理能否保持基金净值的持续增长和基金份额的稳定，是十分重要的。

2. 基金经理的过往业绩

选择过往业绩好的，基金经理的过往业绩虽然不能作为其未来表现的依据，但能从侧面反映其投资管理的能力，因此是评判基金经理能力的重要标准之一。

3. 基金经理的投资经验

选择投资经验丰富的，基金经理是否具有丰富的从业经历，是否历经牛熊市场的长期考验，虽然与基金的未来表现无必然的联系，但可作为选择基金经理的参考标准之一。

4. 基金经理的多面性

选择研究、投资和营销的多面手,多数基金经理具有研究背景,而具有丰富实战经验的基金经理在基金运作中的胜算更大。

5. 基金经理的第三方评价

选择第三方评价机构评级高的,随着基金第三方评价机构的发展,基金投资者可以越来越容易地找到基金经理的评级信息。

(四)基金业绩常见指标评估

1. 业绩比较基准

基金的收益率是基金的绝对回报,很多时候这个数字要放在比较中才能显示价值。比如,同基金自己的"及格线"——业绩比较基准,该指标反映了基金的相对回报,同时映射着基金的真实业绩水平。只有在某一特定时期内,基金的收益率优于业绩比较基准的表现,才能说明该产品的管理运作是合格的;若基金的收益率低于业绩比较基准表现,哪怕基金取得了正收益,其表现也是不合格的。

2. 同类平均收益率

同样,基金的收益率拿来跟同类基金比,就需要看同类平均收益率这一指标。一般在第三方基金网站的基金业绩走势图里都会有这条线,如果基金的收益率曲线高于这条线,则说明跑赢了同类基金的平均水平;低于这条线,则说明跑输。当然跑赢的时间越长越好,证明基金在同类中的竞争力越强。

3. 波动率

波动率主要反映的是基金的稳定性,基金净值波动率即基金净值增长率的标准差,这个指标也可以在基金的季报、年报中查到。在收益水平相同的情况下,波动率较小的基金,意味着基金净值的增长越平稳。

4. 最大回撤率

最大回撤率也是反映基金业绩稳定性的指标,用于描述该产品在历史上出现的最糟糕的情况。一般而言,历史最大回撤越小,基金管理人控制基金净值下行风险的能力就越强。当然,在对比标的基金时,要在相同的历史区间、市场环境之中。

5. 夏普比率

夏普比率,简单来说是风险和收益的性价比。若为正值,代表基金报酬率高过波动风险;若为负值,代表基金操作风险大过报酬率。需要注意的是,夏普比率没有基准点,因此其大小本身没有意义,只有在与其他组合的比较中才有价值。

三、基金投资操作策略

购买基金时投资者可以根据自己的收入状况、投资经验、对证券市场的熟悉程度等来决定合适的投资策略,假如对证券比较陌生,又没有太多时间来关心投资情况,那么可以采取一些被动性的投资策略,比如,分期等额购入投资策略、固定比例投资策略;反之,可以采用主动性较强的投资策略,如顺势操作投资策略和适时进出投资策略。

(一)固定比例投资策略

固定比例投资策略是将一笔资金按固定的比例分散投资于不同种类的基金上。当某类基金因净值变动而使投资比例发生变化时,就卖出或买进这种基金,从而保证投资比例能够维持原有的固定比例。这样不仅可以分散投资成本,抵御投资风险,还能见好就收,不至于因某只基金表现欠佳或过度奢望价格会进一步上升而使到手的收益成为泡影,或使投资额大幅度上升。

(二)适时进出投资策略

适时进出投资策略是投资者完全依据市场行情的变化来买卖基金。通常,采用这种方法的投资人,大多是具有一定投资经验,对市场行情变化较有把握,且投资的风险承担能力也较高的投资者。毕竟,要准确地预测股市每一波的高低点并不容易,就算已经掌握了市场趋势,也要耐得住短期市场可能会有的起伏。

(三)顺势操作投资策略

顺势操作投资策略又称"更换操作"策略。这种策略是基于以下假定之上的:每种基金的价格都有升有降,并随市场状况而变化。投资者在市场上应顺势追逐强势基金,抛掉业绩表现不佳的弱势基金。这种策略在多头市场上比较管用,在空头市场上不一定行得通。

(四)定期定额购入策略

定期定额购入策略就是不论行情如何,每月(或定期)投资固定的金额于固定的基金上。当市场上涨,基金的净值高,买到的单位数较少;当市场下跌,基金的净值低,买到的单位数较多。如此长期下来,所购买基金单位的平均成本将较平均市价为低,即所谓的平均成本法。平均成本法的功能之所以能够发挥,主要是因为当股市下跌时,投资人亦被动地去投资购买了较多的单位数。只要投资者相信股市长期的表现应该是上升趋势,在股市低档时买进的低成本股票,一定会带来丰厚的获利。

定投适宜人群及注意事项
定投适宜人群: 1. 有定期固定收入的投资者。定投要求按月扣款,如果扣款日内投资者账户的资金余额不足,即被视为违约,超过一定的违约次数,定投计划将被强行终止。因此,收入不稳定的投资者最好慎重选择定投。 2. 没有时间投资理财的投资者。定投只需一次约定,就能长期自动投资,是一种省时省事的投资方式。

3. 风险承受能力不高的投资者。定期定额投资有摊平投资成本的优点，能降低价格波动的风险，进而提升获利的机会。

4. 投资经验不足的投资者。这种投资方式不需要投资者判断市场大势、选择最佳的投资时机。

5. 未来某个时间需要资金的投资者。投资者在未来某个时点需要一笔资金，比如子女的教育金，而当前资金不充裕，则可以选择定投的方式，零存整取般筹划起来。

定投注意事项：

1. 量力而行：尽量用每个月的闲散资金来做投资，前提是要确保生活的正常需要。

2. 持之以恒：定投是一种长期投资方式，很多投资者往往会漏存或者因为短期内没见盈利而暂停，这些都是不可取的。定投是小金额投入，经过一定时间积累，聚沙成塔方见成效，所以定投贵在坚持。

3. 选择波动性较高的基金：定期定额投资法意味着在基金净值较高的时候买入较少的份额，而在基金净值较低的时候买入较多的份额，这样长期下来，会摊薄投资成本，对投资者盈利是有益的。因此，波动性越高的基金，越适合投资者进行基金定投。

4. 选择资产组合：一般来说，基金定投所选择的是一种基金或一类基金，投资者可以根据基金的期限、种类和风险的不同进行合理配置，将资产配置运用到基金定投中，例如，可以同时选择偏股型基金和债券型基金，这样不仅分担了风险，还可以同时实现定期定额投资。

(资料来源：中国证券监督管理委员会官网，http://www.csrc.gov.cn/，有删减)

四、基金投资的常见误区及防范*

拓展阅读 4-3　基金投资的常见误区及防范见右侧二维码

拓展阅读 4-3.docx

本 章 小 结

本章介绍了基金的定义、特点以及不同划分标准下的分类；基金当事人的概念、职责以及相互之间的关系；基金费用的组成和计算方法；基金收益的构成和分配；基金的净值计算方法以及基金估值的原则和方法；基金在运作过程中存在的风险；基金交易的基本流程和基本规则；基金投资选择以及投资操作策略；基金选择中和持有中常见的一些误区以及如何防范等内容。

自 测 题

一、名词解释

基金　基金管理人　基金托管人　开放式基金　契约型基金　指数型基金　ETF

LOF　FOF　基金净值

二、判断题

1. 证券投资基金实行"利益共享、风险共担"，即投资人根据其持有基金份额的多少分配基金投资的收益或承担基金投资的风险。（　　）
2. 基金是一种间接投资工具，所筹集的资金主要投向有价证券等金融工具。（　　）
3. 基金托管人按照规定对基金管理人的会计核算进行复核，并负责将复核后的会计信息对外披露。（　　）
4. 被动型基金选取特定的指数作为跟踪对象，试图取得超越指数的表现。（　　）
5. 我国开放式基金的赎回采取"金额赎回"法。（　　）

三、单项选择题

1. 证券投资基金会计核算的责任主体是(　　)。
   A. 基金管理公司与基金托管人　　B. 基金管理公司
   C. 证券投资基金　　　　　　　　D. 基金托管人
2. 开放式基金是通过投资者向(　　)申购或赎回实现流通的。
   A. 基金托管人　B. 基金受托人　C. 基金管理公司　　D. 证券交易市场
3. 下列对公司型基金的认识中，正确的是(　　)。
   A. 公司型基金是通过签订基金契约的形式发行受益凭证而设立的一种基金
   B. 公司型基金的投资者对基金运作的影响比契约型基金的投资者大
   C. 公司型基金的资金是通过发行基金份额筹集起来的信托财产
   D. 公司型基金的投资者是基金的委托人，不是基金的受益人
4. 混合基金的投资风险主要取决于(　　)。
   A. 股票与债券配置的比例　　　　B. 股票与国债配置的比例
   C. 基金与国债配置的比例　　　　D. 基金与债券配置的比例
5. 基金销售费用不包括(　　)。
   A. 申购费　　　B. 赎回费　　　C. 销售服务费　　　D. 基金转换费
6. 基金按(　　)，可分为封闭式基金和开放型基金。
   A. 投资标的划分　　　　　　　　B. 基金的组织形式不同
   C. 投资目标划分　　　　　　　　D. 基金运作方式不同
7. 以下基金费用不是基金投资者在"买进"与"卖出"基金环节一次性支出费用的是(　　)。
   A. 认购费　　　B. 申购费　　　C. 赎回费　　　　D. 托管费
8. 子基金之间可以进行相互转换的基金是(　　)。
   A. 股票基金　　B. 债券基金　　C. 货币市场基金　　D. 伞形基金
9. 认购开放式基金通常的步骤不包括(　　)。
   A. 开立基金账户　B. 认购　　　C. 确认　　　　　　D. 验资
10. 通常情况下，与股票和债券相比，证券投资基金是一种(　　)的投资品种。
    A. 高风险、高收益　　　　　　　B. 低风险、低收益
    C. 风险相对适中、收益相对稳健　D. 基本没有风险

四、多项选择题

1. 证券投资基金的当事人包括( )。
   A. 基金持有人　　B. 基金管理人　　C. 基金托管人　　D. 基金发起人
2. 开放式基金的申购、认购和赎回可以由下列( )机构办理。
   A. 基金管理公司　　　　　　　B. 代销的证券公司
   C. 代销的商业银行　　　　　　D. 专业基金销售公司
3. 基金的主要收入来源有( )。
   A. 投资收益　　B. 利息收入　　C. 销售收入　　D. 其他收入
4. 基金份额认购存在( )收费模式。
   A. 后端　　　　B. 前端　　　　C. 间隔　　　　D. 中端
5. ( )是计算投资基金单位资产净值所需知道的条件。
   A. 基金申购价格　　　　　　　B. 基金赎回价格
   C. 基金资产总值　　　　　　　D. 基金的各种费用

五、简答题

1. 如何理解基金当事人之间的关系？
2. 与其他理财工具相比，基金有哪些优势？
3. 基金有哪些费用？又有哪些收益？如何进行估值？
4. 基金的风险有哪些？
5. 基金在选择和持有中存在哪些误区？如何进行防范？

六、论述题

论述基金有哪些选择和操作策略及其在基金理财中的重要性。

第五章 期货理财工具

【学习目标】

通过学习本章，读者应当掌握期货的定义、期货与期货市场的分类、期货的交易制度、期货的价格以及和远期合约的不同，熟悉期货市场的构成、期货的种类和期货的收益，了解期货理财中的风险以及如何规避风险。

【导读案例】

期货市场发展历程

19世纪初期，芝加哥是美国最大的谷物集散中心。当时农业生产面临的主要困难是交通不便、信息传递落后、仓库稀缺、价格频繁剧烈波动，从而导致农产品供求失衡。

为了解决这个问题，1848年一群商人成立了芝加哥期货交易所(Chicago Board of Trade, CBOT)，该组织创造了称为"将运到"合约。这种合约允许农民在谷物交割前先卖出。换句话说，农民可以种植庄稼的同时签订合约，然后在收割后按签约时商量好的价格买卖谷物。这种交易可以让农民在芝加哥以外的地方存储粮食。合约的另一方则是成立芝加哥期货交易所的商人们。

1865年，CBOT制定了期货合约的标准化协议《共同法则》，并推出第一个标准化的期货合约，事先对商品数量、质量、交货地点和时间等方面做出统一规定。很快人们就发现在标准化之后，交易这些"将运到"合约比交易谷物本身要更为有用。于是，这些合约出现了二级市场，可以以某个价格把合约转让给其他买卖双方。20世纪20年代的时候出现了结算所，提供对履约的担保，现代期货市场终于成型。

芝加哥期货交易所成立后，美国和欧洲又陆续出现了一些期货交易所，如芝加哥商业交易所(CME)、纽约商业交易所(NYMEX)、伦敦金属交易所(LME)等，从事农产品、金属、能源等商品期货交易。

进入20世纪70年代，世界金融体制发生了重大变化。布雷顿森林体系的解体、浮动汇率制的形成、利率市场化的推行，对全球金融领域乃至商品市场均产生了极大冲击。企业面临着更多的金融风险。1972年5月，芝加哥商业交易所推出了历史上第一个外汇期货，标志着金融期货的诞生。此后，利率类期货和股票类期货的陆续出现，使金融期货产品逐步得以完善，市场规模不断扩大。自20世纪90年代开始，金融期货就已经成为全球期货市场中成交量最大的品种类别，近几年来，全球金融期货占据了全球期货交易量的90%以上。

(资料来源：中国证券监督管理委官网，http://www.csrc.gov.cn/pub/newsite)

第一节 期货概述

一、期货的概念

期货的英文为Futures，是由"未来"一词演化而来，其含义是交易双方不必在买卖发生的初期就交割实货，而是共同约定在未来的某一时候交割实货，因此称其为期货。

期货与现货完全不同，现货是实实在在可以交易的货(商品)，期货主要不是货，而是以某种大众产品如棉花、大豆、石油等以及金融资产如股票、债券等为标的标准化可交易合约。因此，这个标的物可以是某种商品(如黄金、原油、农产品)，也可以是金融工具。

二、期货市场的构成

(一)期货交易所

期货交易所是指组织期货合约交易并提供交易环境的法人机构。在期货市场的组成要素中，期货交易所处于市场中心地位，所以期货交易所通常被认为是狭义的期货市场。

期货交易所的日常业务主要是：①组织交易；②会员管理和服务；③辅助业务。

(二)期货交易者

根据参与期货交易目的不同，可以将交易者分为两类：一类是套期保值者，一类是投机者。

1. 套期保值者

套期保值者是指在现货市场中，已经持有现货或即将持有现货的个人和公司，他们参与期货交易的目的，是通过期货交易规避他们在现货市场的头寸可能面临的价格风险。套期保值者可能是商品的拥有者和使用者，如粮油进出口公司或粮油加工厂，也可能是投资者，如股票投资者、跨国公司等。

2. 投机者

投机者现在和将来在现货市场中都不持有现货，他们参与期货交易的目的，不是为了规避现货市场的价格风险，而是企图利用期货市场的价格波动，低买高卖，赚取利润。

投机者可以分为场外交易投机者和场内交易者。场内交易者是指在场内的投机者。他们具有交易所的会员资格，但是只为自己或自己的公司进行交易。他们偏向做小价差、大交易量的短线买卖。场内交易者与场外投机者相比，具有时间和价格上的优势。他们对市场判断的准确率、交易的效率以及成功率都胜于场外交易者。

(三)期货结算所

期货交易是由期货所的结算部门或独立的结算机构来进行结算的，在交易所内达成交易，只有经结算机构进行处理后才算最终达成，也才能得到财务担保，一次期货结算是期货交易最基本的特征之一。期货结算所可以独立于期货交易所，也可以作为期货交易所的部门。

(四)期货经纪人

大多数客户的期货业务活动由经纪人代为处理。期货经纪人可以是个人，也可以是一个公司，他执行客户的期货交易指令，寻求交易指令的交易方进行期货买卖，并收取佣金。

由于期货交易所都规定只有会员才能直接在交易所内进行交易,而且,交易所也不可能同时容纳所有的交易者并进行高效的管理,于是,期货经纪人就成了交易所与交易商之间的纽带。

(五)期货经纪机构

期货经纪公司是依法设立,接受客户委托,按照客户的指令,以自己的名义为客户进行期货交易并收取交易手续费的中介组织。其交易结果由客户承担。

期货经纪公司是交易者与期货交易所之间的桥梁和纽带,它在期货市场中的作用主要是:接受客户委托,代理期货交易,拓展市场参与者的范围,扩大市场规模,节约交易成本,提高交易效率,增强期货市场竞争的充分性;为客户提供专业的咨询服务,充当客户的交易顾问,帮助客户提高交易的决策效率和决策的准确性;对客户账户进行管理,控制客户交易风险。

(六)期货监管机构

中国证监会期货监管部是对期货市场进行监督管理的职能部门。主要职责有:草拟监管期货市场的规则、实施细则;审核期货交易所的设立、章程、业务规则、上市期货合约并监管其业务活动;审核期货经营机构、期货清算机构、期货投资咨询机构的设立及从事期货业务的资格并监管其业务活动;审核期货经营机构、期货清算机构、期货投资咨询机构高级管理人员的任职资格并监管其业务活动;分析境内期货交易行情,研究境内外期货市场;审核境内机构从事境外期货业务的资格并监督其境外期货业务活动。

(七)期货行业自律机构

期货行业协会是依法成立的期货行业自律性组织,其会员由期货行业的从业机构和个人组成,是保障期货投资者利益、协调行业机构利益的重要工具,是联系期货经营机构和政府的重要桥梁和纽带,是政府对期货市场进行宏观调控管理的得力助手,是"政府—协会—交易所"三级管理体系的重要组成部分。期货行业协会从保护行业内部公平竞争、促进行业整体的健康发展以及维护行业长远利益的目标出发,对全体会员及其市场交易行为实施管理。

我国境内期货交易所简介

我国境内主要有五家期货交易所:上海期货交易所、郑州商品交易所、大连商品交易所、中国金融期货交易所和广州期货交易所。

1. 上海期货交易所

该交易所成立于1998年8月,由上海金属交易所、上海良友商品交易所和上海商品交易所合并组建而成,实行会员制,于1999年12月正式营运。上海期货交易所现有会员200多家,其中期货经纪公司占80%以上,并已在全国各地开通远程交易终端逾700多个。上海期货交易所目前上市交易的有黄金、白银、铜、铅、螺纹钢、燃料油、天然橡胶等十种期货合约。

2. 郑州商品交易所

郑州商品交易所(以下简称郑商所)成立于 1990 年 10 月,是国务院批准成立的首家期货市场试点单位,由中国证监会管理。郑商所实行会员制。会员大会是郑商所权力机构,由全体会员组成。目前共有会员 164 家;指定交割仓(厂)库 374 家;指定保证金存管银行 15 家。郑商所目前上市交易普通小麦、优质强筋小麦、早籼稻、晚籼稻、粳稻、棉花、棉纱、油菜籽、菜籽油、菜籽粕、白糖、苹果、红枣、动力煤、甲醇、精对苯二甲酸(PTA)、玻璃、硅铁、锰硅、尿素、纯碱、短纤 22 个期货品种和白糖、棉花、PTA、甲醇、菜粕、动力煤等 6 个期权,范围覆盖粮、棉、油、糖、果和能源、化工、纺织、冶金、建材等多个国民经济重要领域。

3. 大连商品交易所

大连商品交易所成立于 1993 年 2 月 28 日,并于同年 11 月 18 日开始营业,是中国四家期货交易所之一,也是中国东北地区唯一一家期货交易所。目前已上市玉米、玉米淀粉、粳米、黄大豆 1 号、黄大豆 2 号、豆粕、豆油、棕榈油、鸡蛋、生猪、纤维板、胶合板、线型低密度聚乙烯、聚氯乙烯、聚丙烯、乙二醇、苯乙烯、焦炭、焦煤、铁矿石、液化石油气共计 21 个期货品种和豆粕、玉米、铁矿石、液化石油气、聚丙烯、聚氯乙烯、线型低密度聚乙烯共计 7 个期权品种,并推出了 17 个期货品种和 7 个期权品种的夜盘交易。2019 年,大商所紧紧围绕服务实体经济、服务国家战略根本宗旨,坚决维护市场安全稳定运行,持续巩固战略转型成果,不断充实多元开放内涵,着力提升市场经济功能,铁矿石定价中心建设取得积极进展,各项事业实现了全面发展。目前,大商所是全球最大的农产品、塑料、煤炭、铁矿石期货市场。经过多年发展,大商所期货品种价格已成为国内市场的权威价格,为相关各类企业的生产经营提供了"指南针"和"避风港",并通过引入境外交易者,为全球相关产业客户提供更优质的服务。

4. 中国金融期货交易所

中国金融期货交易所是由上海期货交易所、郑州商品交易所、大连商品交易所、上海证券交易所和深圳证券交易所共同发起设立的公司制金融期货交易所。中国金融期货交易所于 2006 年 9 月 8 日在上海成立,目前主要上市品种是沪深 300 股指期货。

5. 广州期货交易所

广州期货交易所成立于 2021 年 1 月 22 日,主要立足于服务实体经济、服务绿色发展,秉持创新型、市场化、国际化的发展定位,对完善我国资本市场体系,助力粤港澳大湾区和国家"一带一路"建设,服务经济高质量发展具有重要意义。

(资料来源:以上五个期货交易所官网)

三、期货的分类*

拓展阅读 5-1 期货的分类见右侧二维码

拓展阅读 5-1.docx

第二节 期货交易

一、期货交易制度

期货交易制度有广义和狭义之分,广义的包括期货市场管理的一切法律、法规以及交易所章程和规则。狭义的仅指期货交易所制定的经过国家监管部门审核批准的《期货交易规则》及以此为基础产生的各种细则、办法、规定。

(一)交割制度

交割是指合约到期时,按照期货交易所的规则和程序,交易双方通过该合约所载标的物所有权的转移,或者按照规定结算价格进行现金差价结算,了结到期末平仓合约的过程。以标的物所有权转移进行的交割为实物交割,按结算价进行现金差价结算的交割为现金交割。一般来说,商品期货以实物交割为主,金融期货以现金交割为主。

(二)保证金制度

期货交易实行保证金制度,也就是说交易者在进行期货交易时需缴纳少量的保证金。保证金一般为成交合约价值的5%~15%,就能完成数倍乃至数十倍的合约交易,期货交易的这种特点,被形象地称为"杠杆机制",期货交易的杠杆机制使期货交易具有高收益、高风险的特点。

(三)每日无负债结算制度

结算所实行无负债的每日结算制度,又称逐日盯市制度,就是以每种期货合约在交易日收盘前最后1分钟或几分钟的平均成交价作为当日结算价,与每笔交易成交时的价格作对照,计算每个结算所会员账户的浮动盈亏,进行随市清算。由于逐日盯市制度以1个交易日为最长的结算周期,对所有账户的交易头寸按不同到期日分别计算,并要求所有的交易盈亏都能及时结算,从而能及时调整保证金账户,控制市场风险。

(四)涨跌停板制度

期货交易市场是一个高风险的市场,为了有效地防范风险,一般期货交易市场对期货价格的波动都控制在一定的范围内,即期货的涨跌停板制度,也称为每日价格最大波动限制,即指期货合约在一个交易日中的交易价格波动不得高于或者低于规定的涨跌幅度,超过该涨跌幅度的报价将被视为无效,不能成交。我国期货的涨跌幅控制在3%、4%、5%各品种的涨跌幅限制是不相同的,从而保证期货市场的正常运转。

(五)持仓限额制度

持仓限额制度,是指期货交易所为了防范操纵市场价格的行为和防止期货市场风险过度集中于少数投资者,从而对会员及客户的持仓数量进行限制的制度。超过限额,交易所可按规定强行平仓或提高保证金比例。

(六)大户报告制度

大户报告制度,是指当会员或客户的某品种持仓合约的投机头寸达到交易所对其规定的投机头寸持仓限量80%以上时,客户应向交易所申报,申报的内容包括客户的开户情况、交易情况、资金来源、交易动机等,便于交易所审查大户是否有过度投机和操纵市场行为以及大户的交易风险情况。

(七)强行平仓制度

强行平仓制度是指当会员或客户的交易保证金不足并未在规定时间内补足时,或者当会员或客户的持仓数量超出规定的限额时,交易所或期货经纪公司为了防止风险进一步扩大,强制平掉会员或客户相应的持仓。

(八)风险准备金制度

风险准备金制度是期货交易所从自己收取的交易手续费中提取一定比例的资金,作为确保交易所担保难履约的备付金制度。风险准备金制度有以下规定:①交易所按向会员收取的手续费收入(含向会员优惠减收部分)20%的比例,从管理费用中提取。当风险准备金达到交易所注册资本10倍时,可不再提取;②风险准备金必须单独核算,专户存储,除用于弥补风险损失外,不得挪作他用。风险准备金的动用必须经交易所理事会批准,报中国证监会备案后按规定的用途和程序进行。

(九)信息披露制度

信息披露制度是指期货交易所按有关规定定期公布期货交易有关信息的制度。期货交易所公布的信息主要包括在交易所期货交易活动中产生的所有上市品种的期货交易行情、各种期货交易数据统计资料、交易所发布的各种公告信息以及中国证监会制定披露的其他相关信息。

二、期货交易的基本程序

(一)寻找合适的期货经纪公司

期货经纪公司是客户和交易所之间的纽带,除了交易所的自营会员外,所有投资者要从事期货交易都必须通过期货经纪公司进行。

寻找合适的期货经纪公司,首先,必须强调的是合法性问题。合法的期货经纪公司应该在交易现场挂出中国证监会颁发的《期货经纪业务许可证》以及国家工商总局颁发的营业执照。

其次,在满足了合法性条件之外,期货经纪公司的商业信誉如何,能否确保客户的资金安全也是必须考虑的重要条件。一般来说,运作规范、严格遵守自营规定的期货公司的可靠程度比较高。

再次,硬件设施也应该考虑在内。比如,该公司有哪些信息系统、是否开通了自助委托交易、是否开通了网上交易、交易速度怎么样等。

最后，软件设施也应该考察。比如，期货经纪公司或营业部是否专设有研究咨询部门、可提供的专业信息咨询质量是否较高、手续费的收取标准是否合理。

(二)开户

由于期货交易必须集中在交易所内进行，而在场内操作交易的只能是交易所的会员，包括期货经纪公司和自营会员。普通投资者在进入期货市场交易之前，应首先选择一个具备合法代理资格、信誉好、资金安全、运作规范和收费比较合理的期货经纪公司会员。自营会员没有代理资格。

投资者在经过对比、判断，选定期货经纪公司之后，即可向该期货经纪公司提出委托申请，开立账户。开立账户实质上是投资者(委托人)与期货经纪公司(代理人)之间建立的一种法律关系。一般来说，各期货经纪公司会员为客户开设账户的程序及所需的文件不尽相同，但基本程序及方法大致相同。

1. 风险揭示

客户委托期货经纪公司从事期货交易必须事先在期货经纪公司办理开户登记。期货经纪公司在接受客货开户申请时，需向客户提供《期货交易风险说明书》。个人客户应在仔细阅读并理解后，在该《期货交易风险说明书》上签字；客户应在仔细阅读并理解之后，由单位法定代表人在该《期货交易风险说明书》上签字并加盖单位公章。

2. 签署合同

期货经纪公司在接受客户开户申请时，双方须签署《期货经纪合同》。个人客户应在该合同上签字，单位客户应由法定代表人在该合同上签字并加盖公章。个人开户应提供本人身份证，留存印鉴或签名样卡。单位开户应提供《企业法人营业执照》影印件，并提供法定代表人及本单位期货交易业务执行人的姓名、联系电话、单位及其法定代表人或单位负责人印鉴等内容的书面材料及法定代表人授权期货交易业务执行人的书面授权书。交易所实行客户交易编码登记备案制度，客户开户时应由期货经纪公司按交易所统一的编码规则进行编号，一户一码，专码专用，不得混码交易。期货经纪公司注销客户的交易编码，应向交易所备案。

3. 缴纳保证金

客户在期货经纪公司签署期货经纪合同之后，应按规定缴纳开户保证金。期货经纪公司应将客户所缴纳的保证金存入期货经纪合同中指定的客户账户中，供客户进行期货交易。期货经纪公司向客户收取的保证金，属于客户所有；期货经纪公司除按照中国证监会的规定为客户向期货交易所交存保证金进行交易结算外，严禁挪作他用。

4. 交易方式

传统的交易方式有书面方式和电话方式，随着计算机技术的进步，期货经纪公司还提供了如下电子化交易方式。

(1) 自助委托交易。客户在交易现场，通过计算机(该计算机通过期货经纪公司的服务器与交易所交易主机相连接)进行交易。

(2) 网上交易。利用互联网进行交易。由于网上交易不受地域限制，具有成交及回报快、准确性高、成本低等优点，故深受交易者和期货经纪公司的欢迎，也是目前推广速度最快的一种交易方式。

然而，新的交易方式由于主要采用计算机进行，可能会因计算机系统或通信系统出现一些额外的风险，因而，客户如果选择电子化交易方式，期货经纪公司会要求客户在签署期货经纪合同书的同时，签署计算机自助委托交易补充协议、网上期货交易风险揭示书、网上期货交易补充协议等相应的协议。

5. 打入交易保证金并确认到账

客户在交易之前，应按规定缴纳开户保证金。期货经纪公司应将客户所缴纳的保证金存入期货经纪合同中指定的客户账户中，供客户进行期货交易之用。期货经纪公司向客户收取的保证金，属于客户所有。期货经纪公司除按照中国证监会的规定为客户向期货交易所交存保证金、进行交易结算外，严禁挪作他用。如今，不少公司已经实行客户保证金封闭管理。

三、期货合约

期货合约是买方同意在一段指定时间之后按特定价格接收某种资产，卖方同意在一段指定时间之后按特定价格交付某种资产的协议。双方同意将来交易时使用的价格称为期货价格。双方将来必须进行交易的指定日期称为结算日或交割日。双方同意交换的资产称为"标的"。如果投资者通过买入期货合约(即同意在将来日期买入)在市场上取得一个头寸，称多头头寸或在期货上做多。相反，如果投资者取得的头寸是卖出期货合约(即承担将来卖出的合约责任)，称空头头寸或在期货上做空。

期货合约有如下特点。

(1) 期货合约的商品品种、数量、质量、等级、交货时间、交货地点等条款都是既定的，是标准化的，唯一的变量是价格。期货合约的标准通常由期货交易所设计，经国家监管机构审批上市。

(2) 期货合约是在期货交易所组织下成交的，具有法律效力。期货价格是在交易所的交易厅里通过公开竞价方式产生的。国外大多采用公开喊价方式，而我国均采用计算机交易。

(3) 期货合约的履行由交易所担保，不允许私下交易。

(4) 期货合约可通过交收现货或进行对冲交易履行或解除合约义务。

期货合约与远期合约比较

期货合约和远期合约虽然都是在交易时约定在将来某一时间按约定的条件买卖一定数量的某种标的物的合约，但它们存在下述区别。

(一)标准化程度不同

远期交易遵循契约自由的原则，合约中的相关条件如标的物的质量、数量、交割地点和交割月份都是根据双方的需要确定的。

期货合约则是标准化的。期货交易所为各种标的物的期货合约制定了标准化的数量、质量、交割地点、交割时间、交割方式、合约规模等条款，只有价格是在成交时根据市场行情确定的。

(二)交易场所不同

远期交易并没有固定的场所，交易双方各自寻找合适的对象，因而是一个无组织的、效率较低的、分散的市场。在金融远期交易中，银行充当着重要角色。由于金融远期合约交割较方便，标的物同质性较好，因此很多银行都提供重要标的物的远期买卖报价供客户选择，从而有力地推动了远期交易的发展。

期货合约则在交易所内交易，一般不允许场外交易。交易所不仅为期货交易提供了交易场所，而且为期货交易提供了许多严格的交易规则(如涨跌停板制度、最小价格波动幅度、报价方式、最大持仓限额、保证金制度等)，并为期货交易提供信用担保。可以说，期货市场是一个有组织的、有秩序的、统一的市场。

(三)违约风险不同

远期合约的履行仅以签约双方的信誉为担保，一旦一方无力或不愿履约时，另一方就得蒙受损失。即使在签约时，签约双方采取交纳定金、第三方担保等措施，仍不足以保证远期合约到期一定能得到履行，违约、毁约的现象时有发生，因而远期交易的违约风险很高。

期货合约的履行则由交易所或清算公司提供担保。交易双方直接面对的都是交易所，即使一方违约，另一方也不会受到丝毫影响。交易所之所以能提供这种担保，主要是依靠完善的保证金制度和结算会员之间的连带无限清偿责任来实现的。可以说，期货交易的违约风险几乎为零。

(四)价格确定方式不同

远期合约的交割价格是由交易双方直接谈判并私下确定的。由于远期交易没有固定的场所，因此在确定价格时信息是不对称的，不同交易双方在同一时间所确定的类似远期合约的价格可能相差甚远，因此远期交易市场定价效率很低。

期货交易的价格则是在交易所中由很多买者和卖者通过其经纪人在场内公开竞价确定的，有关价格的信息较为充分、对称，由此产生的期货价格较为合理、统一，因此期货市场的定价效率较高。

(五)履约方式不同

由于远期合约是非标准化的，转让相当困难，并要征得对方同意(由于信用度不同)，因此绝大多数远期合约只能通过到期实物交割来履行。而实物交割对双方来说都是费时又费力的事。

由于期货合约是标准化的，期货交易又在交易所内进行，因此交易十分方便。当交易一方的目的(如投机、套期保值和套利)达到时，他无须征得对方同意就可通过平仓来结清自己的头寸并把履约权利和义务转让给第三方。在实际中，绝大多数期货合约都是通过平仓来了结的。

(六)合约双方关系不同

由于远期合约的违约风险主要取决于对方的信用度，因此签约前必须对对方的信誉和实力等方面作充分的了解。

而期货合约的履行完全不取决于对方而只取决于交易所或清算公司，因此可以对对方完全不了解。在期货交易中，交易者甚至根本不知道对方是谁，这就极大方便了期货交易。

(七)结算方式不同

远期合约签订后，只有到期才进行交割清算，其间均不进行结算。

期货交易则是每天结算的。当同品种的期货市场价格发生变动，就会对所有该品种期货合约的多头和空头产生浮动盈余或浮动亏损，并在当天晚上就在其保证金账户体现出来。因此当市场价格朝自己有利的方向变动时，交易者不必等到期就可逐步实现盈利。当然，若市场价格朝自己不利的方向变动，交易者在到期之前就得付出亏损的金额。

(资料来源：《公司金融》(第三版)，北京大学出版社，有删减)

第三节 期货理财的收益和风险

一、期货价格

(一)期货价格的构成

期货价格一般由现货价格、期货交易成本、期货标的物流通费用和预期利润四部分构成。

1. 现货价格

现货价格是期货价格的基础。现货市场与期货市场在同一市场环境内，会受到相同的经济因素的影响和制约，因而一般情况下，同一品种的期货价格走势与现货价格走势一致；期货交易的交割制度，保证了现货市场与期货市场价格随期货合约到期日的临近，期货价格强收敛于现货价格。

2. 期货交易成本

期货交易成本是在期货交易过程中发生和形成的交易者必须支付的费用，主要包括交易手续费和保证金利息。交易手续费是期货交易者在交易时支付给期货公司和交易所的期货交易费用。保证金利息是从期货交易开始到结束的全部时间内缴付保证金所占用资金而应付的利息。

3. 期货标的物流通费用

在期货市场上，绝大多数期货交易是通过对冲平仓方式完成的，一般与标的物的流通费用不直接发生关系。但是，总有一部分期货交易是围绕实物进行的。期货标的物流通费用包括运杂费和保管费等。

4. 预期利润

从理论上说，期货交易的预期利润包括两部分：一是社会平均投资利润，二是期货交易的风险利润。对于每个交易者而言，能否获得预期利润或超额利润，主要取决于他的市场判断能力和操作技巧。

综上所述，若记 P_f 为期货价格，P_s 为现货价格，C 为期货交易成本，E 为期货标的物流通费用，R 为预期利润，则期货价格可简单地表示为

$$P_f = P_s + C + E + R \tag{5.1}$$

由式(5.1)可知，期货价格大于同种同期现货价格，可以把现货价格与期货价格之差定义为基差。若将基差设为 B，则由式(5.1)得：

$$B = P_s - P_f = -(C + E + R) \tag{5.2}$$

但现实中，期货价格不仅受式(5.1)中四个组成部分变动的影响，还受到市场供求关系、经济周期等因素的影响。现实中的期货价格与现货价格的关系远比式(5.1)复杂得多。

(二)影响期货价格的因素

1. 供求关系

商品期货交易的价格变化受市场供求关系的影响最大。一般的价格趋势为：当供大于求时，期货价格下跌；反之，期货价格就上升。虽然其他因素在期货价格上涨或下跌过程中对期货价格短期波动有一定的影响，但影响期货价格的主要因素只能是供求关系。

2. 经济周期

期货市场的价格变动还受经济周期的影响。在经济周期衰退、复苏、过热和滞胀的不同阶段，期货的价格常常有着不同的表现形式和特征。由于期货市场是与国际市场紧密相连的开放市场，因此，期货市场价格波动不仅受国内经济波动周期的影响，而且还受世界经济景气状况的影响。

经济周期阶段可由一些主要经济指标值的高低来判断，如 GDP 增长率、失业率、价格指数和汇率等。这些都是期货交易者应密切关注的。

3. 金融因素

期货交易与金融市场有着紧密的联系。利率的高低、汇率的变动都直接影响期货价格的变动。在世界经济发展过程中，各国的通货膨胀、汇率以及利率的上下波动，已成为经济生活中普遍现象，给期货市场带来了日益明显的影响。

4. 其他因素

其他因素主要有以下五个方面。

(1) 政治及政策因素。期货市场价格对国际国内政治气候相关政策的变化十分敏感；

(2) 社会因素。社会因素是指公众的观念、社会心理趋势、传播媒介对商品价格的影响；

(3) 自然因素。自然条件因素主要是气候条件、地理变化和自然灾害等。具体来讲，包括地震、洪涝、干旱、严寒、虫灾、台风等方面的因素；

(4) 季节性因素。许多期货商品尤其是农产品有明显的季节性，价格亦随季节变化而波动；

(5) 投机与心理因素。当人们对市场信心十足时，即使没有什么利好消息，价格也可能上涨；反之，当人们对市场失去信心时，即使没有什么利空因素，价格也会下跌。

二、期货理财的收益

(一)当日结算的收益

期货实行的是逐日盯市制度，意味着每天都需要进行结算，结算价是交易所公布的用于计算当日盈亏的基准。当日盈亏的计算公式如下。

当日盈亏可分项计算：当日盈亏=平仓盈亏+持仓盈亏。

1. 平仓盈亏=平历史仓盈亏+平当日仓盈亏

平历史仓盈亏=Σ[(卖出成交价-上一交易日结算价)×卖出量×合约乘数]+[(上一交易日结算价-买入成交价)×买入量×合约乘数]

平当日仓盈亏=Σ[(当日卖出平仓价-当日买入开仓价)×卖出平仓量×合约乘数]+Σ[(当日卖出开仓价-当日买入平仓价)×买入平仓量×合约乘数]

2. 持仓盈亏=历史持仓盈亏+当日开仓持仓盈亏

历史持仓盈亏=(当日结算价-上一日结算价)×持仓量×合约乘数

当日开仓持仓盈亏=Σ[(卖出开仓价-当日结算价)×卖出开仓量×合约乘数]+Σ[(当日结算价-买入开仓价)×买入开仓量×合约乘数]

3. 当日盈亏综合公式

将上述公式综合起来，可构成当日盈亏的总公式：

当日盈亏=Σ[(卖出成交价-当日结算价)×卖出量×合约乘数]+Σ[(当日结算价-买入成交价)×买入量×合约乘数]+(上一交易日结算价-当日结算价)×(上一交易日卖出持仓量-上一交易日买入持仓量)×合约乘数

开仓和平仓

在期货交易中，无论是买入还是卖出，新建头寸一律称为开仓。例如，投资者以3400点的价位买入(卖出)2018年9月交割的10手沪深300股指期货合约，当这笔交易是投资者的新建头寸时，就被称为买入(卖出)开仓交易。建仓之后投资者手中持有的头寸，就称为持仓。投资者卖出建仓后所持有的期货头寸是空头头寸(简称"空头")；买入建仓后所持有的期货头寸是多头头寸(简称"多头")。

平仓，是指期货交易者买入或者卖出与其所持合约的品种、数量和交割月份相同但交易方向相反的合约，了结期货交易的行为。如投资者以3400点的价位买入(卖出)2018年9月交割的10手沪深300股指期货合约后，当沪深300股指期货价格涨至3450点时，投资者卖出(买入)10手IF1809期货合约以了结手头持有的股指期货合约,就称为多头(空头)平仓。

由于开仓和平仓有不同的含义,所以,投资者在持有期货头寸的情况下,再次买卖股指期货合约时必须指明是"开仓"还是"平仓",特别是投资者进行平仓交易时,必须指明是"平仓"。这是因为有些交易系统可能默认为上次交易的操作,如果投资者不指明是"平仓",那么系统有可能默认为"开仓",这样投资者会发现,自己不但没有平仓,反而多了一张新单。

(资料来源:中国期货业协会官网,http://www.cfachina.org)

【例5-1】某客户在某期货公司开户后存入保证金50万元,在8月1日开仓买入9月沪深300股指期货合约2手,成交价为3200点(每点300元),同一天该客户卖出平仓1手沪深300股指期货合约,成交价为3215点,当日结算价为3210点。

则客户账户的盈亏情况为

当日平仓盈亏=(3215-3200)×1×300=4500(元)

当日开仓持仓盈亏=(3210-3200)×1×300=3000(元)

当日盈亏=4500+3000=7500元

【例5-2】8月2日该客户买入1手9月沪深300股指期货合约,成交价为3230点;随后又卖出平仓2手9月合约,成交价为3245点。当日结算价为3260点,则其账户情况为

平仓盈亏=(3245-3230)×1×300+(3245-3210)×1×300=15000(元)

(二)现金交割的收益

股指期货在到期时采用现金交割方式,计算买卖双方的盈亏并划转资金。现金交割是合约到期时,按照交易所的规则和程序,交易双方按照规定结算价格进行现金差价结算,了结到期未平仓合约的过程。股指期货的现金交割是由交易所结算机构确定一个价格作为交割结算价,多空双方根据这个交割结算价来结算盈亏并划转款项,这样就完成了履约义务。

例如,客户A卖出2手IF1803沪深300股指期货合约,2个月后合约到期,交割结算价是3500点,上一交易日结算价3520点比交割结算价高出20点。由于客户A是空头,上一交易日结算价大于交割结算价意味着当日该客户有盈利。按照交易所的规定,每点300元,不计手续费和税收等费用的话,盈利为(3520-3500)×300×2=12000元,通过资金的划拨,客户A的账户会收到12000元扣除手续费和税收之后的净盈利。反之,客户B是买入2手IF1803沪深300股指期货合约,其他条件同上,那么交割时,按照交易所的规定,不计手续费和税收等费用的话,客户B盈亏状况为(3500-3520)×300×2=12000元,即亏损12000元。客户B相应亏损的资金将按照规定被划转出去。

交割结算价是最后交易日的结算价格,它和每日结算价有所不同。沪深300股指期货的交割结算价是最后交易日最后2个小时沪深300指数的算术平均价。期货合约的交割结算价是用沪深300指数的现货价格计算的,而不是期货合约的价格。交易所有权根据市场情况对股指期货的交割结算价进行调整,股指期货进行现金交割时,交易者需要支付交割手续费,股指期货的交割手续费暂定为交割金额的万分之一。具体如何计算交割盈亏,可

以通过以下案例予以解释。

【例5-3】2020年6月30日,某投资者在3100点买入1手IF1707合约,并一直持有该合约(其间没有进行其他交易),7月16日IF1707合约结算价为3495.2点,投资者累计获利118560元,该投资者将合约持有到期交割,7月17日是最后交易日,沪深300股指期货的交割结算价为3511.67点,则不计交易手续费等其他费用的情况下,该投资者的盈亏状况如何?

解:7月16日该投资者累计获利118560元,不计手续费等其他费用,7月17日交割盈亏状况为(3511.67−3495.2)×300=4941(元);考虑到之前的盈利,7月17日该投资者在IF1707合约上的总盈亏=截至7月16日累计获利+交割盈亏=118560+4941=123501(元)。

三、期货理财的风险

期货是获利最多、最迅速的理财工具之一,但是其前提是必须要有效地避免风险。与现货市场相比,期货市场上价格波动更大,更为频繁,其交易的远期性也带来更多的不确定因素。交易者的过度投机心理,保证金的杠杆效应,增大了期货交易风险产生的可能性。可以说,期货投资的风险是非常大的。因此,投资期货市场应首先考虑的问题是如何回避市场风险,只有在市场风险较小或期货市场上投机所带来的潜在利润远远大于所承担的市场风险时,才可选择入场交易。

一般而言,期货理财的风险体现在以下几个方面。

(一)经纪委托风险

经纪委托风险即投资者在选择和期货经纪公司确立委托过程中产生的风险。投资者在选择期货经纪公司时,应对期货经纪公司的规模、资信、经营状况等对比选择,确立最佳选择后与该公司签订《期货经纪委托合同》。客户在选择期货经纪公司时,应对期货经纪公司的规模、资信、经营状况等对比选择,确立最佳选择后与该公司签订《期货经纪委托合同》。投资者在准备进入期货市场时必须仔细考察、慎重决策,挑选有实力、有信誉的公司。

(二)流动性风险

流动性风险即由于市场流动性差,期货交易难以迅速、及时、方便地成交所产生的风险。这种风险在投资者建仓与平仓时表现得尤为突出。如建仓时,交易者难以在理想的时机和价位入市建仓,难以按预期构想操作,套期保值者不能建立最佳套期保值组合;平仓时则难以用对冲方式进行平仓,尤其是在期货价格呈连续单边走势,或临近交割,市场流动性降低,使交易者不能及时平仓而遭受惨重损失。

(三)强行平仓风险

期货交易实行由期货交易所和期货经纪公司分级进行的每日结算制度。在结算环节,由于公司根据交易所提供的结算结果每天都要对交易者的盈亏状况进行结算,所以当期货价格波动较大、保证金不能在规定时间内补足的话,交易者可能面临强行平仓风险。

除了保证金不足造成的强行平仓外,还有当客户委托的经纪公司的持仓总量超出一定限量时，也会造成经纪公司被强行平仓，进而影响客户强行平仓的情形。因此，投资者在交易时，要时刻注意自己的资金状况。防止由于保证金不足，造成强行平仓，给自己带来重大损失。

(四)交割风险

期货合约都有期限，当合约到期时，所有未平仓合约都必须进行实物交割。因此，不准备进行交割的投资者应在合约到期之前将持有的未平仓合约及时平仓，以免于承担交割责任。这是期货市场与其他投资市场相比，较为特殊的一点，新入市的投资者尤其要注意这个环节，尽可能不要将手中的合约持有至临近交割，以避免陷入被"逼仓"的困境。所谓"逼仓"就是在临近交割时，多方(或空方)凭借其资金优势，逼空方(或多方)，当对手无法筹措到足够的实物(或资金)时，就可逼对手认输，平仓离场。

(五)市场风险

投资者在期货交易中，最大的风险来源于市场价格的波动。这种价格波动给投资者带来了交易盈利或损失的风险。因为杠杆原理的作用，这个风险是被放大了的，投资者应时刻注意防范。

四、期货理财风险规避方法

虽然期货交易的风险很大，但投资者可以通过有效的防范来规避风险。期货风险的产生与发展存在着自身的运行规律，做好适当的交易风险管理可以帮助投资者避免风险，减少损失，增加投资者在交易过程中的收益。规避期货风险可以从四个方面来进行：打好基础、计划交易、资金管理、及时止损。

(1) 打好基础是指熟练掌握期货交易的相关知识。在进行期货交易之前，对期货交易基础知识和交易品种都要有详细了解。因为进行期货交易会涉及金融、宏观经济政策、国内外经济走势等多方面的因素，同时，不同的上市品种还具有各自的走势特点，尤其是农产品期货受天气等自然因素的影响很大。在参与期货交易之前，应对上述内容有一个全面的认识，只有准确了解上述内容才能准确把握行情走势。

(2) 计划交易是指投资者在交易前制订科学的交易计划，对建仓过程、建仓比例、可能性亏损幅度制定相应的方案和策略；交易时，严格执行此计划，严格遵守交易纪律；交易后，及时总结反思该计划。要使自己的投资能够获得大部分利润，减少损失，不仅取决于投资者是否严格执行其交易计划，还取决于资金管理的能力。

(3) 资金管理在期货交易中非常重要。期货交易切忌满仓操作，投入交易的资金最好不要超过保证金的50%，中线投资者投入资金的比例最好不超过保证金的30%。实际操作中，投资者还应根据其各自的资金实力、风险偏好，以及对所投资品种在历史走势中逆向波动的最大幅度、各种调整幅度出现概率的统计分析，来设置更为合理有效的仓位。

(4) 及时止损。中小投资者，特别是在证券市场上养成了"死捂"习惯的投资者往往不能及时止损。投资者必须清醒地认识到期货市场风险的放大性，"死捂"期货带来的实际损失很可能会超过投入的资金，因此，及时止损至关重要。投资者应根据自己的资金实力、心理承受能力，以及所交易品种的波动情况设立合理的止损位。只要能及时止损，期货投资的风险就会降低很多。

总之，只要投资者在充分了解期货市场风险的基础上，合理做好期货交易的风险管理，仍可有效地控制期货交易风险，提高自身的盈利水平。

本 章 小 结

本章主要介绍了期货理财的基础知识。通过对期货的价格、期货市场的构成、期货的种类、期货理财的风险以及期货理财收益计算的阐述，使读者对期货市场、期货产品及期货理财有一个较为全面的认知，旨在帮助读者掌握期货交易的各项制度和基本流程，认识期货理财的风险，掌握期货理财风险规避的方法，以理智的行为，谨慎的心态对待期货理财，通过对期货理财工具的运用使个人财富实现保值增值。

自 测 题

一、名词解释

期货　期货合约　外汇期货　利率期货　股票价格指数期货　股票期货　对冲机制　逐日盯市制度　涨跌停板制度　强行平仓制度

二、判断题

1. 1865 年，以芝加哥商品交易所推出标准化合约为标志，真正意义上的期货交易和期货市场开始形成。（　）
2. 平仓盈亏结算是当日平仓的总值与原持仓合约总值的差额的结算。（　）
3. 期货合约交易的双方须经协商签订合约。（　）
4. 当会员或客户某品种持仓合约的投机头寸达到交易所对其规定的投机头寸持仓限量 75%以上(含本数)时，要履行大户报告制度。（　）
5. 套期保值者的目的和动机在于为在期货市场上的交易保值。（　）

三、单项选择题

1. 下列期货合约中，在大连商品交易所上市交易的有(　　)。
   A. 黄大豆 2 号合约　　　　　B. 大米合约
   C. 优质强筋小麦合约　　　　D. 棉花合约
2. 国际上期货交易所联网合并浪潮的原因不包括(　　)。
   A. 经济全球化　　　　　　　B. 竞争日益激烈
   C. 场外交易发展迅猛　　　　D. 业务合作向资本合作转移
3. 下列不属于金融期货期权的标的资产的是(　　)。
   A. 股票期货　　B. 金属期货　　C. 股指期货　　D. 外汇期货
4. 我国期货市场的监管机构是(　　)。

A. 中国期货业协会　　　　　　B. 中国期货交易委员会
C. 中国期货交易所联合委员　　D. 中国证监会

5. 关于期货交易与远期交易，描述正确的是（　　）。
A. 期货交易源于远期交易　　　B. 均需进行实物交割
C. 信用风险都较小　　　　　　D. 交易对象同为标准化合约

6. 期货市场的功能是（　　）。
A. 规避风险和获利
B. 规避风险、价格发现和获利
C. 规避风险、价格发现和资产配置
D. 规避风险和套现

7. （　　）期货交易所通常是由若干股东共同出资组建，股份可以按照有关规定转让，以盈利为目的的企业法人。
A. 合伙制　　B. 合作制　　C. 会员制　　D. 公司制

8. 对商品投资基金进行具体的交易操作、决定投资期货的策略的人员是（　　）。
A. 商品基金经理　B. 商品交易顾问　C. 交易经理　D. 期货佣金商

9. 下列关于股指期货交易与股票交易的说法中，正确的是（　　）。
A. 交易对象不同　B. 交易方式相同　C. 交易限制相同　D. 结算方式相同

10. 我国期货客户采用的下单方式不包括（　　）。
A. 口头下单　　B. 电话下单　　C. 书面下单　　D. 网上下单

四、多项选择题

1. 实行持仓限额制度的目的在于（　　）。
A. 防范操纵市场价格的行为　　　　B. 防止成交量过大
C. 防范期货市场风险过度集中于少数投资者　　D. 防止套利

2. 郑州商品交易所的期货交易指令包括（　　）。
A. 限价指令　　B. 市价指令　　C. 跨期套利指令　D. 止损指令

3. 利率期货种类繁多，按照合约标的的期限，可分为短期利率期货和长期利率期货两大类。属于短期利率期货的有（　　）。
A. 商业票据期货
B. 国债期货
C. 欧洲美元定期存款期货
D. 资本市场利率期货

4. 一般来讲，作为期货市场的上市品种，应该是（　　）的商品。
A. 市场容量大
B. 易于标准化和分级
C. 价格受政府限制
D. 拥有大量买主和卖主

5. 关于国内期货公司为客户提供的逐日盯市和逐笔对冲结算单相关内容的描述，正确的是（　　）。
A. 两者保证金占用计算不同
B. 两者可用资金计算不同
C. 逐日盯市结算单依据当日无负债结算制度计算当日盈亏
D. 逐笔对冲结算单每日计算累计盈亏

五、简答题

1. 期货有哪些种类？如何理解期货的分类标准？

2. 期货交易的基本程序是什么?
3. 如何理解期货合约和远期合约的区别?
4. 期货价格构成与影响因素是什么?
5. 如何规避期货理财风险?

六、论述题

1. 什么样的投资者具备了期货交易的适当性?
2. 投资者如何利用制度来保障自身投资期货时的合法权益?

第六章　外汇理财工具

【学习目标】

通过学习本章，读者应当了解外汇的定义和分类，掌握汇率和标价方式、汇率的种类以及外汇市场等基本知识，熟悉外汇理财产品的特点、外汇理财业务的基本流程，理解外汇理财产品的风险和收益，总结出合适的外汇理财策略。

【导读案例】

中国外汇市场稳步发展，逐渐繁荣

中国改革开放的四十年，是风云激荡不平凡的四十年，中国外汇市场也经历了从无到有、从小到大、从封闭到开放的发展。其间我国外汇管理体制改革经历了三个重要阶段。第一阶段是1978—1993年，改革开始起步，以双轨制为特征。实行外汇留成制度，建立和发展外汇调剂市场，建立官方汇率与调剂市场汇率并存的双重汇率制度，实行计划和市场相结合的外汇管理体制。第二阶段是1994年到21世纪初，适应建立社会主义市场经济体制的要求，取消外汇留成与上缴，实施银行结售汇，实行以市场供求为基础的、单一的、有管理的浮动汇率制度，建立统一规范的全国外汇市场，实现人民币经常项目可兑换，初步确立了市场配置外汇资源的基础地位，并且在这一时期我们成功抵御了亚洲金融危机的冲击。第三阶段是进入21世纪以来，市场体制进一步完善，我国加速融入经济全球化，对外开放进一步扩大，外汇形势发生根本性变化。现如今我国外汇市场规模迅速扩大，参与主体和类型日趋丰富，产品不断完善，基准指标体系愈发充实。可以说，外汇市场的改革在完善中国市场经济体制、深化金融体制改革、扩大对外开放的进程中发挥了极其重要的作用。

伴随着我国经济的快速发展，居民的个人财富不断增加，投资理财的需求也越来越大，但是国内主要的投资领域都存在一定缺陷，股票市场低迷震荡、基金市场收益较低、房地产市场管控严格，国内投资和理财的主战场也迎来重大变局，本土外汇市场具有高度的竞争性，在人民币国际化趋势之下，在我国经济发展的新形势、新常态的大环境下，外汇市场投资潜力巨大；并且随着我国国民进行出国留学、投资移民、国际商旅、外派工作等国际交往活动的需求日益旺盛，用汇途径越来越广泛，外汇理财在个人资产配置中的占比也越来越大，多个银行和金融机构推出相关的个人外汇理财产品，个人外汇理财产品的购买量逐渐增加。

当前我国资本账户尚未实现完全可兑换，资本项下个人对外投资只能通过规定的渠道，如QDII(合格境内机构投资者)等实现。除规定的渠道外，居民个人购汇只限用于经常项下的对外支付，包括因私旅游、境外留学、公务及商务出国、探亲、境外就医、货物贸易、购买非投资类保险以及咨询服务等。个人在境内配置外币资产的选择面较窄，只能持有外币存款或购买品种有限的外币理财。目前主要发达经济体利率水平仍处于低位，欧、日实施"零利率"政策，美国的利率水平也较低，外币存款利息和外币理财收益率都明显低于

第六章 外汇理财工具

人民币存款和理财。且国际汇市波动频繁，人民币有效汇率基本稳定，对美元汇率双向波动，市场主体持有外币资产的收益还面临很大的不确定性和风险。

(资料来源：国家外汇管理局官网，http://www.safe.gov.cn，有删减)

第一节 外汇概述

一、外汇的定义和分类

(一)外汇的定义

外汇从广义上说是货币当局(中央银行、货币管理机构、外汇平准基金及财政部)以银行存款、财政部库券、长短期政府证券等形式保有的在国际收支逆差时可以使用的债权。从狭义上说以外国货币表示的，为各国普遍接受的，可用于国际债权债务结算的各种支付手段。外汇必须具备三个特点：可支付性(必须是以外国货币表示的资产)、可获得性(必须是在国外能够得到补偿的债权)和可换性(必须是可以自由兑换为其他支付手段的外币资产)。

(二)外汇的分类

外汇有多种分类方法，我们可以从不同的角度将外汇分为以下几种。

1. 按其能否自由兑换，可分为自由外汇和记账外汇

自由外汇是指无须经货币发行国货币管理部门批准，在国际上可以自由流通、自由兑换成其他国家的货币，并在国际交往中能广泛作为支付手段和储藏手段的货币；记账外汇是指受一国外币管理当局的管制，在一定条件下，只能在特定国家或地区间用于记账、结算使用，不能自由兑换成其他货币或对第三国进行支付的外汇。

2. 按其来源和用途，可分为贸易外汇和非贸易外汇和金融外汇

贸易外汇，又称实物贸易外汇，是指来源于或用于进出口贸易的外汇，即由于国际的商品流通所形成的一种国际支付手段。非贸易外汇是指贸易外汇以外的一切外汇，即一切非来源于或用于进出口贸易的外汇，如劳务外汇、侨汇和捐赠外汇等。金融外汇与贸易外汇、非贸易外汇不同，是属于一种金融资产外汇，例如，银行同业间买卖的外汇，既非来源于有形贸易或无形贸易，也非用于有形贸易，而是为了各种货币头寸的管理和摆布。

3. 按其买卖的交割期，可分为即期外汇和远期外汇

即期外汇，又称外汇现货或现汇，是指即期收付的外汇。外汇买卖成交后，买卖双方必须即期交割，即在两个营业日内收进或付出的外汇；远期外汇是指买卖双方按预先约定的价格、期限、数量，订立外汇买卖合约，到约定的日期才进行实际交割的外汇。

4. 在我国的外汇银行业务中，还经常要区分外汇现钞和外汇现汇

外币现钞指的是由境外携入或个人持有的可自由兑换的外国货币，简单地说，就是指

85

个人所持有的外国钞票，如美元、日元、英镑等；外币现汇是指由国外汇入或由境外携入、寄入的外币票据和凭证，在我们日常生活中能够经常接触到的主要有境外汇款和旅行支票等。由于人民币是我国的法定货币，外币现钞在我国境内不能作为支付手段，只有在境外才能成为流通货币，银行在使用中需要支付包装、运输、保险等费用，而现汇作为账面上的外汇，它的转移出境只需进行账面上的划拨就可以了。因此，在银行公布的外汇牌价中现钞与现汇并不等值，现钞的买入价要低于现汇的买入价。

表 6-1 列出了世界主要的外汇货币。

表 6-1 世界主要外汇货币

货币	货币符号	发行机构
美元	USD	美国联邦储备银行
英镑	GBP	英格兰银行
欧元	EUR	欧洲中央银行
瑞士法郎	CHF	瑞士国家银行
日元	JPY	日本银行
澳元	AUD	澳大利亚储备银行
加元	CAD	加拿大银行
新加坡元	SGD	新加坡货币发行局
港币	HKD	汇丰银行、渣打银行、中国银行

二、汇率与标价方式

(一)汇率

汇率是指一国货币与另一国货币的比率或比价，或者说是用一国货币表示的另一国货币的价格。汇率变动对一国进出口贸易有着直接的调节作用。在一定条件下，通过使本国货币对外贬值，即让汇率下降，会起到促进出口、限制进口的作用；反之，本国货币对外升值，即汇率上升，则起到限制出口、增加进口的作用。

(二)汇率的标价方式

汇率的标价方式分为两种：直接标价法和间接标价法。

1. 直接标价法

直接标价法是通过固定外国货币的数量，以本国货币表示这一固定数量的外国货币的价格。例如，2020 年 12 月 31 日，我国银行间外汇市场美元兑人民币汇率的中间价为 1 美元兑人民币 6.5249 元，这一标价方法就是直接标价法。包括中国在内的世界上绝大多数国家目前都采用直接标价法。在直接标价法下，若一定单位的外币折合的本币数额多于前期，则说明外币币值上升或本币币值下跌，叫作外汇汇率上升；反之，如果要用比原来较少的本币即能兑换到同一数额的外币，这说明外币币值下跌或本币币值上升，叫作外汇汇率下跌，即外币的价值与汇率的涨跌成正比。图 6-1 是采用直接标价法的人民币兑美元汇率的变化图。

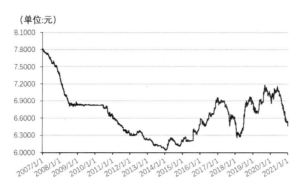

图6-1 人民币兑美元汇率(直接标价法)

[资料来源：国家外汇管理局官网，http://www.safe.gov.cn，日度数据(2007/1/4—2021/1/4)]

2. 间接标价法

间接标价法是通过固定本国货币的数量，以外国货币表示这一固定数量的本国货币的价格，从而间接地表示出外国货币的价格。以上面的人民币与美元的汇率为例，对于我国来说，用间接标价法表示美元的汇率就是每1元人民币等于0.1533美元。在间接标价法下，若一定数额的本币能兑换的外币数额比前期少，这表明外币币值上升，本币币值下降，即外汇汇率下降；反之，如果一定数额的本币能兑换的外币数额比前期多，则说明外币币值下降、本币币值上升，即外汇汇率上升，外币的价值和汇率的升跌成反比。

(三)汇率的种类

汇率的种类根据不同的标准进行划分，有以下几种。

1. 从汇率指定的角度划分，可以分为固定汇率和浮动汇率

固定汇率是指本国货币当局公布的，并用经济、行政或法律手段维持其不变的本国货币与某种外国参照货币(或贵金属)之间的固定比价。浮动汇率是指由外汇市场上的供求关系决定、本国货币当局不加干预的货币比价。在现实中，完全的固定汇率和完全的浮动汇率是很少见的，在这两种汇率制度之间还存在着一些中间性质的汇率制度，比如，爬行钉住制、汇率目标区制等。我国则是以美元为基础、一揽子货币为参考的有管理的浮动汇率制度。

2. 从制定汇率的角度划分，可以分为基本汇率和套算汇率

基本汇率是本国货币与国际上某一关键货币的兑换比率。所谓关键货币就是指在本国的国际收支中使用最多、国际储备中占比重最大、可以自由兑换，并为世界各国所普遍接受的某一外国货币。套算汇率是指在各国基本汇率的基础上，本币对其他外国货币的汇率就可以通过基本汇率加以套算，这样得出的汇率就是交叉汇率，又叫作套算汇率。指两种货币通过各自对第三种货币的汇率算出的汇率。我国在计算人民币汇率时，曾长时间以美元为媒介来折算人民币与其他外币(如日元、英镑)之间的比价，因此人民币与美元之间的汇

率为基本汇率，而与日元、英镑等之间的汇率为套算汇率。

3. 从外汇交易期限的长短划分，可以分为即期汇率和远期汇率

即期汇率，也叫现汇汇率。它是指买卖外汇双方成交当天或两天以内进行交割时使用的汇率。远期汇率，它是在未来一定时期内进行交割，而事先由买卖双方签订合同，达成协议的汇率。到了交割期，由协议双方按预定的汇率、金额进行交割。远期外汇买卖是一种预约性交易，是由于外汇购买者对外汇资金所需的时间不同，以及为了避免外汇风险而使用的。远期汇率与即期汇率相比是有差额的，这种差额叫远期差价。差额用升水、贴水和平价来表示。升水是表示远期汇率比即期汇率贵，贴水则表示远期汇率比即期汇率便宜，平价表示两者相等。

4. 从银行买卖的角度划分，可以分为买入汇率和卖出汇率、中间汇率

买入汇率，又称外汇买入价，是银行向同业或客户买进外汇所用的汇率。卖出汇率又称外汇卖出价，买入汇率的对称。银行向同业或客户卖出外汇时所用的汇率。当采用直接标价法时，外币折合本币数额较少的汇率为买入汇率，外币折合本币数较多的汇率即为卖出价；采用间接标价法时，本币折合外币数额较多的汇率为买入汇率，本币折合外币数较少的汇率即为卖出价。中间汇率又称汇率均价。银行买入汇率与卖出汇率之间的平均汇率。(买入汇率+卖出汇率)÷2。这种汇率一般适用于报刊上汇率的报道、银行间外汇头寸的结算、外汇银行在年度决算时对各种外汇头寸的估价等。银行在买卖外汇时，要以较低的价格买进，以较高的价格卖出，从中获取营业收入。中间汇率常用来衡量和预测某种货币汇率变动的幅度和趋势。

三、外汇市场

外汇市场，是国际从事外汇买卖，调剂外汇供求的交易场所。它的职能是经营货币商品，即不同国家的货币。国际上因贸易、投资、旅游等经济往来，总不免产生货币收支关系。但各国货币制度不同，要想在国外支付，必须先以本国货币购买外币；另一方面，从国外收到外币支付凭证也必须兑换成本国货币才能在国内流通。这样就发生了本国货币与外国货币的兑换问题。所有买卖外汇的商业银行、专营外汇业务的银行、外汇经纪人、进出口商，以及外汇市场供求者都经营各种现汇交易及期汇交易。这一切外汇业务组成一国的外汇市场。

(一)外汇市场的参与者

1. 各国中央银行

中央银行以管理者的身份介入外汇市场，进行外汇买卖，干预外汇市场，制约汇率的波动，使汇率的变化朝着有利于本国国内经济和对外贸易的方向发展。同时也为政府或本国的重要企业进行外汇交易。

2. 外汇银行

外汇银行是外汇市场的核心，市场上的买卖大都通过它来进行。外汇银行主要业务是：

押汇、国际汇兑、外币存放、外币买卖等。外汇银行进行外汇交易主要有两种：一是代客户买卖外汇，以中介人身份参与交易活动。这种银行一般都有较多经营进出口业务的老客户。二是直接以自己的名义进行外汇买卖。外汇银行进行外汇交易的目的有三个：其一，为客户提供尽可能全面的服务，从而提高银行信誉，巩固老客户，吸引新客户；其二，管理自身外汇头寸，使其持有的每一种外汇的数量都保持一个合理的水平，以避免汇率风险；其三，赚取利润，增加收益。

3. 外汇经纪商

外汇经纪商是指那些在外汇市场上专门从事介绍外汇买卖或代客买卖外汇，起着中介作用的公司。这些经纪商凭借同外汇银行及外汇供求者密切的联系，随时掌握市场上外汇供求动态。在供求者之间穿针引线，促进双方成交，从中收取手续费。外汇银行也乐于借助经纪商交际面广、信息灵通、交易经验丰富的优势，寻找更多的买方和卖方，从而达到调整银行外汇头寸和盈利之目的。当然，也有一批经纪商直接进行外汇买卖，从中赚取差价。他们既是外汇供求者，又是外汇银行的顾客。进出口商既是外汇的需求者(进口时)又是外汇的供给者(出口时)，其他外汇供求者即是指非贸易外汇的买卖者，如观光旅游者。

4. 进出口商和其他外汇供求者

进出口商是外汇市场上主要的外汇需求者和提供者。他们进口商品，支付货款，必须用本币购买外币，此时他们是外汇的需求者；而出口商品，收回货款后，则必须卖出外币买回本币，此时他们又成了外汇的提供者。除此之外，还有各种非贸易性质的外汇需求者。如出国旅游、留学、国际汇款、运费、外国有价证券买卖，外债本息收付，政府间或民间借贷，等等，都产生了外汇的需求者和提供者。

上述这些外汇的最终提供者和需求者，互相之间极少直接进行外汇买卖，主要是通过经纪商和商业银行进行外汇买卖。

5. 外汇投机商

外汇投机商并非因为自身对外汇的实际需要而参与外汇买卖，而是凭借自己对汇率走势的精明分析能力和娴熟的操作技巧，利用手中少量的保证金进行"买空卖空"，从中获取利润。外汇投机商在外汇市场上起着不可轻视的重要作用，每一个活跃的外汇市场往往都有一大批精明的投机商在参与。同时他们也是外汇市场的外汇供求者。

(二)主要外汇市场*

拓展阅读 6-1　主要外汇市场见右侧二维码

拓展阅读 6-1.docx

第二节　外汇理财产品

一、外汇理财产品

外汇理财产品，有广义的和狭义的两个范畴。广义的外汇理财产品是指外汇交易类市场产品,包括基础金融产品、衍生金融产品、个人实盘外汇买卖、个人外汇结构存款。狭义的外汇理财产品,实际上就是一种外汇存款,其存款利率由相关金融资产(包括股票、汇率、利率和商品等)价格走势决定,或者在普通外汇存款基础上加上一个简单的权利,即利率固定,但商业银行可选择提前终止。

(一)外汇理财产品的种类

外汇理财产品按投资的收益风险可分为如下类型。

1. 保本收益确定型

该类外汇理财产品的实际收益率在认购时即已事先确定,按照事先确定的收益率模式又可分为以下两种类型。

(1) 收益率固定型。银行承诺支付投资者高于同期、同币种普通定期存款利率的固定收益率,但银行在产品期限内拥有提前终止权。若银行行使提前终止权,产品实际期限相应缩短,收益仍按照约定的固定收益率计算,但实际收益会相应降低。该类产品非常适合那些对外汇理财产品缺乏理解,但希望在本金安全的基础上获取较高固定收益的投资者。

(2) 收益率递增型。收益率递增型产品与收益率固定型产品的不同之处在于,若该产品未被提前终止,则其收益率在每个存续期将比前一期提高一定的点数。

2. 保本收益不确定型

此类外汇理财产品确保了投资者本金安全,但实际收益与某些市场参考指标挂钩,产品结构及参考指标的走势决定了该类产品实际收益的高低。

(1) 与利率挂钩型。该类产品通常预先确定最高、最低的年收益率并设置利率参考区间,其实际收益与产品期限内每天的利率水平挂钩,同时银行拥有提前终止权。

(2) 与汇率挂钩型。该类产品买卖价格与外汇价格涨跌密切相关,外汇挂钩类理财产品的收益回报率取决于一组或多组外汇的汇率的走势,即与汇率水平挂钩。

(3) 与金价挂钩型。该类产品的实际收益情况与黄金价格挂钩,其实际收益与持有期内黄金价格水平挂钩。目前市场上与金价挂钩的产品通常为区间累积型,计算方式和投资策略与前面两种挂钩类型的产品相似,只不过要求投资者对黄金价格具备一定的分析和判断能力。

3. 不保本收益不确定型

该类产品风险相对较大,有损失本金的可能,但相应的预期收益也较保本型产品高,主要以期权类产品为主。

(1) 卖出期权类。目前国内市场上销售最普遍、开办时间最早的非保本型卖出期权类理财产品即"两得存款"。所谓"两得",即投资者认购该产品可以同时获得存款利率和期权收益,其中期权收益指的是投资者将产品到期时的货币选择权出让给银行所获得的潜力转让费。

(2) 买入期权类。目前国内市场上此类产品较少,比较典型的产品有"期权宝",其相当于"两得存款"的反方向交易,即投资者向银行买入货币选择权,同时向银行支付一笔期权费(转让费)。该类产品对投资者而言损失有限(期权费)而获利空间无限,当投资者预计汇率会有较大幅度波动时，可以选择投资"期权宝"类产品。

(二)外汇理财产品的特点

一般来说，商业银行推出的外汇理财产品，均是先由各银行的总行根据国际市场报价，确定不同组合的产品后，再由分行面向客户进行推广和销售。外汇理财产品发行聚集的资金，由各银行的总行统一在国际市场上运作。在整个过程中，分支机构只负责产品营销和资金来源，不承担风险。外汇理财业务具有以下特点。

1. 一般属性

其操作主要是在各币种之间套取息差和汇差；进行短期的债券买卖、资金拆借；进行有较高收益率金融产品的投资；运用期权、互换等衍生工具做一些短期的交易。例如，与市场因素挂钩的产品有利率挂钩产品、汇率挂钩产品、债券价格挂钩产品、指数挂钩产品等。外汇理财产品实际持有期限、本金偿付、投资报酬以及市场价值取决于产品条款中的风险结构。

2. 大众化

相对于外汇结构性存款、期权交易等外汇产品而言，外汇理财产品突出了大众化。例如，四川省内商业银行推出的外汇结构性存款、期权交易等业务的起存点达上万美元或上百万美元，而外汇理财产品的起存点一般是 1000 美元，个别银行甚至推出了 100 美元起存产品，投资门槛低，适合普通外汇持有者。

3. 保证本金安全性

外汇理财产品与外汇存款的相似之处是能够保证本金的安全，有些银行推出的外汇理财产品是用客户外汇定期存款的部分或全部利息买入指定金融市场的衍生金融工具，客户在到期日获得 100%本金保障之余，还有机会获取较普通定期存款更高的投资回报，特别是固定收益的外汇理财产品较为明显。

4. 风险性

外汇理财产品突破了我国现有的利率管制，给客户固定或浮动的预期收益，或两者的组合收益。浮动收益的外汇理财产品取决于国际市场的变化。以利率挂钩产品为例，如果产品收益与国际市场利率同方向变化，则要看利率观察区间的设定，银行设定的 LIBOR 观察利率区间越宽，获益越多，反之越少。浮动收益的外汇理财产品有可能高于外汇存款利率，但也有可能低于外汇存款利率，甚至为零。

5. 客户与银行权利不对称

就外汇存款来说，存款的期限由客户自由选择。而绝大部分外汇理财产品，银行有提前终止产品期限的权利，而客户没有。在这种情况下，客户除面临信用风险、市场风险、操作风险、法律风险外，还承受了资金流动性风险。即使客户有终止权的外汇理财产品，也体现了"高风险、高收益"原则。如招商银行推出的"外汇通"理财计划 6 号产品就属于这类产品。

二、国内的外汇理财业务*

拓展阅读 6-2　国内银行常规外汇理财产品见右侧二维码

拓展阅读 6-2.docx

三、外汇理财交易

(一)银行个人外汇储蓄产品的办理流程

1. 开立外汇账户

投资者需先选定银行开立外汇储蓄账户，或者直接办理借记卡；存款人开户时，由银行开立活期或定期借记卡、定期存折或定期存单；投资者购买前还需签署外汇产品或外币理财开户协议书，了解相关的交易责任，部分业务还需签署外币理财业务委托协议，客户需抄写风险提示语句并签名。

2. 产品公示

银行公布相关外汇理财产品说明书，包括存款币种、存款期限、起存金额以及收益分析、风险揭示等内容，并有义务向投资者介绍产品相关信息，同时需要调查客户的风险承受能力，对于不符合购买产品风险范畴的客户需要再次强调。

3. 投资申请

个人客户在充分理解了产品交易细节和风险的基础上，可持本人有效身份证件和银行卡在银行指定的开办网点办理或者通过个人网上银行办理相关业务。客户确认购买某个产品后，须与银行签订相关协议文本。

4. 交易成交

募集期结束后，募集资金达到市场交易要求，发行银行将按照协议规定叙作相关交易；如募集资金未达到市场要求资金量，发行银行将及时公示相关信息，若无法完成募集计划，则需要取消本次投资计划。

5. 收益支付

银行将在产品规定的收益支付日向投资人支付当期应得收益。如产品根据协议约定的条件提前终止或被提前赎回，银行将在相应提前终止日或赎回起息日将客户应得本金和利息支付给投资人。

(二)银行个人外汇期权产品的办理流程

1. 开立外汇账户

客户在做期权交易之前必须在开户银行开立外汇存款账户，作为期权交易资金结算账户，客户在进行叙作期权交易之前必须与银行签订《个人外汇期权交易客户承诺书》。客户如委托有权代理人签字代理交易，有权代理人须出具经公证的委托授权书。目前我国尚未开放期权，也没有实体的期权交易所，主要是通过提供外汇期权业务的银行进行购买。

第六章 外汇理财工具

2. 购买相关期权

(1) 客户买入期权时须逐笔填写《个人买入外汇期权交易申请书》，同时须授权银行在期权到期有收益时代为执行期权。客户买入期权时无须缴纳保证金；客户的外汇存款账户在期权到期日当日必须保留全额期权买方到期卖出货币以备交割。如果客户的外汇存款账户资金不足，将视为客户自动放弃执行的权力。银行根据客户申请交易的期权产品、名义金额及期权费率计算出客户应付的期权费。客户在交易达成时向银行支付期权费。银行向客户出具《个人买入外汇期权交易证实书》。银行在到期日比较客户买入期权的市场参考汇率和执行汇率，如客户到期有收益，银行将代客户执行到期期权。如客户到期期权没有收益，将不执行。银行向客户发出《个人买入外汇期权到期交割通知书》，通知期权的执行情况。

(2) 客户卖出期权时须逐笔填写《个人卖出外汇期权交易申请书》，同时须授权银行在期权成交日与期权到期日之间冻结其保证金账户。客户卖出期权时须以期权买方到期买入货币全额缴纳保证金。交易达成后，银行从客户的存款账户中扣划全额的期权买方到期买入货币的保证金，存入开立的保证金账户，同时冻结该保证金账户。银行根据客户申请交易的期权产品、名义金额及期权费率计算出客户应收的期权费。最后银行向客户出具《个人卖出外汇期权交易证实书》。银行在交易达成当日将期权费存入客户指定的结算账户。银行在到期日如决定执行客户卖出的期权，将释放客户的保证金账户并销户，并按照期权合同的约定与客户进行交割。如果银行决定不执行客户卖出的期权，将直接释放客户的保证金账户并销户。银行向客户发出《个人卖出外汇期权到期交割通知书》，通知期权的执行情况。

3. 客户反向平盘

客户进行期权反向平盘时，须携带原期权交易的《个人买入(卖出)外汇期权交易证实书》，并逐笔填写《个人买入(卖出)外汇期权平盘申请书》。客户买入(或卖出)的期权反向平盘后，原买入(或卖出)的期权以及反向平盘卖出(或买入)的同一期权到期时均无须交割。反向平盘后，银行在客户原期权交易的《个人买入(卖出)外汇期权交易证实书》上加盖"已平盘"的字样，并向客户出具《个人买入(卖出)外汇期权平盘证实书》。客户反向平盘卖出原买入的期权，无须就该笔反向平盘交易在银行存入保证金；客户反向平盘买入原卖出的期权，银行于客户反向平盘当日释放客户原卖出期权时的保证金账户。

(三)银行个人外汇交易业务的办理流程

1. 开立账户

根据个人喜好选择存款银行，持有效身份证明开立银行外汇账户或者办理银行的借记卡；可以选择直接存入一定金额的外汇，或者直接存入足额的人民币；填写《个人实盘外汇买卖交易协议书》，经过银行审核通过后即成功开通外汇交易账户。通常银行还会建议客户同时签署网上银行和电话委托交易的相关手续。目前国内除了银行以外也有一些外汇交易平台、外汇经纪商，投资者在理财过程中应认真选择，谨防上当受骗。

2. 了解外汇行情

开户后，及时关注外汇市场信息，根据市场行情和基本面分析值得投资的币种，可通过银行或者国家外汇管理局官网等平台实时观察最新外汇挂牌汇率。由于外汇的报价是基于国际金融市场的实时汇率加上一定的价差,因此汇率会随着国际市场的变化而变化,投资者需要及时关注最新的外汇资讯信息。

3. 实盘交易

投资者开户后,可以自己制订交易计划,目前国内的银行为外汇实盘交易提供了多种交易方式。客户可以通过银行柜台、银行营业厅内的个人理财终端、电话和互联网进行外汇实盘交易,通过外汇实盘交易指令进行操作,根据对外汇行情的了解选择合适的出入场点价位和仓位进行买卖交易。需要注意的是外汇交易时间仅限于银行正常工作日的工作时间,公休日、法定节假日及国际市场休市均无法进行交易。

4. 确认交易

交易完成后,投资者应将个人外汇交易申请书或授权委托书连同身份证、存折或现金一并提交柜台操作人员审核和清点。经核实后,经办人员应向投资者提交外汇交易确认单进行确认,交易汇率以确认单上的汇率为准。投资者确认交易汇率、交易货币名称和交易金额,然后签署交易。若投资者在确认交易时选择撤销交易,则投资者先前的外汇交易取消;确认交易完成后,交易不得取消。

《个人购汇申请书》注意事项

一、《个人购汇申请书》对个人购汇用途进行了更详细的调查,分因私旅游、境外留学、公务及商务出国、探亲、境外就医、货物贸易、非投资类保险、咨询服务以及其他共九大项。每个大项后面还跟着三四条子项。例如,因私旅游大项就包含了"预计境外停留期限,目的地国家、地区"两个子项。最多的境外留学大项,包含了"学校名称,留学国家、地区,年学费币种、金额,年生活费币种、金额"四个子项。

二、《个人购汇申请书》明确指出,依据法律法规,境内个人办理购汇业务时:①不得虚假申报购汇信息;②不得提供不实的证明材料;③不得出借本人便利化额度协助他人购汇;④不得借用他人便利化额度实施分拆购汇;⑤不得用于境外买房、证券投资、购买人寿保险和投资性返还分红类保险等尚未开放的资本项目;⑥不得参与洗钱、地下钱庄交易等违法违规活动。

三、外汇管理机关依法对个人外汇业务进行监督检查。对于有购汇违规行为的个人,外汇局将会依法列入"关注名单"管理,当年及之后两年不享有个人便利化额度,同时依法移送反洗钱调查。对于违反规定办理个人购汇业务的,外汇管理机关将依据《中华人民共和国外汇管理条例》第三十九条、第四十条、第四十四条、第四十八条等给予行政处罚,相关信息依法纳入个人征信记录。

(资料来源:国家外汇管理局官网,http://www.safe.gov.cn)

第三节　外汇理财的收益与风险

一、外汇理财收益与风险

(一)外汇理财产品的投资收益

1. 外汇储蓄的收益

个人外汇存款的主要收益在于直接存款的利息以及汇率调整所带来的本金的升值。通常投资于外汇储蓄存款银行的外汇理财产品的投资收益多为预期投资回报。

对于外汇结构性存款而言，由于与其他的投资业务挂了钩，相较于普通的外汇存款风险性增加，但是投资者有机会获得高于市场一般收益水平的高回报，并且可以根据存款人的不同需求度身定造，在期限、收益和风险等方面最大限度地满足存款人的愿望，能给套期保值者提供很好的风险对冲工具，通过合理的设计，可以降低风险，达到保本和保证一定的收益率的目的，向存款人提供间接投资于国际金融市场的机会。

2. 外汇交易的收益

对于外汇投机者或者外汇套保者而言，通过分析汇率的预期变动，通过实盘交易或者虚盘交易直接买卖外汇，当汇率朝着有利的方向发展时，在未来某一时刻做相反方向的交易操作从而获得投资收益，例如，王某根据当前国内形势的变化，认为一个月内美元对人民币升值，于是他通过某银行的网上银行以 1$=6.663￥的汇率购入 10000 美元，一个月后美元兑换人民币汇率上升到 1$=6.673￥，此时王某预期汇率下调，及时卖出所持美元，则王某的这次外汇交易收益 10000×(6.673-6.663)=100(美元)，折合人民币 667.3 元。

(二)外汇理财产品的投资风险*

拓展阅读 6-3　外汇理财产品的投资风险见右侧二维码

拓展阅读 6-3.docx

二、外汇理财的策略

外汇投资要具备基本的经济、金融知识，了解相关的国际金融市场、投资市场的情况，如每天主要国家的股市指数、世界主要债券、黄金和石油价格，以及相关的商品、期货市场等。把握各市场之间的资金流动，如国际股市与汇市之间的资金流动等。除了这些知识储备之外，外汇投资往往伴随一定的汇率及利率风险，所以必须讲究投资策略，在投资前最好制订一个简单的投资计划，做到有的放矢，避免因盲目投资造成不必要的损失。

外汇理财投资建议

1. 了解自己投资需求及风险承受能力

不同外汇投资者有不同的投资需求及风险承受能力。有些人的外汇主要用于投资升值，风险承受能力较强。另一些人虽然也进行外汇投资，但极度厌恶风险，将保本作为投资底线。还有一些人持有外汇，是为将来可能有留学、境外旅游、境外考试等其他用途的需要，所以不但风险承受能力有限，连投资期限也有一定限制。因此，充分了解自己的投资需求和风险承受能力，应该成为投资的基础。

2. 制定符合自己实际情况的投资策略

在了解了自己的投资需求后，就可在此基础上制定投资策略。投资升值需求强烈，风险承受能力强的投资者，可将部分资金用于外汇买卖或投资于风险较大，但投资回报率较高的外汇理财产品，并配合一些保本型投资以控制风险；风险承受能力较差，或是以保值为主要目的的投资者，则可将大部分资金投资于一些保本型的理财产品。

3. 投资要进行适时适当的分散投资

在外汇投资理财时，应根据投资者的投资属性、资金状况和市场前景分批汇、分散入市或出市时点，来掌握投资契机，从而既能发挥平均投资成本的作用，分散风险，又能减轻经济压力。一般情况下，将个人资产投资到不同类型的理财产品，或是不同的币种，从而有效地分散投资风险。各种理财产品或外汇币种的比重，则可根据不同的偏好来决定。当然，对于资金量较小的投资者，分散投资可能不太现实。在这种情况下，选择一种最佳的理财产品就显得尤为重要。

4. 充分了解理财产品的结构

要在最合适的时机，选择最合适的理财产品，不仅应该对国际金融市场有一个基本的认识，同时还应对各种理财产品的结构特性有一个全面的了解。目前市场上的理财产品，尽管名字五花八门，实际上它们的区别只是结构不同而已。有些理财产品与某币种汇率挂钩，汇率上涨越多，收益就越高，有些产品则正相反；有些产品与美元利率正向挂钩，利率上扬则投资收益增加；也有些产品与美元利率反向挂钩，利率下跌则收益增加。了解了产品特性以后，结合自己对市场走势的判断，选择理财产品就显得简单多了。比如，判断某一货币将持续走强，那么就可以通过外汇宝买入该货币，也可以投资与该货币汇率挂钩的理财产品以提高存款收益；在利率缓步上扬的市场中，可以考虑投资于收益递增型或是利率区间型理财产品；而在利率稳定或逐步下降的市场环境下，投资于利率反向挂钩型产品，则可以为投资者带来较高的投资收益。

5. 寻求安全性、流动性和收益性的平衡点

外币理财也应遵循安全性、流动性和收益性的三大基本原则。投资者需要处理好安全性、流动性和收益性的关系，寻求三者的平衡点。投资者资产的盈利性往往越高，其安全性与流动性越低。一般要在安全性与流动性得到充分保证的前提下，求得足够高的盈利性。但不同的外币持有人对这三原则有不同的排序。投资者或专业理财人员根据投资者对风险的承受能力和流动性要求的高低，以及对未来汇率或利率的市场预期，综合判断，选择适合的外汇理财产品。

总之，只要投资前认真做好准备，就一定可以找到最适合自己的投资渠道，真正提高外汇理财的收益。

本 章 小 结

本章主要分为外汇、外汇理财产品及外汇理财的收益和风险三个部分,首先从外汇、汇率和外汇市场三个方面介绍有关外汇基础知识,方便读者对外汇理财基本概念有一定的理解。第二部分主要介绍外汇理财有关概念,介绍外汇理财产品的种类和特点、国内主要的外汇理财业务和产品,同时简单介绍外汇交易的大致流程。最后解释外汇理财过程中的收益与风险,总结出外汇理财的基本策略。本章旨在帮助读者在了解到基本知识后能够认识外汇理财业务,在以后的理财过程中利用外汇理财配置个人资产。

自 测 题

一、名词解释

外汇　汇率　直接标价法　基本汇率　即期汇率　外汇市场　外汇储蓄　外汇结构化存款　外汇实盘交易

二、判断题

1. 购买外汇后汇率上涨了,则投资获利了。　　　　　　　　　　　　　　　(　　)
2. 某日银行美元报价汇率为6.596/98,客户去购买1美元时需支付6.596元。(　　)
3. 个人外汇存款账户包括现钞户和现汇户。　　　　　　　　　　　　　　　(　　)
4. 与利率挂钩的结构性外汇理财产品主要是与LIBOR挂钩。　　　　　　　(　　)
5. 买入卖出外汇期权都需要缴纳保证金。　　　　　　　　　　　　　　　　(　　)

三、单项选择题

1. 外汇是指(　　)。
   A. 本国之外的货币统称　　　　B. 美元
   C. 外国汇票　　　　　　　　　D. 外来汇款
2. 目前,多数国家采用的汇率标价法是(　　)。
   A. 直接标价法　B. 美元标价法　C. 上升标价法　D. 间接标价法
3. 外汇的结算周期为(　　)。
   A. T+0　　　　　B. T+1　　　　　C. T+2　　　　　D. T+3
4. 下列外汇市场的参与者不包括(　　)。
   A. 中国银行　　　　　　　　　B. 索罗斯基金
   C. 无涉外业务国内企业　　　　D. 国家外汇管理局
5. 一般情况下,即期交易的起息日定为(　　)。
   A. 当天　　　　B. 第一营业日　C. 第二营业日　D. 下一工作日
6. 外汇的交易方向为(　　)。
   A. 单向　　　　B. 双向　　　　C. 定向　　　　D. 不定向

7. 外汇成交后,在未来约定的某一天进行交割所采用的汇率是( )。
   A. 浮动汇率   B. 远期汇率   C. 卖出汇率   D. 买入汇率
8. GBP/USD=1.5545 符合下列哪一项阐述?( )
   A. 一个单位的欧元可以兑换 1.5545 美元
   B. 一个单位的英镑可以兑换 1.5545 美元
   C. 表示 1 美元=1.5545 英镑
   D. 以上答案都不对
9. 银行对于现汇的卖出价一般( )现钞的买入价。
   A. 高于   B. 等于   C. 低于   D. 不能确定
10. 境内居民每人每年有多少购汇额度?( )
    A. 等值 3 万美元   B. 等值 4 万美元
    C. 等值 5 万美元   D. 等值 6 万美元

四、多项选择题

1. 汇率的标价方法为( )。
   A. 直接标价法   B. 下降标价法   C. 上升标价法   D. 间接标价法
2. 从汇率制度角度考虑分为( )。
   A. 固定汇率   B. 交叉汇率   C. 浮动汇率   D. 买入汇率
3. 以下哪些属于主要的外汇市场?( )
   A. 伦敦   B. 东京   C. 悉尼   D. 纽约
4. 以下哪些属于外汇汇率中的基本面分析?( )
   A. GDP   B. 国际贸易收支   C. 市场预期   D. 形态分析
5. 下列关于外汇保证金交易叙述正确的是( )。
   A. 投资成本低   B. 双向交易投资   C. 风险可控性   D. 全球 24 小时交易

五、简答题

1. 汇率的标价方式是什么?它有哪些种类?
2. 外汇实盘交易和虚盘交易的区别是什么?
3. 外汇理财产品有什么特点?如何理解风险与收益?
4. 外汇理财有哪些策略?

六、论述题

1. 外汇理财产品有哪些类型?结合个人资产配置谈谈如何选择外汇理财产品。
2. 结合外汇理财过程中的风险与收益,如果你购买理财产品你会如何衡量?

第七章 保险理财工具

【学习目标】

通过学习本章，读者应当掌握保险的分类、要素和基本原则；熟悉保险理财的优势和劣势，熟悉各种保险理财产品；了解保险理财规划，包括规划的内容、步骤和如何实施；可针对自身构建合理的保险配置方法。

【导读案例】

国家法律保障合法保险行为

自 2012 年 11 月 30 日，章成全连续三年在农业银行宜城市支行板桥分理处存款共 15000 元，用来购买了《红双喜盈宝顺两全保险》。2015 年 1 月 9 日，章成全在农田作业时不幸意外身亡。其亲属报警后，当天晚上，板桥派出所的同志向新华人寿襄阳支公司报案。新华人寿襄阳支公司派员核实情况，并让原告(其亲属)准备相关材料。原告按照要求将材料送至新华人寿襄阳支公司宜城办事处时，工作人员对原告说："请你们放心，可能要赔你们五六万元。" 2015 年 1 月 27 日，新华人寿襄阳支公司向原告银行卡上打款 12409.20 元。随后，原告联系新华人寿襄阳支公司理赔部，理赔部的业务员说："这只是理赔的部分，将来还要将本返还给你们。"之后，原告多次找到新华人寿襄阳支公司，该公司称只能赔偿 12409.20。新华人寿襄阳支公司应该讲诚信，按照保险合同及相关法律履行赔付义务。而原告亲属章成全是奔着农业银行宜城市支行存款去的，就是再低的利息也不至于血本无归。

法院经审理查明：原告章余波的父亲、余成梅的丈夫章成全于 2012 年 11 月 30 日到农业银行宜城市支行板桥店镇分理处办理存款业务，该分理处营业员向章成全推荐介绍新华人寿襄阳支公司分红型《红双喜盈宝顺两全保险》。章成全听取建议，购买了五份《红双喜盈宝顺两全保险》，约定保险费为 5000 元，交费期间五年。投保人为章成全，与被保险人关系为本人。新华人寿襄阳支公司银代保险专用投保书及授权声明声明栏第三条注明，贵公司已向本人提供保险条款，说明保险合同内容，特别提示并说明了免除保险人责任的条款。本人已认真阅读并理解保险责任、责任免除、合同生效、解除、未成年人身故保险金限额、保险事故通知等保险条款的各项内容，以及分红保险、万能保险、投资连结保险等新型产品的产品说明书。合同签订后，章成全交付了三年保险费。2013 年 12 月 1 日，新华人寿保险股份有限公司向章成全送达了红利通知书。红利通知书上载明，基本保险金额为 25335 元，累积红利保险金额为 182.41 元。2015 年 1 月 9 日，章成全无证驾驶无牌 404 旋耕机进行农田作业时旋耕机翻倒致使章成全死亡。嗣后，两原告要求新华人寿襄阳支公司赔偿，新华人寿襄阳支公司支付了 12409.20 元的现金价值，拒绝赔偿意外身故赔偿金，导致纠纷发生。

法院认为：章成全缴纳了保险费，领取了保险单，与被告新华保险公司襄阳支公司形成了有效的保险合同关系。双方均应按照合同约定履行合同义务。应当计算为一般意外身故保险金=2×(基本保险金额 25335 元+累积红利保险金额 182.41 元)×身故或身体全残时所处的保单年度数 3 年÷交费期间 5 年=30620.89 元，扣除新华人寿襄阳支公司已经支付的

12409.20 元，尚余 18211.69 元新华人寿襄阳支公司应当支付。

由于受益人章成全身故，依法应当由其继承人章余波、余成梅继承新华人寿襄阳支公司的赔偿款。依据《中华人民共和国保险法》第十四条，《中华人民共和国民法通则》第六十三条第一款、第二款，《中华人民共和国继承法》第二条、第三条第七项之规定，判决如下：新华人寿保险股份有限公司襄阳中心支公司在本判决生效后十日内支付两原告章余波、余成梅 18211.69 元。

(资料来源：中国裁判文书网，http://wenshu.court.gov.cn)

第一节　保险的概述

一、保险的含义

一般来说，保险分为广义的保险和狭义的保险。广义的保险是指集合具有同类风险的众多单位和个人，以合理计算分担金的形式，向少数因该风险事件发生而招致经济损失的成员提供保险经济保障(或赔偿或给付)的经济行为。

狭义的保险即商业保险。所谓商业保险，是指保险双方当事人(保险人和投保人)自愿订立保险合同，由投保人缴纳保险费，用于建立保险基金，当被保险人发生合同约定的财产损失或人身事件时，保险人履行赔付或给付保险金的义务。

保险起源

保险源于海上借贷。到中世纪，意大利出现了冒险借贷，冒险借贷的利息类似于今天的保险费，但因其高额利息被教会禁止而衰落。1384 年，比萨出现世界上第一张保险单，现代保险制度从此诞生。

保险从萌芽时期的互助形式逐渐发展成为冒险借贷，发展到海上保险合约，发展到海上保险、火灾保险、人寿保险和其他保险，并逐渐发展成为现代保险。

17 世纪，欧洲文艺复兴后，英国资本主义有了较大发展，经过大规模的殖民掠夺，英国日益发展成为占世界贸易和航运业垄断优势的大英帝国，为英国商人开展世界性的海上保险业务提供了条件。保险经纪人制度也随之产生。17 世纪中叶，爱德华·劳埃德在泰晤士河畔开设了"劳合咖啡馆"，成为人们交换航运信息、购买保险及交谈商业新闻的场所。随后在咖啡馆开办保险业务。1696 年劳合咖啡馆迁至伦敦金融中心，成为劳合社的前身。

(资料来源：魏华林，林宝清编.《保险学》.高等教育出版社，2017)

二、保险的分类

(一)按照实施方式分类

按照实施方式，保险可以分为自愿保险和法定保险。

1. 自愿保险

自愿保险是指保险双方当事人通过签订保险合同，或是由需要保险保障的人自愿组合而实施的一种保险。

2. 法定保险

法定保险，又称强制保险，是国家对一定群体对象通过法律、法令或条例规定其必须投保的一种保险。法定保险的保险关系不是产生于投保人与保险人之间的合同行为，而是产生于国家或政府的法律效力。

(二)按照保险标的分类

按照保险标的，保险可以分为财产保险、人身保险、责任保险以及信用、保证保险。

1. 财产保险

财产保险是指以财产及其相关利益为保险标的，对因保险事故发生导致的财产损失，以金钱或实物进行补偿的一种保险。财产保险有广义与狭义之分。广义的财产保险包括财产损失保险、责任保险、保证保险等。狭义的财产保险是以有形的物质财富及其相关利益为保险标的的一种保险，包括火灾保险、海上保险、汽车保险、航空保险、利润损失保险、农业保险等。

2. 人身保险

人身保险是以人的身体或生命为保险标的的一种保险。根据保障范围的不同，人身保险可以分为人寿保险、意外伤害保险和健康保险。

(1) 人寿保险。人寿保险是以人的寿命为保险标的，当发生保险事故时，保险人对被保险人履行给付保险金责任的一种保险。

(2) 意外伤害保险。意外伤害保险是指以被保险人在保险有效期内，因遭遇非本意的、外来的、突然的意外事故，致使其身体蒙受伤害为给付保险金条件的人身保险。

(3) 健康保险。健康保险是以被保险人的身体为保险标的，使被保险人在疾病或意外事故所致伤害时发生的费用或损失获得补偿的一种保险。

3. 责任保险

责任保险是以被保险人依法应负的民事损害赔偿责任，或经过特别约定的合同责任为保险标的的一种保险。责任保险的种类包括公众责任保险、产品责任保险、职业责任保险、雇主责任保险。

4. 信用、保证保险

信用、保证保险都是以信用风险作为保险标的的保险，都是具有超保性质的保险。当债权人作为投保人向保险人投保债务人的信用风险时，就是信用保险义务人作为投保人向保险人投保自己的信用风险时，就是保证保险。

(三)按照承保方式分类

按照承保方式，保险可以分为原保险、再保险、复合保险、重复保险和共同保险。

1. 原保险

原保险是相对于再保险而言的，是指投保人与保险人直接签订保险合同、建立保险关系的一种保险。

2. 再保险

再保险，又称分保，是指保险人在原保险合同的基础上，通过签订合同的方式，将其所承担的保险责任部分或全部转移给其他保险人的一种保险。

3. 复合保险

复合保险是指投保人以保险利益的全部或部分，分别向数个保险人投保同种类保险，签订数个保险合同，其保险金额的总和不超过保险价值的一种保险。

4. 重复保险

重复保险是指投保人以同一保险标的、同一保险利益、同一风险事故分别与数个保险人订立保险合同的一种保险。重复保险与复合保险的区别在于，重复保险的保险金额的总和超过保险价值。

5. 共同保险

共同保险是指投保人与两个以上保险人之间就同一保险利益、同一风险共同缔结保险合同的一种保险。

三、保险的要素

(一)保险主体

保险主体，就是保险合同的主体，只包括投保人与保险人。被保险人、受益人、保单所有人，除非与投保人是同一人，否则，都不是保险主体。

(1) 投保人，是指与保险人订立保险合同，并按照保险合同负有支付保险费义务的人。投保人可以是自然人也可以是法人，但必须具有民事行为能力。

(2) 保险人，又称承保人，是指与投保人订立保险合同，并承担赔偿或者给付保险金责任的保险公司。在中国有股份有限公司和国有独资公司两种形式。保险人是法人，公民个人不能作为保险人。

(3) 被保险人，是指根据保险合同，其财产利益或人身受保险合同保障，在保险事故发生后，享有保险金请求权的人。投保人往往同时就是被保险人。

(4) 受益人，是指人身保险合同中由被保险人或者投保人指定的享有保险金请求权的人，投保人、被保险人可以为受益人。如果投保人或被保险人未指定受益人，则他的法定继承人即为受益人。

(5) 保单所有人，拥有保险利益所有权的人，很多时候是投保人、受益人，也可以是保单受让人。

(二)保险客体

保险客体,即保险合同的客体,并非保险标的本身,而是投保人或被保险人对保险标的的可保利益。

可保利益,是投保人或被保险人对保险标的所具有的法律上承认的利益。这主要是因为保险合同保障的不是保险标的本身的安全,而是保险标的受损后投保人或被保险人、受益人的经济利益。保险标的只是可保利益的载体。

(三)保险标的

保险标的即保险对象,人身保险的标的是被保险人的身体和生命,而广义的财产保险是以财产及其有关经济利益和损害赔偿责任为保险标的的保险,其中,财产损失保险的标的是被保险的财产,责任保险的标的是被保险人所要承担的经济赔偿责任,信用保险的标的是被保险人的信用导致的经济损失。

(四)保险费率

保险费率是保险费与保险金额的比例,保险费率又被称为保险价格。通常以每百元或每千元保险金额应缴纳的保险费来表示。

(五)保险利益

保险利益是指投保人对保险标的具有的法律上承认的利益。通常投保人会因为保险标的的损害或者丧失而遭受经济上的损失,因为保险标的的保全而获得收益。只有当保险利益是法律上认可的,经济上的,确定的而不是预期的利益时,保险利益才能成立。一般来说,财产保险的保险利益在保险事故发生时存在,这时才能补偿损失;人身保险的保险利益必须在订立保险合同时存在,用来防止道德风险。

(六)保险价值

保险价值是保险标的物的实际价值。根据我国《保险法》规定,投保人和保险人约定保险标的的保险价值并在合同中载明的,保险标的发生损失时,以约定的保险价值为赔偿计算标准。投保人和保险人未约定保险标的的保险价值的,保险标的发生损失时,以保险事故发生时保险标的的实际价值为赔偿计算标准。

(七)保险合同

保险合同是投保人与保险人约定保险权利义务关系的协议。投保人是指与保险人订立保险合同,并按照合同约定负有支付保险费义务的人。保险人是指与投保人订立保险合同,并按照合同约定承担赔偿或者给付保险金责任的保险公司。

四、保险的基本原则*

拓展阅读 7-1　保险的基本原则见右侧二维码

拓展阅读 7-1.docx

第二节 理财保险的收益与风险

一、理财保险的概念

理财保险,又称投资型保险,是近年来深受人们喜爱的投保对象,以保险保障和理财兼具的功能吸引着投保人的目光。理财保险是集保险保障及投资功能于一身的新型保险产品,属人寿保险的新险种。目前在我国开展的理财保险险种主要有分红保险、投资连结保险和万能保险。

二、理财保险的优点

1. 保费使用的透明度高

购买理财保险时,可以较为清晰地认识保险公司的基本策略,进一步可以判断出该保险公司的理财产品是否值得购买。

例如,目前多数理财型保险会明确说明扣除费用的比例(保险公司管理保单所需要的费用)、保障成本(纯保费)、储蓄保费(账户价值),我们可以通过这些数据,很容易了解到一家公司的投资实力、运作产品的策略和定价假设。

2. 缴费额度和频次灵活

可以根据所购买产品的实际价值,来决定缴费的频率,这样可以有效避免因缴费不及时而导致保单效力中止,这样方便投资者资金的周转。

3. 保险金额可调整

根据产品自身情况,部分保费可以得到节省,提高保费的使用效率。

三、理财保险的缺点

(1) 理财型保险投资期长,回报期长,流动性差。期限过长,投资收益很难在短期内体现出来,并且资金变现能力弱,容易影响到投资的流动性。理财型保险另一个缺点是风险小,收益也较低。从投资理财角度上说,并不是最合适的理财产品。

(2) 投保人在投保理财保险的过程中比较容易忽视理财保险的保障功能,只是注重其收益。理财保险的重点在于如何通过保险公司的运作来提高保费的使用效率,降低保费的支出,同时承担相应的风险保障,而不是通过理财保险赚大钱。

四、保险理财的收益

理财保险的最大特点,是将保险的基本保障功能和资金增值的功能有机结合起来,是对传统保险产品的创新和突破,具有多方面的积极作用。

(一)作为保障的收益

这是保险的最基本功能。在日常生活以及社会经济活动中,任何个人或家庭都会面临许许多多的风险。通过购买保险产品,将个人或家庭面临的风险转嫁给保险公司,一方面消除了风险的不确定性给个人或家庭带来的忧虑和恐惧,可以使人们有计划地安排家庭生活;另一方面,一旦保险事故发生,个人或家庭可以及时得到保险公司的补偿或给付,迅速恢复安定的生活。

(二)投资理财收益

我国在全面建设小康社会的过程中,个人或家庭财富积累在大幅度增长。《中国消费金融与投资者年度教育报告》显示,85%的受访者拥有自家房产、定期存款、活期存款等,这部分人群收入较高,承受力较强,对保险产品的需求已经不局限在风险保障,还想在得到传统保障的同时,获得理财和投资服务。而保险理财产品的推出,恰恰满足了他们的需要。

(三)避税收益

收入的增加意味着需要缴纳更多的税款,于是人们不断寻求在合理合法范围内取得收入又可减免税款的有效途径。欧美发达国家的保险实践表明,购买保险产品是有效途径之一。个人或家庭购买保险时支出的保险费和所获得的保险赔款(给付金),根据相关法律规定,都可以享受不同程度的税收减免优惠。目前我国尚未开征遗产税,只在个人所得税法中明确规定,个人所获得的保险赔款可以在计算应纳税所得额前扣除,即保险赔款免征个人所得税。

(四)抵抗通货膨胀,保障金保值增值

20世纪六七十年代,为消除高通货膨胀率的困扰,保险公司又纷纷推出分红保险、变额保险等创新型保险产品。大部分具有投资理财功能的保险为投资者提供双收益,即在提供保障的同时,会承诺一个类似于银行固定利率的保底收益率,在此基础上还有一个浮动的收益,这笔收益会随着经济的变动而水涨船高,因此很好地避免了通货膨胀的风险,起到了保值增值的作用。

五、保险理财的风险

分红险风险:很多保险公司向外宣传时会说自己的分红险产品的年收益率能够达到5%左右,这个比例可能比银行利率还高,很多人也因此购买了分红险保险产品,但是到头来可能发现,不但分红没有得到,可能连自己的本金都会有所亏损。其实,分红险还是保险产品,其主要功能还是保障,但是分红与保险公司盈利直接相关,如果保险公司经营不好,分红险的收益自然不好,甚至可能为零。年金险风险:保障力能相对较弱,一般只提供身故保障,但对于重疾和全残则不保障,收益周期长,短期内取出会有损失,需要退休前交付全部保费,即可在退休后可获得的年金。

六、购买保险理财产品的注意事项*

拓展阅读 7-2　购买保险理财产品的注意事项见右侧二维码

拓展阅读 7-2.docx

七、保险理财产品的主要种类

随着经济、金融形势的发展和保险市场竞争的需要，保险产品在不断创新，品种在不断增多。为了满足投资者需求，保险公司按照风险的性质、保险实施方式、保障范围、给付形式、业务承保方式等不同标准，设计出了不同的保险理财产品。

(一)分红保险

1. 分红保险的概念

分红保险，是指保险公司在每一个会计年度结束后，将本年度由死差益、利差益、费差益所产生的可分配盈余，按照一定的比例以现金红利或增值红利的方式分配给被保险人的一种人寿保险产品。

2. 分红保险的特征

(1) 分红保险充分体现了保险双方公平性原则。保险合同属于双方合同，保险双方当事人相互承担义务并享受权利。根据权利义务公平原则，投保人或被保险人支出的保险费与其获得的保险保障相对等，而保险人收取的保险费也要与其承担的赔偿或给付的义务相对等。

(2) 分红保险是保险双方风险与收益相结合的一种保险产品。传统保险是由保险公司承担各类风险，并且独享其收益；分红保险是保险公司与投资者之间利益共享，但投资风险由保险公司承担。

(3) 分红保险可以有效降低通货膨胀的不利影响。分红保险的出现，解决了因通货膨胀、货币贬值所造成的被保险人实际保障水平下降的问题。保险公司通过资金运用获得较高收益，并将其中一部分以红利形式返还给被保险人，弥补了由于通货膨胀造成的实际保障水平下降的问题，不但留住了老投资者，还吸引了那些潜在的保险消费需求者投保。

(4) 分红保险的灵活性较差。虽然分红保险较之传统保险具有更多的灵活性，但分红保险在产品设计上与传统保险产品极为相似，险种结构简单，但灵活性较差，在保费缴纳、保额选择等方面不具有选择性。

3. 分红保险红利的分配方式

红利分配有两种方式，即现金红利和增额红利，其中现金分红可灵活变现，保额分红则可提高保障。现金红利是直接以现金的形式将盈余分配给保单持有人。目前国内大多保险公司采取这种方式。

案例——法航失事：史上最大单笔个人理赔

2009 年 6 月 1 日法航客机 A330 于大西洋上空失踪，9 名中国公民中的 1 名于 2008 年购买了人保寿险"畅享人生年金分红型保险"产品,保险金额为 24 万元,但根据条款规定,如客户发生航空意外,将获得 40 倍保险金额的赔付,该客户最终得到 960 万元的巨额赔付,于是这款分红型产品也创造了中国史上最大金额的个人保险赔款。

附:畅享人生年金保险(分红型)部分信息

产品名称:物事人生年金保险(分红型)

险种类别:养老保险

所属公司:中国人寿保险股份有限公司

投保范围:出生满 28 日至 60 周岁

缴费方式:趸缴,年缴 3 年,5 年

保险期间:A 款:(28 天~17 周岁投保)25 周岁;B 款:(18~60 周岁投保)70 周岁

保险责任:

年金:若被保险人生存,我们将于每个保单周年日按基本保险金额的 10%给付年金予被保险人。

满期金:若被保险人在保险期间届满时仍生存,我们按基本保险金额的 10 倍给付满期金,本合同终止。

身故或全残保险金:若被保险人年满 18 周岁之后,因遭受意外伤害或在本合同生效或最后复效之日(以较迟者为准)起一年后因疾病导致身故或全残,我们按下列规定给付身故或全残保险金,本合同终止。

一般身故或全残保险金:若被保险人在本合同生效或最后复效之日(以较迟者为准)起一年后因疾病导致身故或全残,或遭受意外伤害并因该意外伤害导致身故或全残,我们按基本保险金额的 10 倍给付一般身故或全残保险金,本合同终止。

意外身故或全残保险金:若被保险人遭受意外伤害,并且自意外伤害发生之日起 180 日内因该意外伤害导致身故或全残,我们在给付一般身故或全残保险金的同时,另外按基本保险金额的 10 倍给付意外身故或全残保险金,本合同终止。

航空意外身故或全残保险金:若被保险人在以乘客身份乘坐民航班机时遭受意外伤害,并且自意外伤害发生之日起 180 日内因该意外伤害导致身故,我们在给付一般身故或全残保险金以及意外身故或全残保险金的同时,另外按基本保险金额的 20 倍给付航空意外身故或全残保险金,本合同终止。

产品特色:

"吉祥三保"——保本,保息,保降。

"十全十美"——10%年金返还,10 倍满期金。

"五全一体"——生存金,满期金,保障金,分红金,应急金。

"四十巨献"——最高 40 倍高额保障金。

(二)投资连结保险

1. 投资连结保险的概念

投资连结保险是保险费固定、保险金额可以变动的长期性人寿保险,即死亡保险金额随着投资账户中投资结果变动不断调整的保险产品。

目前市场上主要的分红险收益率虽有可能抵御通胀，但投保一年后才公布的分红收益，使其反应相对滞后。对于注重短期效益、对基金产品感兴趣且有一定风险承受能力的投资者，不妨考虑购买投连险。

2. 投资连结保险的特点

与传统寿险产品相比，投资连结保险具有以下特点。

(1) 设置独立投资账户。与传统寿险不同，投资连结保险除了设置综合性账户之外，还要设置独立的投资账户，用来进行投资运作。

(2) 投资回报取决于投资业绩。投资账户的价值增减取决于投资业绩的好坏，保险单的死亡(生存)保险金和现金价值也依赖于投资账户中资金运用的情况。

(3) 具有保障和投资双重功能。传统寿险产品的主要作用是为被保险人提供保险保障，而投资连结保险是保险保障功能与投资功能的高度统一。

(4) 由保险人与被保险人分别承担不同的风险责任。在投资连结保险中，保险公司在风险保障部分承担着与传统寿险同样的风险责任；在投资部分盈亏风险中则完全由被保险人承担。

(5) 可有效地消除通货膨胀的影响。保险公司的理财专家根据形势的变化，采取灵活机动的资金运用方式，获得较高的投资回报返还给被保险人，能在一定程度上抵消通货膨胀带来的冲击。

(6) 具有很高的透明度。投资连结保险的投资资金单独设立账户，拥有自己的投资顾问，定期向投资者公布有关信息。

(三)年金保险

1. 年金保险的概念

年金保险，是指保险人在约定的期限内或在指定人的生存期内，按照一定的周期给付年金领取者一定数额保险金的一种传统人寿保险产品。年金保险是近几年国内兴起的一种长期保险产品，由于拥有确定的定期保障收入，因此其主要作为养老保障产品。

2. 年金保险的特征

(1) 高度储蓄性，具有养老保障功能。年金保险是为避免寿命提高、生存时间较长者的经济收入的损失而进行的经济储备。投保人或被保险人在工作期间缴纳保险费，当生存至合同约定年龄时就可以领取保险金直至领取人死亡为止。

(2) 保险事故为年金领取人的生存。年金保险的给付条件，就是被保险人或指定年金领取人在合同约定的年龄时生存，于是开始领取保险金，年金保险的给付周期可以是一年、半年、一季或一月。只要被保险人或指定年金领取人生存，保险人就给付保险金；如果死亡，则停止给付。

(3) 保险期限由缴费期(或累计期)和给付期(清偿期)组成，有的年金保险还有等待期。通常死亡险或生存险的保险期限只有一段，在规定的时间段内死亡或者生存至规定的时间届满，被保险人获得保险金，保险合同终止。一般年金保险的保险期限分两段，即缴费期和给付期。缴费期是投保人或被保险人从购买保险之日起到开始领取年金之日止这段时间。

在此期间，保险人将投保人或被保险人缴纳的保险费加以运用，使其形成积累价值。给付期是保险人从开始给付年金到给付终止这段时间。保险人利用积累价值定期给付年金，直至被保险人或指定年金领取人死亡。等待期是缴费结束后至开始给付保险金的期间。

第三节　保险理财规划

一、保险理财规划的主要内容

(一)明确理财的基本目标

人们购买保险理财产品要实现的目标主要有二：一是为了个人或家庭生活的经济安全与稳定，将某些重大的风险转移给保险公司，以便在发生保险事故时获得充足的经济保障；二是为了获得投资收益。个人的保险理财目标并不是一成不变的，而是随着收入水平、消费水平、年龄、国家政策变化、理财观念等因素的变化而变化。因此，在不同时间段，投资人保险理财的目标也会有所不同。

(二)判断投资人的投资能力

保险是一种经济行为，投资人必须付出一定的代价即保费，才能获得相应的保险保障。投保险种越多，保险金额越高，保险期限越长，所需要的保险费就越高，因此，购买保险理财产品时，一定要充分考虑个人和家庭的财务状况，尽量以最少量的保费支出获得最大的安全保障，防止保险过度或保险不足。所以一定要评估投资者的投资能力，将购买保险的资金控制在年收入的 20%以内，这样做的目的是保证保费按期、及时缴纳，不要让自己的保险失效。

(三)分析保险理财产品品种

投资人或被保险人必须了解所面临的风险及其性质、特征。一般而言，投资者个人或家庭面临的风险多种多样，应在确定保险理财产品需求后考虑相应的保险险种。同时，投保人或被保险人还要了解当前保险市场的供给状况。例如，保险公司及其出售的保险理财产品的种类、性质及责任范围。

(四)关注保险理财产品期限

保险理财产品期限关系到投资人缴纳保险费的期限与方式，也关系到保险理财产品的投资收益。因此，在保险理财产品规划中要明确保险理财产品期限。

(五)选择优秀的保险机构

作为投资人或被保险人，要对各保险公司的信誉、整体规模、服务质量、投资管理水平、偿付能力等进行考察，然后再确定购买哪家保险公司的理财产品并在理财规划中加以明确。此外，对于保险代理人、经纪人、投资人也要慎重选择，必须是持证上岗的代理人或经纪人，并视其业务水平、服务质量确定。

(六)推敲保险理财产品条款

保险理财产品条款载明保险有关各方的权利和义务,投资人要认真、仔细推敲,弄清其真实含义。一般来说,首先要明确保险责任,即保险人承诺承担财产损失补偿和人身保险金给付的责任范围。其次,要充分了解保险合同中的权利义务,特别是关于投资收益方面的权利及应承担的义务。只有这样,投资人才能切实履行自己的义务,保障自身的合法权益。要防止由于自己没有履行义务而丧失本来可以具有的权益。

二、保险理财方案规划步骤

一份好的保险规划方案可以让投资者在人生的各个阶段,适时地得到财务支援,以达成各个阶段的人生目标。如何根据不同情况制定保险理财方案?需要明确以下步骤。

(一)明确保险标的和保障顺序

在购买保险时首先要明确一个家庭中哪些人可以并能够拥有保险保障,并分清主次,即他们当中哪些人应该最先拥有足够的保险保障。

(1) 明确保险标的。明确保险标的就是明确哪些人可以成为被保险人获得保险公司的保险保障。因为人寿保险是一种商业行为,既要考虑为投资者分散风险又要考虑自身盈利性,以便永续经营,所以对于被保险人是有要求的,只有那些身体健康的、符合投保年龄的人才能成为被保险人并获得保险公司的保险保障,对于已经患有严重疾病、不符合投保年龄的是不能成为被保险人的。

(2) 明确保障顺序,如图 7-1 所示。在明确保险标的的基础之上要明确保障顺序,这样做是为了帮助家庭合理地分散风险,避免因经济支柱的倒塌带来的惨痛后果。

图 7-1 保障顺序

图 7-1 表明,在一个家庭中,家庭的主要经济支柱是应该最先获得保障的,其次是次要经济支柱,最后才是没有经济来源的家庭成员。这是因为收入越多,意味着他的家庭责任就越大,一旦某个家庭的主要经济支柱发生意外、疾病等问题,势必会影响整个家庭的经济收入,生活水平也会随之下降,严重的可能会债务缠身。所以,家庭的主要经济支柱是应该最先获得保障的,只有基础打得牢,整个家庭才会安全、幸福。

(二)明确保险品种及投保顺序

明确保险品种及投保顺序的目的就是在目前保险市场上销售的种类繁多的保险产品中选择适合的品种,并将之组合在一起成为个性化的、适合需求的保险理财规划方案,在进行保险理财规划方案设计时所要遵循的投保顺序,一般而言,保障型保险是首先考虑的,其次是养老型和教育型,最后才是投资理财型保险。保险理财的最主要目的不是获利,而是分散风险,获得充足保障,以便于在家庭成员突然出现问题时及时得到保险公司的财务支援,保证家庭的正常生活水平。

第七章 保险理财工具

(三) 制作保险理财规划书

经过详细地分析和测算之后，就可以根据投资者的风险偏好，综合保险公司的产品制作适合投资者需求的保险理财规划书了。

由于各家保险公司产品的差异性，各家保险理财规划书的版式也是不同的，但基本都包括封面、公司介绍、投资者需求分析、投资者财务状况分析、保险建议、保障功能介绍、保险组合及文字说明、售后保全指南等内容，一份详细的保险理财规划书可能多达十几页甚至更多，但一般控制在三页左右即可，以便于投资者阅读。

保险理财规划书一般由保险代理人与投资者共同协商制作，目的是使代理人更好地和投资者沟通，并方便投资者详尽地了解保险理财方案和理财目的。

三、保险理财规划的实施

当个人或家庭的保险理财规划确定之后，就可以通过保险中介或直接向保险公司购买相应的保险产品了，这就是保险理财规划的实施。一般有四个步骤：一是与保险中介或保险公司建立联系，二是向保险中介或保险公司表明自己的保险理财目标或者保险期望，三是在现有的财务条件下与保险中介或/和保险公司制定合理可行的保险方案，四是执行保险方案。

另外，应注意的是，社会经济、政策法规等诸多因素的变化可能会对保险实施结果产生影响，所以在保险理财规划的实施过程中，个人或家庭与保险中介应保持良好的沟通和交流，以便在必要时能对保险理财规划进行适当的调整。

四、不同人生阶段的保险理财需求分析*

拓展阅读 7-3 不同人生阶段的保险理财需求分析见右侧二维码

拓展阅读 7-3.docx

本 章 小 结

本章主要通过对保险、保险理财以及保险规划的介绍，加深了读者对保险的分类、原则、保险理财产品的认识，并对保险理财规划做了一定的指导，旨在帮助读者更加合理地运用保险的保障功能和理财功能，明白保险在预防风险，合理规划财务方面都有重大意义。另外，本章还探究了保险制度的起源和发展；什么样的保险产品可以实现家庭的理财需求和风险保障；以及保险合同关系是如何建立、变更和终止的。

自 测 题

一、名词解释

保险　责任保险　保险利益　最大诚信原则　近因原则　保险理财　保险理财产品　分红保险　投资连结保险　年金保险

二、判断题

1. 保险的派生职能是分散危险、监督危险。（　　）
2. 在各类保险中起源最早的险种是海上保险。（　　）
3. 分散危险是补偿损失的目的，补偿损失则是分散危险的前提和手段。（　　）
4. 保险在宏观和微观经济活动中的作用可归纳为社会的稳定器和助动器。（　　）
5. 商业保险为合同保险，且以营利为目的。（　　）

三、单项选择题

1. 个人故意促使事故发生，导致损失的风险因素属于(　　)。
   A. 心理风险因素　　　　　　B. 道德风险因素
   C. 人为风险因素　　　　　　D. 物质风险因素
2. 严禁在车间内吸烟属于下列哪种风险管理方法？(　　)
   A. 风险分散　　B. 风险抑制　　C. 风险预防　　D. 风险自留
3. 按照合同所用语言、文字的含义对合同条款进行解释的原则是(　　)。
   A. 有利于投保方的原则　　　B. 整体性原则
   C. 意图解释原则　　　　　　D. 文义解释原则
4. 财产保险独有的原则是(　　)。
   A. 保险利益原则　　　　　　B. 最大诚信原则
   C. 赔偿原则　　　　　　　　D. 近因原则
5. 某保险标的的保险金额为90万元，实际价值为120万元，出险后该标的的损失为80万元，按照比例赔偿方式，保险人应支付的赔偿额为(　　)。
   A. 60万元　　B. 80万元　　C. 90万元　　D. 120万元
6. 某汽车的保险金额为200 000元，规定绝对免赔额为2000元。汽车出险发生全损，其中合理的施救费用为5000元，则保险人应支付赔款(　　)。
   A. 195 000元　　B. 200 000元　　C. 203 000元　　D. 205 000元
7. 下列属于信用保险的被保险人的是(　　)。
   A. 债权人　　B. 债务人　　C. 义务人　　D. 担保人
8. 在种植业保险中，保险责任包括(　　)。
   A. 经营管理不善所致损失　　B. 农作物病虫害所致损失
   C. 被保险人故意行为所致损失　　D. 因国家征用土地所致损失
9. 在保险合同的履行过程中，由于丧失了某些必要条件致使合同失去效力，称为(　　)。
   A. 合同终止　　B. 合同中止　　C. 合同复效　　D. 合同中断
10. 保险人按照合同约定，定期向被保险人给付保险金的险种是(　　)。
    A. 意外伤害保险　　B. 死亡保险　　C. 年金保险　　D. 健康保险

四、多项选择题

1. 按照经营政策进行分类，保险可分为(　　)。
   A. 原保险　　　　B. 再保险　　　　C. 社会保险

D. 商业保险　　　　　E. 重复保险
2. 重复保险进行损失分摊的原则有(　　)。
   A. 最大诚信原则　　B. 损失补偿原则　　C. 限额责任原则
   D. 顺序责任原则　　E. 比例责任原则
3. 家财险的主要险种包括(　　)。
   A. 普通家财险　　　B. 团体家财险　　　C. 家财责任险
   D. 定期还本家财险　E. 住宅及宅内财产险　F. 个人贷款抵押房屋保险
4. 风险的组成因素包括(　　)。
   A. 风险识别　　　　B. 风险因素　　　　C. 风险事故
   D. 风险估测　　　　E. 损失
5. 人身保险没有(　　)概念。
   A. 保险金额　　　　B. 保险利益　　　　C. 保险价值
   D. 保险期限　　　　E. 重复保险

五、简答题

1. 保险的分类有哪些？它的要素和基本原则是什么？
2. 什么是保险理财？它有什么作用？
3. 什么是保险理财产品？它有什么特点？
4. 寿险类保险理财产品和非寿险类保险理财产品有什么区别？
5. 保险理财规划的主要内容是什么？它有哪些步骤？如何实施？

六、论述题

1. 保险理财和银行理财的区别是什么？该怎么选择？
2. 几种保险理财各有什么优势和劣势？如果你有50万元，将如何购买？

第八章 贵金属投资理财工具

【学习目标】

掌握贵金属理财的优势理财的特点；熟悉黄金、白银市场、贵金属理财产品种类理财的类型以及风险；了解贵金属理财实务的原则和技巧；通过本章学习和后文的风险控制学习，让读者能对自身财务状况和风险偏好做一份适合自己的风险控制方案。

【导读案例】

"疯狂的黄金"

截至 2020 年 7 月 30 日以来，黄金跑赢了全球多数资产，COMEX 黄金价格由于年内低点 1478 美元/盎司，一段攀升至 1980 美元/盎司，涨幅达到 34%。据统计 2020 年 1—6 月，黄金回报率为 16%，而同期的标准普尔 500、道琼斯工业平均指数、商品、巴克莱资本美国高收益公司债券和 MSCI 新兴市场指数回报率分别为-3.1%、-8.4%、-19.4%、-3.8%和-5.4%。尤其是 7 月 17 日以来，黄金价格表现"疯狂"，从 1800 美元上升至 1980 美元仅用 8 个交易，但随后国际黄金在没有任何"征兆"情况下暴跌 60 美元，一度令市场感到惊愕、困惑。实际上，近 3 个月黄金价格走势波动率明显上升且接近美股、原油商品等风险资产。黄金波动如此剧烈，引发人们重新审视黄金的避险、保值属性。

本轮黄金走势呈现三个比较有意思特征：

一是，投资(投机)力量推动。实际上，黄金实物需求是下降的，世界黄金协会数据显示，2020 年一季度，全球金饰、科技与央行实物黄金需求较去年同期下降 226.2 吨，同比下滑 29.4%，但黄金 ETF 持仓同比增长 239.1 吨，涨幅 79.6%，成为推动黄金走高的主动力。

二是，一季度黄金 ETF 流入资金 81%来自北美，其中美国占北美黄金 ETF 流入资金 96%。可以看出，本轮国际黄金上涨主要受美国资金推动，不过从历史看，国际黄金走势与北美黄金 ETF 走势相关性达到 0.93，如果加上欧洲黄金 ETF 资金，相关性高达 0.98。

三是，黄金、白银齐涨。本轮国际黄金与白银价格同步走强，7 月 15 日以来，COMEX 白银价格涨幅高达 24%，相对于年内低点涨幅高达 106.7%；"金银比"指标由 125.6 历史高点降至目前的 80 附近。

而本轮黄金"疯牛"的内在驱动因素又是什么呢？相信阅读完本章，读者会有自己的见解。

(资料来源：FT 中文网，2020，有增减)

第一节 贵金属概述

一、贵金属的定义和属性

我们常说的贵金属通常是指金、银、铂、钯四种价格昂贵、外表美观、化学性质稳定、

第八章 贵金属投资理财工具

具有较强的保值能力的金属，其中黄金的地位尤其重要。当然，还有另一种说法是包括了金、银、铂和所有铂族金属，但因为除铂和钯外其他四种铂族元素并未被国际认可为期货、期权及 ETF 买卖对象，所以一般把其他铂族元素称为稀有金属而非贵金属。由于其稳定的化学性质，该类型金属在进行商品交易的过程中，不断被人们发掘出其他功能。下面我们主要借助大家耳熟能详的黄金与白银来展开对贵金属投资的介绍。

(一)黄金的定义

黄金，化学元素符号为 Au，是一种带有黄色光泽的金属。黄金是人类较早发现和利用的金属。由于它稀少、特殊和珍贵，自古以来被视为五金之首，有"金属之王"的称号，享有其他金属无法比拟的盛誉，其显赫的地位几乎永恒。正因如此，黄金成为财富和华贵的象征，具有金融储备、货币、首饰等功能。

由于纯金太软，所以我们在日常生活中常见的金通常会与铜及其他贱金属制成合金来提升硬度。金在合金的含量中会以克拉(k)来量度，而纯金则是 24k。在 1526 年，以英格兰重铸金币开始至二十世纪三十年代市场流通的金币，由于其硬度的关系，通常会是 22k 合金，称为皇冠金。但在今天，金不再扮演日常流通货币角色。

在历史上，金曾经天然地充当货币的角色。19 世纪中期，曾形成金本位制度。尽管现在世界上各国多以纸币作为法定货币(且部分国家禁止金作为货币流通)，但金依然被视为一种"准货币"，黄金储备在各国财政储备中均占有重要地位。

(二)白银的定义

银，化学元素符号为 Ag，是柔软且带有白色光泽的过渡金属。在所有金属中，银拥有最高的导电率、导热率和反射率，故被广泛运用到工业生产中。因为银的颜色是白色，所以被称为"白银"。白银不仅有着良好的电热传导特性，还具有较高的感光性和发光特性，被应用于工业、摄影、首饰、货币制造等方面。

自古以来，白银就一直与黄金一起，被作为财富的象征。与黄金相比，白银因供应充足且价值较低，故更多且更早地应用于造币，进入流通领域，很多国家均建立银本位制，把银币作为主流货币。长期以来，银一直被视为贵金属。银金属被用于许多投资性硬币中，有时与金一起使用。但考虑到其储量丰富、开采便捷，因而导致与黄金相比，白银的价格相对较低，经常屈居不太受重视的位置。

近年来，随着工业的发展以及人们对规避通货膨胀的需求逐渐上升，白银作为投资的一种导向也越来越为人们所青睐。

(三)金银的属性

1. 普通商品属性

(1) 黄金，因其高延展性，抗腐蚀性，在大多数反应中的惰性和导电性，金一直在各类屏蔽红外线，生产有色玻璃和金箔，以及修补牙齿。有些金盐在医学上仍作为消炎药使电子设备中用作耐腐蚀的电子连接器，这是它的主要工业用途。此外它还用于屏用。因此黄金被大量运用到日常生活以及工业生产中，如首饰、摆件、金章、医疗器械、工业原料等，与普通商品一样可以进行自由买卖。

(2) 白银，因其优质的导体属性以及独特的光泽，被广泛用于太阳能电池、水过滤、珠宝、装饰品、高价值餐具和器具(因此称为银器)、电气接触和导体、专用镜子、窗户涂料、催化化学反应，作为着色玻璃和专用糖果中的着色剂中。其化合物用于照相和 X 光胶片。硝酸银和其他银化合物的稀溶液用作消毒剂和杀微生物剂，添加到绷带和伤口敷料、导管和其他医疗仪器中。相比黄金，白银在当前生产使用中，更倾向于一种属于工业原料的商品。

2. 货币属性

(1) 黄金：在纸币本位制前，由于黄金的优良特性，历史上黄金一直被有序地充当货币的职能，如价值尺度、流通手段、储藏手段、支付手段和世界货币。金本位制被大多数国家所接受并自然地实行下去。

1944 年布雷顿森林体系建立后，美元与黄金挂钩，其他货币与美元挂钩，在一定程度上剥离了黄金作为货币进行直接交易的属性；20 世纪 70 年代以后，黄金与美元脱钩，黄金的货币职能有所减弱，但仍保持一定的货币职能。目前，黄金是除美元、欧元、英镑、日元之外的第五大国际结算货币。尤其在一些局势不稳定或国内经济动荡的国家，黄金仍然属于值得信赖的交易媒介。

(2) 白银：在白银开采技术尚未突破的古代和近代，白银一直被人们当作货币使用，开采技术不断革新、白银采掘效率不断提高，进而导致白银价格大幅缩水，再加上商品交易规模不断扩大，传统的笨重白银质地的货币很难跟上资本主义社会的发展。故相比黄金这种贵金属以及当代普及的信用货币，白银的货币属性被不断削弱。从银本位制到金银复本位制，价值稳定的白银支撑起了庞大的社会经济发展。

3. 金融工具属性

贵金属在货币领域影响不断降低后，其金融工具属性开始被人们发现并愈发重视。和一般常见的股票债券等投资品种一样，贵金属同样属于金融工具的一种，围绕其产生的衍生品也如雨后春笋般冒出。这里值得指出的是，不同于股票等金融工具的风险收益，贵金属的投资更倾向于避险，与世界经济飞速发展呈现一定程度负相关，所以能起到风险对冲的作用。

同时，贵金属本身也是作为一种高度流通的资产，全球的黄金交易 24 小时循环不息，而且参与黄金投资的人非常多，人为操控金价不易。随着黄金白银期货、期权和杠杆买卖的出现，贵金属投资的方法趋多样化，贵金属投资早已实行"双向买卖"，提供更多的机会获利，所以贵金属投资配置值得大家注意。

二、贵金属市场*

拓展阅读 8-1　贵金属市场见右侧二维码

拓展阅读 8-1.docx

三、贵金属的投资优势

贵金属理财是将资金投入到不同的贵金属品种中，力求其升值的行为。贵金属理财相

第八章 贵金属投资理财工具

对于股票而言,较为稳妥,风险较小,是一种较好的理财选择。贵金属理财有以下优势。

1. 在税收上具有相对优势

贵金属是世界上所占税项负担最轻的理财工具之一。其交易过程中所包含的税收项目,基本上只有贵金属进口时的报关费用。与此相比之下,其他的不少理财工具,都存在着一些容易让投资者忽略的税收项目。例如,在进行股票投资时,如果需要进行股票的转手交易,还要向国家缴纳一定比例的印花税。如此计算下来,利润将会成比例地减少,如果是进行大宗买卖或者长年累月的计算,这部分的费用可谓不菲。

2. 产权转移十分便利

假如投资者有一栋住宅和一块黄金。当他打算将它们都送给子女的时候,会发现将黄金转移很容易,让子女搬走就可以了,但是住宅就要费劲得多。住宅和股票、股权的转让一样,都要办理过户手续。假如是遗产的话,还要律师证明合法继承人的身份,并且缴纳一定的遗产税,这样投资者的这些财产就会大幅度地缩水。

在贵金属市场开放的国家里,任何人都可以从公开的场合购得黄金,还可以像礼物一样进行自由转让,没有任何类似于登记制度的阻碍。而且贵金属市场十分庞大,随时都有任何形式的黄金买卖。

3. 具有长远的保存价值

一般商品在时间的摧残下都会出现物理性质不断产生破坏和老化的现象。而贵金属由于其本身的特性,虽然会失去其本身的光泽,但其质地根本不会发生变化。表面经过药水的清洗后,还会恢复其原有的容貌。

4. 抵御通货膨胀的理想武器

近几十年来,通货膨胀导致的各国货币缩水情况十分严重。等缩水到了一定的程度时,钞票就会如同废纸一般。此时,人心惶惶,任何政治上的风吹草动都会引起人们纷纷抢购各种商品的自保行为。比如在南美的一些国家里,当人们获得工资后,第一件要做的事情就是跑到商店里去购买各种日用品。很大面值的纸币连一个鸡蛋都买不起,是发生恶性通货膨胀的真实写照。贵金属的价格会随着通货膨胀而相应地上涨。因此,进行贵金属投资是避免购买力在通货膨胀中被蚕食的最佳方法。

5. 没有时间限制,可随时交易

全球各大金市的交易时间以伦敦时间为准,形成伦敦、纽约(芝加哥)、香港 24 小时连续不停的贵金属交易,投资者可以随时获利平仓,还可以在价位适合时随时建仓。另一方面,贵金属的世界性公开市场不设停板和停市,令贵金属市场投资起来更有保障,根本不用担心在非常时期不能入市平仓止损。

第二节 贵金属投资产品

一、贵金属价格波动的影响因素*

拓展阅读 8-2　贵金属价格波动的影响因素见右侧二维码

二、贵金属理财产品及实务操作

(一)实物贵金属

1. 实物贵金属品种

拓展阅读 8-2.docx

上海黄金交易所从 2004 年开始正式开展个人黄金白银业务。个人黄金业务的品种从最初的两个品种增加到四个品种，分别为 Au99.95g、Au99.99g、Au100g 和 Au50g 实物黄金，个人白银业务有 Ag99.9g、Ag99.99g 两个现货实盘交易品种。

投资者进行个人实物黄金白银交易，既可提供低买高卖获利，也能直接提取实物黄金放在家里。投资实物黄金白银，投资者只需持现金或者在银行开立的储蓄卡以及身份证等有效证件，按照银行公布的价格进行购买，银行将为投资者开立发票、成交单等凭证。

2. 业务交易流程*

拓展阅读 8-3　业务交易流程见右侧二维码

拓展阅读 8-3.docx

3. 实物贵金属投资优势及风险

(1) 优势：交易渠道广泛，个人投资者开立黄金账户后，通过各代理银行营业网点、网上银行等渠道，直接投资交易上海黄金交易所认证的实物金条和银条；

投资交易起点低，仅为 10 克黄金，可以满足广大投资者的需求；

交易价格透明，黄金白银价格与国际金银价格高度接轨、同步浮动、高度透明。投资交易时间长，有日市、夜市交易；

手续费低廉，交易、提取实物金条和银条成本低廉。

(2) 风险：上海黄金交易所个人实物黄金投资因受国内国际政治、经济因素以及各种突发事件的影响，黄金白银价格可能发生波动，投资者应充分考虑由此产生的风险和损失。

(二)纸黄金与纸白银

1. "纸"概念

(1) 纸黄金，是黄金的纸上交易，投资者的买卖交易记录只在个人预先开立的银行账户上体现，而不涉及实物金的提取。它的盈利模式是通过低买高卖，获取差价利润。

纸黄金交易是一种由银行提供的投资服务，投资者不必通过实物的买卖及交收来实现，而采用类似购买记账式国债投资的方法，在相应的账户内通过记账交易的方式来进行黄金投资，赚取差价和投资利润。因为投资者的买卖不必进行实物金条的提取，这样就省去了黄金的运输、保管、检验、鉴定等步骤，因此交易成本也就更低。纸黄金的买入价与卖出价之间的差额要小于金条买卖的差价。

纸黄金交易一般是采用保证金交易模式，且双向式交易，可以买入再卖出，也可以卖出后再买入，由于采取保证金交易，所以会有资金放大的杠杆效应。

(2) 纸白银，是一种个人凭证式白银，是继纸黄金后的一个新的贵金属投资品种。投资者按银行报价在账面上买卖虚拟白银，个人通过把握国际白银走势低吸高抛，赚取白银价格的波动差价。投资者的买卖交易记录只在个人预先开立的白银账户上体现，不发生实物白银的提取和交割。

2. 交易流程及规则

账户贵金属是中国工商银行推出的一项黄金与白银投资理财服务，投资者可通过工行网点柜面、网上银行、手机银行和工银 e 投资等渠道发起交易指令进行办理账户贵金属的实时交易、挂单交易、账务管理和查询等业务。账户贵金属包括账户黄金、账户白银、账户铂金、账户钯金等非实物交割的贵金属产品，最主要的投资品种包括人民币账户金、美元账户金、人民币账户白银、美元账户白银四种类型。

1) 账户贵金属交易币种

在交易币种上，账户贵金属业务包括人民币账户贵金属和美元账户贵金属。人民币账户贵金属以人民币标价，交易单位为克，美元账户贵金属以美元标价，交易单位为盎司。

(1) 人民币账户贵金属。投资者可以直接用人民币完成对贵金属(单位：克)的即时交易、委托交易等各项投资。个人账户黄金买卖业务属纸黄金实盘买卖业务，因此第一笔交易必须为买入黄金。买入的黄金由工行托管，不能提取实物黄金。在同一个地区，投资者只能开立一个黄金交易账户。网上开户不受贵金属交易时间限制，全天 24 小时均可办理。

(2) 美元账户贵金属。投资者首先要指定外汇买卖交易专户，才能在网上银行中进行贵金属与美元买卖交易。投资者需使用多币种活期账户进行美元贵金属买卖交易。工行在接受投资者的委托后，将根据国际金融市场上贵金属与美元的比价(分为买入价、卖出价两种)办理交易。外汇买卖中黄金(盎司)只可做兑美元交易，不可做兑换其他外币交易，因此若投资者的账户中没有美元，需要先将其他外币兑换为美元，再进行美元黄金买卖。每笔美元账户黄金买卖的交易金额一般不能低于 100 美元或等值黄金。

2) 账户贵金属交易委托方式

(1) 委托报价：投资者要注意，银行公布的买入价是指银行买入贵金属、投资者卖出贵金属的价格；卖出价是银行卖出贵金属、投资者买入贵金属的价格；中间价指的就是买入价与卖出价之间的中间价。用买入价和卖出价之和除以 2，即得出中间价。

账户贵金属采用即时和委托两种方式进行交易。投资者可以直接按工商银行的报价进行实时成交，或指定价格进行委托挂单。

账户贵金属委托交易包括获利委托、止损委托、双向委托，最长委托时间可达 120 小时。

(2) 获利委托：获利委托是指投资者根据本人预期贵金属价格，买入贵金属时以低于贵金属即时买入价，卖出贵金属时高于贵金属即时卖出价所建立的委托。

(3) 止损委托：止损委托是指投资者为了避免价格波动带来更大的损失所订立的一种

委托，使之在成交时带来的收益比当前略小，交易时需设定止损委托价格。

(4) 双向委托：双向委托是指投资者订立一笔委托，同时含有获利和止损，在一方委托成交后，另一方自动作废，交易时需设定获利委托价格和止损委托价格。

3. 纸金属的优势及缺点

1) 特色优势

(1) 安全便捷：依靠工商银行安全可靠的银行系统，投资者使用网上银行、电话银行，足不出户就可以在交易时间内办理贵金属账户管理、贵金属即时/委托交易、账务查询等业务。

(2) 报价透明：报价与国际市场贵金属价格实时联动，高度透明。

(3) 交易成本低：无须进行实物交割，省去储藏、运输、鉴别等费用，交易成本低廉。

(4) 投资门槛低：人民币账户金每笔交易起点不小于 10 克，美元账户金每笔交易起点不小于 0.1 盎司。人民币账户白银每笔交易起点不小于 100 克，美元账户白银每笔交易起点不小于 5 盎司。

2) 缺点

(1) 交易成本高，对于投资者来说，交易手续费率是个不容忽视的问题。工商银行的纸白银业务是不收取手续费的，但它实行的是点差收费政策，即投资者买入时会高于市场价格、卖出时会低于市场价格，银行赚取其中的点差作为业务手续费，这也是银行开展该项业务的盈利点。

(2) 交易方向单一，纸白银投资者只能买涨，不能买跌。这意味着投资者在账户有资金时，可以买入白银，但在账户里没有纸白银的情况下，则不能卖出白银。

(3) 价格波动大，黄金的价格变化比较单一，方向也较为固定。全球经济复苏不确定，金价缓慢向上。但白银不一样，虽然大方向与黄金一致，但金价调整时，白银会跌得更深。近两年来，黄金的年波幅约 20%，白银高达 40% 以上。日波幅也一样，黄金一般涨跌两个点，白银则可达到 4%～5%。

(三)黄金与白银 T+D

1. 产品介绍

黄金及白银可延期交易是为了克服远期交易的不足，由黄金生产企业和商业银行通过金融工具创新，于 20 世纪 90 年代初推出的一种黄金价格风险管理工具，是企业与银行签订的一种特殊的黄金白银远期交易合同。在远期交易到期日，如果市场价低于远期交易价，企业选择履行该合同；如果市场价高于远期交易价，企业选择不履行合同，直接在现货市场上销售，未履行的远期交易合同经双方修订后延期履行。修订的合同中规定黄金交易价格在原合同价格(最初的合同价格为黄金远期价格)基础上确定。新修订的合同到期日时再按前面的程序操作。这种可不断修订、滚动的远期销售方式叫作黄金可延期交易。当然，这种合同并不能无限期地滚动下去。银行和企业签订黄金可延期交易合同时要视企业的资源、可开采年限和信誉等规定滚动合同的最长期限，通常情况下为 5～15 年。在黄金可延期交易期限内的最后到期日，无论合同价高于还是低于现货市场价，企业都必须履行合同实际交割黄金。

第八章　贵金属投资理财工具

2. 交易流程及规则*

拓展阅读 8-4　交易流程及规则见右侧二维码

3. T+D 业务面临的风险

拓展阅读 8-4.docx

T+D 市场的风险规模大、涉及面广，具有放大性、复杂性与预防性等特征。T+D 的风险成因主要有频繁波动、保证交易的杠杆效应、非理性投机及市场机制不健全等。

1) 价格风险

由于 T+D 的杠杆性，微小的价格变动可能造成客户权益的重大变化，在价格波动很大的时候甚至造成爆仓的风险，也就是损失会超过投资本金，因此投资者进行黄金 T+D 交易，在获得高额投资回报的同时也会面临重大的价格风险。

2) 结算风险

T+D 实行每日无负债结算制度，对资金管理要求非常高。如果投资者经常满仓操作，那么该投资者可能会经常面临追加保证金的问题，甚至有可能当日被多次追加保证金，如果没有在规定的时间内补足保证金，那么按规定将被强制平仓，可能会造成投资资金的重大损失。

3) 操作风险

和股票交易一样，行情系统、下单系统等可能出现技术故障，导致无法获得行情或无法下单，都可能会造成损失。

4) 法律风险

T+D 投资者如果选择的黄金交易代理公司是未经交易所批准的地下黄金交易代理公司，或者有违反法规行为等，都可能会给投资者造成损失。

(四)贵金属期货

1. 产品介绍

期货是指由期货交易所统一制定的、规定在未来某一特定的时间和地点交割一定数量标的物的标准化合约。黄金期货交易的标的物就是黄金，而白银期货交易的标的物就是白银。一般而言，黄金期货买卖双方都会在合同到期日前，出售或购回与先前合同相同数量的合约而平仓，不会真正交割实物黄金。黄金期货是一个比较成熟又活跃的品种，是世界第二大商品期货交易品种，其交易量仅次于原油期货。黄金期货交易在全球已经形成了 24 小时交易不间断的市场体系。其中，美国的纽约商品交易所、芝加哥期货交易所及日本的东京商品交易所是世界上主要的黄金期货交易市场。

2. 交易流程及规则

投资者应选择资信较好的期货经纪公司办理期货交易开户手续，签订《客户委托合同书》。现在投资者可以选择在网上预约，点击各期货公司网上客服办理预约开户。预约后期货公司会通知下属营业部为投资者免费办理期货开户手续。开户后投资者将拥有唯一实名期货账户，投资者通过银行开通银期转账业务后在银行账户和期货账户之间调拨资金，由银行作为第三方资金监管，绝对保障资金的安全。

贵金属期货交易流程、交易规则与一般期货相同，故在此不再赘述。

3. 期货交易的风险

1) 市场风险

市场风险主要是指黄金白银价格波动引起的系统风险和非系统性风险。黄金的市场风险主要是来源于黄金价格受到多重因素的影响，其中基本因素尤其大。美元的走势和黄金价格基本呈负相关的关系，石油价格与黄金价格呈正相关的关系。

同时，黄金不仅具有商品属性，还具有金融属性，而且金融属性占据主导地位。黄金是个全球性市场，各地黄金市场之间的价格走势相互影响。通过比较市场之间黄金价格的走势可以看到，上海期货交易所的黄金价格与纽约商品交易所的黄金价格具有较高的同步性。

2) 流动性风险

流动性风险是由于市场资金无力满足现金流动的需要而引起的。黄金白银期货市场有杠杆交易的特点，而黄金白银价格波动比较频繁，包括交易亏损、保证金比例调整、交割期临近都有可能引起资金的缺口。如果因为保证金不足而导致强行平仓，会使投资者受到无谓的损失。流动性风险可以通过比较好的资金运作来进行管理。

3) 交割风险

黄金实物交割方面，黄金与其他期货品种不同点在于它是以 3 的整数倍作为交割单位的，个人投资者不能进入交割月。期货市场的主要功能是价格发现和套期保值，实物交割不是期货交易的主要目的。

对黄金期货，一些不懂行的市民抱着跟买金条一样的心态，实在不行，就把合约上的金条提取出来。其实这是一种误解。对于黄金白银期货，自然人投资者是不能进行实物交割的，进入期货交割月前的最后一个月，自然人投资者就必须将手中合约完全平仓。

4) 违规风险

违规风险主要指期货市场投资者及期货公司在参与市场的过程中出现的违规违法行为所产生的风险。首先违规行为会面临交易所的处罚措施，交易所目前的处罚措施包括罚款、暂停交易、暂停开仓、吊销交易公司的执照等。此外，违规行为还可能引起交易所的临时处置措施。交易所的临时处置措施是为防止违规后果进一步扩大而做出的限制性措施。例如，要求投资者出面处理情况、要求强行平仓、要求暂停出金等。暂停出金的时候，投资者的交易仍可以继续进行，但是资金就不能转出了。

(五) 贵金属 ETF

1. 产品介绍

黄金 ETF 基金是一种以黄金为基础资产，追踪现货黄金价格波动的金融衍生产品。其运行原理为：由大型黄金生产商向基金公司寄售实物黄金，随后由基金公司以此实物黄金为依托，在交易所内公开发行基金份额，销售给各类投资者，商业银行分别担任基金托管行和实物保管行，投资者在基金存续期间内可以自由赎回。黄金 ETF 基金与投资者熟悉的股票 ETF 基金类似，都可以在证券市场上交易，区别在于股票 ETF 基金追踪的是一篮子股票组合的价格波动，而黄金 ETF 基金仅仅追踪现货黄金的价格波动。

白银 ETF 是指一种以白银为基础资产，追踪现货白银价格波动的金融衍生产品。由大型白银生产商向基金公司寄售实物白银，随后由基金公司以此实物白银为依托，在交易所内公开发行基金份额，销售给各类投资者，商业银行分别担任基金托管行和实物保管行，投资者在基金存续期间内可以自由赎回。白银 ETF 在证券交易所上市，投资者可像买卖股票一样方便地交易白银 ETF。

2. 贵金属 ETF 运作机制

由于贵金属类 ETF 运作机制较为相似，故下面以黄金 ETF 为例进行说明。

1) 黄金 ETF 基金管理机构

因贵金属交易和保存保管的特性，目前主流的黄金 ETF 基金都采用信托的模式组建，基金的组织结构包括发起人、托管人和保管人三方。三方的责权遵照基金契约执行。

黄金 ETF 基金的发起人通常有两类：一是专为发行基金而成立的公司，该类公司多选择在世界著名的公司注册地设立，以享受较为优厚的税收待遇并规避较为严格的法律限制。以 GLD 为例，其发起人是世界黄金信托服务机构，该机构由世界黄金协会全资拥有，注册于美国特拉华州。二是大型知名投资机构，如发行 iShares COMEX Gold Trust(IAU)的巴克莱资本国际等。

黄金 ETF 的托管人的权限有出售基金持有的黄金资产以偿付基金管理费用、计算基金净资产价值和每基金份额净资产价值等。黄金 ETF 的托管人都由国际知名银行担当。如 GLD 和 IAU 就由纽约银行担任托管人。

2) 黄金 ETF 基金份额的申购与赎回

基金份额的申购与赎回只能在一级市场上通过授权投资人以一篮子数量进行。以 GLD 为例，GLD 的申购和赎回只能在一级市场由规定的注册参与商以一篮子数量来进行。黄金 ETF 的最小申购、赎回单位为 10 万份基金份额，所以一般只有机构才有能力对 ETF 基金进行申购和赎回。通常来讲，申购是指注册参与商用一定数额的黄金现货去换取一篮子的黄金基金份额(10 万份或其倍数)，当申购完成时，基金的规模和基金的黄金存储量都相应增加；而赎回则和申购刚好相反，是以一篮子的黄金基金份额(10 万份或其倍数)去换回一定数额的黄金现货，基金的规模和基金的黄金储存量也相应减少。在此之前，授权投资人还必须在基金保管人处设立授权投资人非保留金条账户或者会员非保留金条账户，其中投资人非保留金条账户只能参与基金交易。

3) 黄金交割标准

黄金 ETF 基金申购和赎回的黄金一般都要求满足一定的标准，否则托管人会因黄金成色差异错误地计算基金净资产值，从而造成误差风险。主要的黄金 ETF 基金都是以伦敦金银市场协会认可的可交割金条作为交割标准，基金的申购和赎回以符合该标准的金条为载体，基金和会员可以放心和便利地存入并赎回使用黄金资产。这一交易形式极大地促进了黄金 ETF 的发展。

4) 黄金 ETF 基金净资产值的计算

净资产值是黄金 ETF 基金在一级市场申购赎回和二级市场交易的计价基准。具体来说，黄金 ETF 基金净资产值等于基金总资产值减去负债。黄金 ETF 基金的托管人在计算净资产值时，以伦敦黄金市场下午交易时段价格或伦敦黄金定盘价为基准。因 GLD 在纽约证券交易所交易，如果当天没有伦敦黄金定盘价或者在纽约时间中午 12 点以前伦敦定盘价还没有敲定，则最近的伦敦黄金定盘价可用于确定净资产值，除非托管人和发起人都认为该价格不合适。

5) 黄金 ETF 基金交易费用

黄金 ETF 基金的交易费用十分便宜，通常为交易量的 0.3%～0.4%，比其他黄金投资渠道平均 2% 的费用要低得多。黄金 ETF 基金的费用主要分为基金日常运营开支和基金管理费两部分。以 GLD 为例，该基金契约规定，支付给发起人的费用是用以补偿其维护基金网站以及市场营销开支。发起人的费用以调整后净资产值为基础，以年化 0.15% 为计费费率，每日计算每月累计并延后一个月支付。托管人的费用以调整后净资产值为基础，以年化 0.02% 为费率，每日计算每月累计并延后一个月支付。同时，每年最少收取费用为 50 万美元，最多则不能超过 200 万美元。支付给基金保管人的费用通过保留金条账户协议进行。

3. 黄金 ETF 风险

投资黄金 ETF 基金的风险相对较低，因该类产品的目标是追踪黄金现货价格的波动，金价走势无疑是投资黄金 ETF 基金最大的风险因素。当然，作为一种基于商品和证券的衍生产品，因其交易制度、计费方法等不同也会带来一些特有的风险。

1) 黄金 ETF 基金份额的净资产值受黄金波动影响巨大
2) 基金份额在二级市场交易时可能偏离其净资产值

原因是黄金 ETF 基金通常在某一地区证券交易所上市交易，而其跟踪的基础资产黄金的交易则主要在伦敦和纽约黄金市场交易，各交易所开盘、收盘时间以及交易活跃时段均不同。

3) 基金出售黄金资产用以支付管理费将使每基金份额净值持续减少

这是投资者应特别注意的一种风险因素。黄金 ETF 基金并不产生收益，管理方只靠持续出售黄金资产来提取所需管理费用。假设黄金价格一直不变，基金份额净值和交易价格会因基金持续出售黄金而逐渐减少。

4) 出售黄金方式带来的影响

基金托管人按需要出售基金持有的黄金资产，与当时的黄金现货价格高低无关。因为黄金 ETF 基金采用被动管理，并不想利用黄金价格的波动赚取利润，所以基金的黄金资产可能在低价区间被出售。

5) 基金发行过程本身带来的影响

黄金 ETF 以黄金为基础资产，有多少基金份额被发行在外，就意味着有多少黄金金条被收入基金在保管人处开立的账户中。在基金发行初期，授权会员申购基金，必须要大量买入黄金并存入保管人处，这无疑将提振对黄金现货的需求，造成短期内金价上涨。当基金发行完毕，市场需求大量下降，金价和基金份额的净资产值可能马上下跌。

6) 汇率风险

因主要黄金 ETF 追踪的现货资产黄金是以美元计价，当其在以非美货币为通货的国家上市交易，并以当地货币标价时就会产生汇率风险。如 Gold Bullion Securities 黄金 ETF 上市的在澳大利亚，并以澳元为计价货币，其基金份额的价格将受到以美元计价的黄金价格

第八章　贵金属投资理财工具

和澳元兑美元汇率的双重影响。

7) 黄金 ETF 基金契约的终止

达到一定条件，如当某基金的资产值过少或达不到基金契约中对上市、管理三方运作所必需的条件时，该基金可以终止运作。以 GLD 为例，在该基金成立 1 年后，只要经通胀调整后其净资产值低于 3.5 亿美元，发起人就可以要求托管人终止并清算基金。如果持有超过 2/3 基金份额的投资人同意，托管人也可以终止基金运作。

第三节　贵金属投资的风险与控制

一、贵金属投资风险

在进行贵金属投资的过程中，由于不同产品的风险与收益各有特色，故已在相应贵金属产品中进行了简单阐述，这里以黄金为例系统地作一个比较，如表 8-1 所示：

表 8-1　贵金属投资产品概述

	保证金	交易方向	报价货币	每日交易时间	适宜人群
实物黄金	100%	单向	人民币	—	资产保值增值者
纸黄金	100%	单向	人民币、美元	24h	交易便利程度高，资产保值增值者
黄金 T+D	15%	双向	人民币	9.5h	杠杆交易风险大，要求利润较高
黄金期货	15%	双向	人民币	4h	杠杆交易风险大，要求利润较高
黄金股票	100%	单向	人民币	股市交易时间	承担一定风险，要求利润较高
黄金理财产品	100%	单向	人民币	银行网点上班时间	资产保值增值者

(资料来源：上海黄金交易所，https://www.sge.com.cn/)

二、投资风险控制

黄金白银投资风险控制应包括一整套机制安排和制度规定，确保投资风险在投资流程中得到相应的监控和处置。

(一)黄金白银投资风险归类及识别

黄金白银的投资风险分为外部风险和内部风险。根据是否可由投资管理者及时发现和控制，分为可控风险和不可控风险。不可控风险主要是由宏观环境或不可抗力导致的投资风险。除此之外的投资风险都可以采取相应措施来尽量避免或相应减少带来的损失。

(二)投资风险在投资流程中的分布识别

投资风险中的可控风险分布于投资流程的各个环节。应通过对投资流程各环节的仔细分析，识别可能发生的各种风险，并对各种风险发生的概率及后果进行仔细评估。

(三)与黄金白银价格机制条件相关的风险控制程序制定

黄金白银投资内部风险中，价格机制条件的把握居于中心地位。因此，风险控制程序应确保两个方面：一是价格机制把握尽量完善，二是价格机制把握出现失误后及时处置。在投资操作中应从以下几个层级控制价格机制条件相关的投资风险。

1. 投资计划制订

黄金白银投资计划是投资者在对投资环境、投资品种等因素进行综合分析与判断的基础上，结合自身的风险承受能力以及预期收益，对投资行为预先拟定具体方法和步骤，以期获得风险和收益最佳组合的行为。

黄金白银投资计划应主要包括投资品种、投资资金、投资周期、投资目标、投资机会分析、投资策略等内容。

1) 投资品种

投资品种是将投资理念、投资方法转化为投资收益的载体。中国已形成了上海黄金交易所黄金白银业务、商业银行贵金属业务和上海期货交易所黄金白银期货业务共同发展的市场格局。黄金投资的品种可以分为实物黄金、纸黄金以及黄金衍生品三大类。对于中国的个人投资者来说，投资黄金主要有实物黄金、纸黄金、黄金 T+D 现货延期交收业务、黄金期货及黄金股票、银行黄金理财产品共六种选择途径。

2) 投资资金和投资周期

投资资金主要是指投资资金规模。投资周期是指整个投资计划从开始实施到实现预期投资收益的时间跨度。

3) 投资目标

投资目标是指通过投资行为所能达到的目标水平，包括收益率水平、风险水平及其波动率，其核心是在预定时期内的收益率水平。投资目标的完成情况是对投资计划进行评估的重要标准。

4) 投资机会分析

投资机会分析是投资计划的最主要部分，在广义的投资计划形成过程中起着方向性的指引作用，关系到投资目标的设定、投资策略的选择、投资风险的控制等各个方面。

投资机会分析的核心内容在于对黄金价格机制的分析和预测，在投资计划制订过程中对黄金价格机制条件的分析和把握，以及在投资计划执行过程中的连续评估，关系到整个投资计划的可行性与成败。

5) 资产配置策略

资产配置策略主要在现金、黄金现货、保证金交易品种以及黄金股票四大类品种间进行。四个品种各有不同的风险收益特征：现金是无风险低收益品种；黄金现货的收益率等于黄金价格波动幅度；而保证金交易品种的收益率则是将黄金价格波幅按杠杆倍数放大；黄金股票则依发行主体不同表现出不同的风险收益特征。

如果宏观经济各方面都表明黄金价格影响因素较为稳定，则黄金价格未来变化的方向和区间就有一定的把握，投资者在资产配置方面可以更加积极一些，适当减少现金配置，相应增加保证金交易品种的比重。

2. 重大突发性事件的处理

黄金白银价格机制相关的重大突发性地缘政治、国际经济和国际金融事件发生后，投资者迅速对事件影响进行评估，观察黄金价格变化并判断价格变化的性质。根据评估结果采取进一步的措施，包括修订投资计划、改变资产组合等。

3. 资金账户止损

以账户最大承受损失能力为限进行止损。当亏损幅度达到最大承受损失能力的80%，由风险管理部门向投资经理发出风险警示并汇报投资决策委员会，同时采取缩小、限制投资经理权限的措施。当亏损幅度达到承受损失能力上限时，投资者必须无条件全部平仓确保账户本金损失限制在可控范围内。

三、风险控制的实施

根据资金状况制定合理的操作计划和方案：在操作之前根据资金量大小合理地订制资金运作的比例，为失误操作造成的损失留下回旋的空间和机会。

根据时间条件制定适宜的操作风格：每个投资者拥有的操作时间是不同的。如果有足够的时间盯盘，并且具有一定的技术分析功底，可以通过短线操作获得更多的收益机会；如果只有很少的时间关注盘面，不适宜做短线的操作，需要寻找一个比较可靠的、趋势较长的介入点中长线持有，累计获利较大时再予以出局套现。

建立操作纪律并严格执行：行情每时每刻都在发生变化，涨跌起伏的行情会使投资者存在侥幸和贪婪的心理，如果没有建立操作的纪律，账面盈亏只能随着行情变化而波动，没有及时止赢就没有形成实际的结果。起初的获利也有转变为亏损的可能，会导致操作心态紊乱，影响客观的分析思维，最终步步退败。所以制定操作纪律并严格执行是非常重要的。

本 章 小 结

本章主要通过对贵金属概念、贵金属理财产品以及风险控制的介绍，在介绍相关专业知识的同时，让读者对我国贵金属市场及贵金属市场发展趋势有大体的认识、对贵金属投资细分领域有一定深度的见解；并能根据本章内容进行读者自己的贵金属实务操作。同时对贵金属理财规划做了一定的指导，配合本书其他章节的投资实务操作，旨在帮助读者更加合理地配置资产。

自 测 题

一、名词解释

黄金　纸白银　贵金属 T+D　贵金属期货　黄金 ETF　保证金　权利金　金银比　风险控制

二、判断题

1. 白银是一种无国界货币，可以兑现。　　　　　　　　　　　　　　　　（　　）
2. 白银现货交易和黄金期货交易时间都是 24 小时连续不间断。　　　　　　（　　）
3. 现货白银报价与国际接轨，价格走势完全取决于国际银价。　　　　　　（　　）
4. 印度婚嫁时，白银实物需求旺盛，此时，白银价格一般会相应上涨。　　（　　）
5. 现货白银交易中可以设置止损止盈价，但一旦设定就不能撤销。　　　　（　　）

三、单项选择题

1. 下列关于现货白银特点的描述正确的是(　　)。
   A. 24 小时交易　　　　　　　　　　B. 8 倍的杠杆
   C. T+1 双向操作，可以买账买跌　　D. 手续费千分之八
2. 通常情况下原油与白银的关系是(　　)。
   A. 原油涨白银涨　B. 原油涨白银跌　C. 原油跌白银涨　D. 没有关系
3. 白银的交易方式是(　　)。
   A. T+0 单向　　　B. T+0 双向　　　C. T+1 双向　　　D. T+1 单向
4. 白银的涨跌停比例为(　　)。
   A. 10%　　　　　B. 8%　　　　　　C. 5%　　　　　　D. 无
5. 现货白银的一手保证金是(　　)。
   A. 建仓价×1000×持仓量×8%　　　B. 建仓价×1000×持仓量×10%
   C. 平仓价×1000×持仓量×8%　　　D. 平仓价×1000×持仓量×10%
6. 现货白银的风险控制具体体现为(　　)。
   A. 强制平仓涨跌停板　　　　　　　B. 无强制平仓无涨跌停板
   C. 强制平仓有波幅限制　　　　　　D. 强制平仓无波幅限制
7. 现货白银的手续费是多少？(　　)
   A. 单边成交金额的万分之二　　　　B. 单边成交金额的万分之八
   C. 双边成交金额的万分之八　　　　D. 双边成交金额的万分之十五
8. 现货白银占用保证金的计算方式是(　　)。
   A. 建仓价格×手数×交易量×保证金
   B. 建仓价格×手数×杠杆比例×保证金
   C. 建仓价格×手数×持仓数量×保证金比
   D. 建仓价格×持仓数量×合约单位×保证金比

9. 现货白银的第三方托管是下列哪三家银行？（　　）
   A. 建行、工行、农行　　　　　　B. 交行、农行、光大
   C. 光大、民生、交行　　　　　　D. 建行、工行、民生
10. 若国家 GDP 陷入负增长意味着（　　）。
    A. 经济过热，黄金下跌　　　　　B. 经济过热，黄金上涨
    C. 经济衰退，黄金下跌　　　　　D. 经济衰退，黄金上涨

四、多项选择题

1. 世界矿金市场的供应主要有（　　）。
   A. 矿产金　　　　　　　　　　　B. 再生金
   C. 央行黄金储备　　　　　　　　D. 国际货币基金组织以及私人抛售的黄金
2. 目前交易所延期交易品种有（　　）。
   A. PD　　　　B. AG　　　　C. PT　　　　D. AU
3. 交易所在风险管理上实行（　　）。
   A. 保证金制度　　　　　　　　　B. 限仓制度
   C. 小户报告制度　　　　　　　　D. 强行平仓和风险警示制度
4. 与其他品种相比，AG 具有哪些优势？（　　）
   A. 交易时间长　B. 可以双向交易　C. 交易更灵活　D. 资金利用效率高
5. 白银理财的特点有哪些？（　　）
   A. 市场成熟　　B. 税收上的优势　C. 公信度高　　D. 价值波动大

五、简答题

1. 世界主要贵金属交易市场有哪些？
2. 简述贵金属投资的优势。
3. 黄金理财产品的优势有哪些？
4. 简述影响白银价格波动的因素。
5. 简述不同贵金属投资产品间的区别与联系。

六、论述题

结合实际论述我国贵金属投资发展的前景与阻碍。

第九章　信托理财工具

【学习目标】

通过学习本章，读者应当掌握信托理财的特点、信托理财的产品种类，以及信托的收益和风险；熟悉购买信托理财产品的基本要求、交易流程，学会如何选择适合自己的信托理财产品，以及如何对信托理财产品的风险进行防范。

【导读案例】

我国信托业助长人民财产保值增值

截至 2019 年年末，全国 68 家信托公司管理的信托资产规模达 21.6 万亿元，全年累计向受益人支付信托收益 9104.94 亿元，同比增长 21.80%，平均年化实际收益率为 5.49%，平均综合年化报酬率为 0.37%，充分体现信托公司坚守受益人利益最大化的本源要求，为人民财产的保值增值做出了应有贡献。

目前，市场上的 68 家信托公司主要分为四种类型：第一类是央企背景的信托，其产品在所有信托公司中是最保守的；第二类是地方政府和国企控股的信托公司，此类信托公司在投资风格、风险控制、流程规范等多个方面与第一类央企背景的信托公司均较为相似；第三类是银行背景的信托公司，其延续了银行风控体系的优势，对信托项目的资金风控较为成熟；第四类是民营企业控股的信托公司，在四类信托公司中，民营企业控股的信托公司是灵活性最高、与市场结合最紧密的。在 2008—2018 年十年间，信托公司资产管理规模实现了快速增长。2008 年年底，信托资产规模只有 1 万多亿元，2009 年达到 2 万亿元，2013 年突破 10 万亿元，2016 年突破 20 万亿元，2018 年底受政策影响较 2017 年略有下降，为 22.7 万亿元。

其中，百瑞信托全年服务客户超过 8858 人次，其中新增客户 4272 人，为客户创造投资收益达 118 亿元，实现了客户认购时合同约定的预期收益；中国民生信托新增客户总量 13378 户，累计向信托受益人支付的投资收益总额达 147.61 亿元(含私募基金)；上海信托服务客户数量为 39640 个，其中新增客户 17624 个，为客户创造收益 386 亿元。

(资料来源：《中国信托业社会责任报告(2019—2020)》，有增减)

第一节　信托与信托理财概述

一、信托概述*

拓展阅读 9-1　信托概述见右侧二维码

拓展阅读 9-1.docx

第九章 信托理财工具

二、信托理财概述

(一)信托理财的基本含义

信托理财，是指委托人(指自然人)基于财产规划的目的，将其财产权移转予受托人(信托公司)，使受托人依信托契约的本旨，为受益人的利益或特定目的，管理或处分信托财产的行为。

信托理财是以各种财产权为中心，将自己名下包含金钱、有价证券、不动产等资产，交由受托人(信托公司)依照信托契约执行各项管理运用，以期达到预定的信托目的。由于信托理财的内容具有高度的弹性及隐秘性，委托人对信托的财产亦能保有控制权，通过适当的规划，信托财产将不受委托人死亡或破产等因素影响，同时更可以享有信托公司专业的投资控管，其种种优点是其他单一金融商品或服务所难以企及的。

(二)信托理财产品的种类

根据不同的理财目的，信托公司可供选择的信托理财主要有集合资金信托计划、证券型信托产品和民事信托产品三类。

1. 集合资金信托计划

集合资金信托计划(简称信托计划)，即由信托公司担任受托人，按照委托人意愿，为受益人的利益，将两个以上(含两个)委托人交付的资金进行集中管理、运用或处分的资金信托业务活动。主要分为两种：第一种是社会公众或者社会不特定人群作为委托人，以购买标准的、可流通的、证券化合同作为委托方式，由受托人统一集合管理信托资金的业务。第二种是有风险识别能力、能自我保护并有一定风险承受能力的特定人群或机构作为委托人，以签订信托合同作为委托方式，由受托人集合管理信托资金的业务。目前集合资金信托是信托市场中的主导力量，资金投向以房地产贷款、基础设施建设贷款为主。

根据信托资金的运用方式不同，集合资金信托计划目前一般可以分为以下四种类型：机构投资者主要有政府机构、金融机构、企业和事业法人及各类基金等。

1) 贷款型

信托公司设立贷款型集合资金信托计划的，其贷款审批和贷后管理制度按照《贷款通则》等国家有关贷款规定执行，比照银行贷款管理制度进行管理。投资者投资该类信托产品的，其信托收益主要来源于贷款利率。如安徽国元信托有限责任公司发行的"和县和州公司贷款集合资金信托计划"是贷款型集合资金信托计划。

2) 股权投资型

信托公司运用信托资金投资于经委托人认可的目标公司股权，以信托股权转让或目标公司减资等方式实现到期退出兑付。投资者投资该类信托产品的，其信托收益主要来源于股权分红、转让溢价或股权增值等。

股权投资型集合信托计划是信托公司较之其他金融机构的优势所在，也是信托公司发展的重要方向。对于其他运作方式的信托，股权投资信托可能会实现较高收益，但同时要求信托公司本身具有较高的投资管理水平，能够有效控制风险。

从目前各家信托公司发行的房地产信托产品来看可分为两类,一类是固定收益类,另一类是股权投资类。固定收益类产品在发行初期就有明确的预期收益率,期限相对较短,风险相对较低;股权投资类产品一般没有明确的预期收益率,通过股权投资项目的开发建设,享受项目股权分红的同时,与开发商共同承担风险,期限相对较长,风险也高。由于股权投资类房地产信托产品能够有机会享受到房地产开发增值带来的超额收益,所以更需要关注的是开发商的项目操盘经验以及品牌溢价能力。

3) 证券投资型

信托公司根据信托合同的约定,运用信托资金投资于股票、债券、基金、外汇、期货等金融工具,其投资收益为委托人的信托收益。该类产品对信托公司的投资管理能力要求极高。证券投资集合资金信托计划的流程如图 9-1 所示。

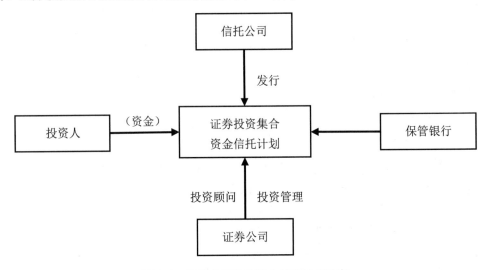

图 9-1 证券投资集合资金信托计划流程

如图 9-1 所示,证券投资集合资金信托计划的关系人包括四类。

(1) 委托人,即信托计划的投资人,应该是合格的投资人。

(2) 受托人,即依法设立的信托公司。

(3) 保管人,应该是具有资质的商业银行。

(4) 投资顾问,是信托计划的实际投资管理人,通常是注册资本在 1000 万元人民币以上的投资顾问公司。

证券投资集合资金信托计划一般规模较小(几千万元到几亿元,在投资管理方面会更加灵活;只需定期向投资人和管理部门披露有关信息,而不必公开披露信息。

4) 融资租赁型

融资租赁是由出租人垫付资金,购买承租人所需设备或固定资产等,并以出租方式提供给承租人使用的一种租赁方式。由于是出租人垫付资金,因而形成了出租人对承租人提供一笔长期贷款,故又称金融租赁,是融资与融物相结合的一种新的信用方式。

信托公司以融资租赁的方式运用信托资金的,委托人的信托收益通过租金收入实现。

第九章 信托理财工具

小贴士

特殊资产投资基金

特殊资产投资基金缘起于20世纪90年代美国高收益债券危机，该类基金又名秃鹫基金，是指专注投资于特殊资产的基金。历经东南亚金融危机、科网危机、2008年国际金融危机等，海外特殊资产投资基金模式已相对成熟，一般以困境公司为标的，谋求通过运营提升、资产重组和资本运作等方式修复公司价值，并最终将其出售以实现退出。

典型案例：杭州信托-聚鑫2号特殊机会投资集合资金信托计划。信托计划于2017年12月22日成立，截至2020年1月17日，共发行15轮累计募集金额93910万元。杭州信托的全资子公司浙江蓝桂资产管理有限公司(简称蓝桂资产)与上海文盛资产管理股份有限公司(以下简称上海文盛)，共同设立诸暨恒荣投资管理有限公司(以下简称诸暨恒荣)。由诸暨恒荣发起设立一个目标规模为20+20亿元的有限合伙企业——诸暨康晖。杭州信托以"聚鑫2号"资金作为LP，诸暨恒荣作为基金的GP1(执行合伙事务)，上海文盛作为GP2(出资作为实际意义上的劣后投资人)。由诸暨康晖投资购买不良资产包，并聘请上海文盛提供处置服务，直接处置不良资产和/或将不良资产分拆转让给其他买受人。在合伙企业存续期内，处置不良资产清收获得的资金可再循环运用购买不良资产包，也可按照合伙企业分配规则向各合伙人退还投资并分配收益，LP(聚鑫2号)获得分配后的资金用于向其受益人分配。

(资料来源：《2020年信托业专题研究报告》)

2. 证券型信托产品

证券型信托产品，是指以证券产品作为主要投资标的的信托业务，即信托公司接受机构或个人委托，将集合或单一信托产品项下资金投资于依法公开发行并在符合法律规定的交易场所公开交易的证券的经营行为。证券投资信托在整体信托市场上占据十分重要的地位。与其他类信托产品相比，证券投资信托受市场环境影响最为深重，"行情好一拥而上，行情差万夫所指"为普遍态势。

投资者以自有资金参与证券型信托产品的，通过购买证券型信托凭证达到资金信托管理的目的，并通过信托凭证转让溢价或信托收益的到期兑付实现个人资产的增值。

证券投资信托可分为股票投资信托、债券投资信托和证券组合投资信托等：

1) 股票投资信托

股票投资信托的含义：从不确定多数的投资者中募集资金，设立基金，由专门的投资代理机构(股票投资信托公司)运用该基金投资于股票，为分散投资风险，将基金投资于多种股票，目的只是单纯地获利，而不是为了控制和支配股票发行机构，将股票投资的收益分配给投资者。

股票投资信托作为一种较为灵活而又稳定的融资行为，在国民经济中具有重要意义，主要表现在以下三个方面。

第一，通过股票投资信托业务，将个人储蓄的资金转移于投资，有利于提高社会资金的使用效益，进而也有利于提高投资水平与经济增长率；

第二，股票投资信托较股票而言，能够更加广泛地将一般的零散资金引导到投资上来，就此意义而言，股票投资信托独立地发挥了聚集资金，促进投资的作用；

第三，股票投资信托使股票通过自身的发行和流通，股票市场的发展等各个方面所起到的调整经济结构、促进经济发展以及加强对企业经营者的社会性监督等作用得到了进一步的强化和发展。

2) 债券投资信托

债券投资，是指债券购买人(投资人、债权人)以购买债券的形式投放资本，到期向债券发行人(借款人、债务人)收取固定的利息以及收回本金的一种投资方式。债券的主要投资人有保险公司、商业银行、投资公司或投资银行、各种基金组织。

债券作为投资工具其特征如下所述。

安全性高。由于债券发行时就约定了到期后可以支付本金和利息，故其收益稳定、安全性高。特别是对于国债来说，其本金及利息的给付是由政府作担保的，几乎没有什么风险，是具有较高安全性的一种投资方式。

收益高于银行存款。在我国，债券的利率高于银行存款的利率。投资于债券，投资者一方面可以获得稳定的、高于银行存款的利息收入，另一方面可以利用债券价格的变动，买卖债券，赚取价差。

流动性强。上市债券具有较好的流动性。当债券持有人急需资金时，可以在交易市场随时卖出，而且随着金融市场的进一步开放，债券的流动性将会不断加强。 因此，债券作为投资工具，最适合想获取固定收入和具有长期目标的投资人。

3) 证券组合投资信托

组合投资信托是根据委托人风险/收益的偏好，将债券、股票、基金、贷款、实业投资等金融工具，通过个性化的组合配比运作，对信托财产进行管理，使其有效增值。

全链条资产证券化服务创新

根据《中国信托业发展报告(2020-2021)》显示，2019年有近40家信托公司在资产证券化领域开展了业务，多个业内"首单"频频亮相。华能信托发行了国内首单以信托公司作为管理人的企业资产证券化产品，平安信托落地国内首单"三绿"资产证券化项目，金谷信托设立2019年度全国首单绿色资产支持票据。

信托公司在资产证券化中主要充当受托管理人的角色，提供交易文件报送监管机构审核及沟通反馈、债券发行账户开立及发行信息披露、存续期信托财产管理、资金归集、收益分配、跟踪评级、产品清算等事务类服务。但是随着信托公司积极回归本源，提升主动管理能力，信托公司在资产证券化业务中的角色也开始逐步从单一受托人向综合服务提供者转变。部分信托公司基于自身的专业能力，承担尽职调查职责，参与协助发行人筛选资产、构建资产池、交易结构设计等技术含量高的环节中，全流程参与信贷资产证券化产品的发行，为资产证券化项目的原始权益人、资产服务机构提供综合服务。

例如，华能信托基于信托制度优势，不断创新，着力开拓全链条资产证券化业务。华能信托2019年与牧原签订战略合作协议，以股权投资的形式与牧原共同成立了四家合资的控股公司，2020年上半年，华能信托和牧原合作供应链ABS项目，并且实现了该项目的第一期落地发行。华能信托在整个过程中承担了计划管理人与承销商的角色，为牧原提供了全链条、全流程金融服务，打通股+债+ABS的商业模式，发挥了信托横跨实业、资本市场的综合服务优势。

(资料来源：《2020年信托业专题研究报告》)

3. 民事信托产品

民事信托产品是信托公司根据特定个人的特殊目的设计并设立的信托产品，这也是信托制度产生和发展的基本动力。

根据民事信托产品的设立目的或信托财产不同，目前主要可以分为以下几种类型。

(1) 股权管理信托。这是信托公司接受个人委托，代为持有并管理其自有股权，以实现委托人特定目的的信托产品。

个人作为委托人可以通过信托合同，在表决权和处分权方面对作为受托人的信托公司进行不同程度的控制。

受托人的股权管理职能可以有：以股东身份行使股权、配股权、收益分配权、表决权、监督权等项权利；向受益人支付取得的股权收益；根据受益人的意志转让其股权信托受益权等。除此之外，受托人根据委托人的要求可以提供一些衍生的股权管理和服务职能，如帮助协调委托人之间或者委托人与其他股东之间的关系；代理委托人出任公司董事、参与公司管理；等等。

股权管理信托的一个重要的运用就是股权激励。持股信托已经成为信托公司功能信托业务的主要内容。通过信托公司持有股权，避免了委托人直接持股的障碍，并提升了目标企业的信用。另外，通过信托公司专业的股权管理，还可以使得目标公司改制上市的发起人主体资格符合要求；持股员工人数不受限制；员工持有股权的转让、流通及份额调整、为新员工预留股权等提供最有效的操作平台；等等。

(2) 财产保管信托。财产保管信托是指信托公司根据委托人的要求代为保管其个人财产的一种信托产品，其目的是为保全该财产不被遗失、偷盗和损害等。信托公司作为受托人对该财产不拥有所有权，一般也无使用权。

(3) 遗嘱信托。遗嘱信托是根据个人遗嘱而设立并在遗嘱人死后发生效力的信托产品，是身后信托。委托人为防止自己死亡后，财产发生继承纠纷，或者想特别保障个别继承人的权益，而将财产由受托人管理并要求按其遗嘱进行分配的信托。

遗嘱信托一般又分为遗嘱执行信托和遗产管理信托。遗嘱执行信托是为了实现遗嘱人的意志而进行的信托业务，其主要内容有清理遗产、收取债权、清偿债务、税款及其他支付等。遗产管理信托是主要以管理遗产为目的而进行的信托业务。遗产管理信托的内容虽与遗嘱执行的内容有交叉，但侧重在管理遗产方面。可以通过遗嘱信托进行合理避税，并按照委托人的意图充分保障受益人的利益。

(4) 财产监护信托。财产监护信托业务是信托公司接受委托为无行为能力者的财产担任监护人或管理人的信托业务。这里指的无行为能力者主要是未成年人或禁治产人，故这种业务又称为未成年人或禁治产人财产监护信托。财产监护信托重在护养人而不在物，如未成年人的教育、培养，禁治产者的疗养、康复等，当然，既然要护养人，管理共同财产也是当然。

（5）保险金信托。保险金信托是人寿保险的投保人，在生前通过保险信托契约或遗嘱形式委托信托公司代领保险金并交给受益者，或对保险金进行管理、运用，再定期支付给受益者的信托。保险金信托包括个人保险信托和事业保险信托、无财源人寿保险信托和有财源人寿保险信托。

（6）公益信托。公益信托以资助公益事业为目的而设立，由个人将个人财产等委托给信托公司，作长期、安全的管理和运用，并根据特定受益对象的需要，定期以现金支付给受益者。该信托的财产必须是能够产生收益并易变卖的，故一般限定如下财产作为其客体：金钱、有价证券、金钱债权，能继续得到相当代价的租出不动产，供受益人居住用的不动产。

公益信托包括：救济贫困，救助灾民，扶助残疾人，发展教育、科技、文化、艺术、体育事业，发展医疗卫生事业，发展环境保护事业，维护生态环境，发展其他社会公益事业。

家族信托业务中的服务创新

根据行业调研数据，截至 2019 年年末，46 家信托公司提供的家族信托业务总规模 1 616.49 亿元，较 2018 年同比增长 90.18%，在规模迅速发展的同时，服务创新的表现也较为显著。家族信托的受托财产类型正从单一的现金类资产逐步发展为以现金类资产为主，兼有资管理财产品、保单、股权等非现金类财产的形式，财产类型不断丰富，服务创新的效果不断显现。

1. 特殊需要信托领域的服务创新

2019 年 4 月，中航信托联合新财道财富管理公司、五彩鹿儿童行为矫正中心推出了家族信托与慈善公益相结合的创新信托产品"安心家族守护信托"，也是国内首次专为自闭症家庭量身打造的支持和守护计划。该信托以抚养及服务性质为主，委托人为自闭症儿童父母，服务创新的核心在于受托人将依照信托文件约定，对信托财产进行管理并对信托利益进行分配，为委托人子女搭建由干预康复、专业养老及自闭症看护机构、医疗健康、高质量休闲服务、心理健康咨询组成的功能完善的支持平台，通过持续而稳健的资产配置实现委托财产的保值增值，有效保障自闭症家庭的日常生活。

2. 保险金信托中的"家庭保单"服务创新

2019 年 6 月，中信信托推出"家庭保单"保险金信托服务，突破"单一被保险人+单家保险公司+信托"的服务模式，为客户打通不同保单间的壁垒。"家庭保单"保险金信托的服务创新在延续家族客户意愿、传承家族财富、凝聚家族精神方面发挥更大的作用。

3. 海外家族信托的服务创新

随着中国高净值人士投资多元化的需求增加，其境外资产规模在逐步扩大。为了更好地服务家族信托客户全球资产配置和传承的需求，部分信托公司开始启动海外家族信托业

第九章 信托理财工具

务的布局。

2019年年末，中信信托全资子公司——中信信惠国际信托有限公司作为受托人的海外家族信托在香港设立，由中信信托和中信信惠协同完成，委托人为中信信托高净值客户，信托财产为客户境外资产，为内地信托公司通过设立境外子公司开展家族信托的行业首例。

(资料来源：《2020年信托业专题研究报告》中国信托业协会编.
中国信托业协会官网，http://www.xtxh.net/xtxh/)

(三)信托理财的优势

信托理财对委托人而言，本身除有法律法规和合同文件上的明确保障外，还有以下信托理财优势。

1. 专业的信托财产管理

委托人通过签订信托契约，将财产权移转给受托人。由于受托人是专业的信托公司，由专业人员依合同内容做有计划的投资管理，可借助其专业人才的管理、经营能力，促使信托财产创造最大的效益，不致因财产过早分散或流失，而丧失创造财富的机会。

2. 信托财产的独立性

信托财产在法律上具有独立性。其外观上所有权虽属于受托人，但法律上信托财产权却独立于受托人自有财产之外，不归属于受托人的遗产、破产的财产范围，且受托人的债权人亦不得对该信托财产行使强制执行、抵消等行为。另外，信托财产的债权，不得主张与不属于信托财产的债务抵消。

3. 合法节税管理规划

经由信托财产规划，可实现合法节省赠与税及遗产税。对照国外相关的法律，赠与税和遗产税的税率均高达50%。而我国现在的个人财产移转大都采取赠与或遗产继承的方式，若今后颁布实行赠与税和遗产税，则税负必将成为移转财产所面临的主要问题，如何降低移转成本，将成为信托财产规划的重心。信托理财取代生前赠人与或死后继承，可以合法节税，避免资产缩水。

4. 财产妥善存续管理

人的生命总是有限的，因此，如何保障财产的完整性，并使财产权在委托人生命终止后，仍可依照其意旨去执行，让财产权的效益得以持续，就成为财产规划的重心。而在信托法中明确规定信托关系并不因委托人或受托人死亡、破产或丧失行为能力而消灭。因此，信托法律关系的建立就提供一个得以让信托财产达到持续经营的目的。信托理财，可以避免子女挥霍财产、分配不公造成的子女纷争、子女依赖心理、子女如无管理能力造成家产缩水贬值。因而，信托理财能更好地贯彻被继承人的意旨。

因此，信托理财在实际运作上极富弹性，在符合法律法规的要求下，其目的、范围或存续期间等均可依委托人的个别需要而制定，进而达到保存财产、避免浪费、执行遗嘱监护子女、照顾遗属等多样化目的。

(四)信托理财适宜人群

信托理财业务是一种高级形态的理财业务，可根据委托人的信托财产及信托理财目的提供包含投资、保险、节税、退休计划、财富管理等全方位的信托规划，满足个人及其家庭不同阶段的需求，为委托人妥善规划财产。因此，它所适宜的群体，通常是有一定财富积累的人群。根据我国信托市场的情况，信托理财主要针对两类人群：一是针对富有阶层的，主要体现为投资和财产转移，改变"人无三代富"的俗论；二是针对普通居民的保障性品种，例如子女的教育信托、养老金信托、储蓄性信托等。

根据国内信托市场对信托理财业务需求的特点，下述群体将是对信托理财业务有迫切需求的主流人群。

(1) 在管理投资方面缺乏经验或想享有财务方面专业服务的人。

(2) 将财富移转子女而需要进行信托规划的人。如子女依赖心强或子孙众多，欲避免遗产继承的纷争。

(3) 为贯彻被继承人的意旨，设立遗嘱约定继承方式的人。

(4) 因遗产、彩券中奖、退休等而收到大笔金钱的人。

(5) 家财万贯者，欲隐匿财产，避免有心人的觊觎。

(6) 其他，如家有身心障碍者、有钱却没闲的理财者、子女浪费挥霍者、年老膝下无子者。

上述人群均可借助信托保障自己或受益人的生活，完成特定信托目的。

第二节 信托理财的收益与风险

一、信托理财产品的收益

信托是连接投融资双方的桥梁，其有效连接资本市场、货币市场和产业市场，涵盖实业投资、证券投资、贷款和同业拆放等多个投资领域。这为信托投资产生较高的收益奠定了保障。信托理财产品的收益，可以来源于实业投资的股权收入、信托贷款的利息收入，也可以来源于证券投资的股票红利或债券的利息收入，以及受益权的转让收入等。

一般的资金信托计划，都会通过宣传材料或公开文件向投资人公布资金信托计划的预期收益。总体特征是，预测的收益额度都高于国债、银行存款等固定收益类产品的预期收益。

资金信托计划的类型不同，预期收益程度有所差异。一般情况下，信托公司在测算和确定预期收益时大致考虑了行业盈利水平、项目盈利能力、银行存贷款利率等因素。因此，债权型资金信托计划的预期收益明显低于投资于实业项目的资金信托计划。

少数资金信托计划还采用了"时间累进收益"方式，即时间段不同，预期收益率不同。典型的是购买并持有资金信托计划的时间长短与预期收益率挂钩。

从 2003 年开始，一些信托公司在资金信托计划的收益分配上也进行了创新，对委托人收益采用分类或分级方式。信托产品的收益率常与投资者的投资金额挂钩，如金谷·至信创盈 1 号信托计划(第 1 期，募集期为 2021 年 2 月 7 日至 2021 年 2 月 9 日)以投资者的认购金额为依据，将投资者划分为四类，每一类投资者对应收益率不同，具体分类情况如表 9-1 所示。

第九章　信托理财工具

表 9-1　收益率比较基准

A 类：100 万元≤认购金额＜300 万元	7.3%/年
B 类：300 万元≤认购金额＜1000 万元	7.8%/年
C 类：1000 万元≤认购金额＜1 亿元	8.3%/年
D 类：1 亿元以上≤认购金额	8.8%/年

信托产品的期限与其收益率一般为正向关系，投资期限越长，面临不确定性也越大，投资者对此类产品的预期收益也越高。

信托产品的发行规模也对其定价产生影响，如首次公开募股(IPO)定价中，新股发行规模与其上市收益成正相关。同样，产品规模将会影响信托产品的发行，信托公司为了信托产品顺利发行，开始缩小单一产品的规模。为促进大规模产品的营销，信托公司可能会适当提高其产品的收益率。

此外，信托产品收益的分配周期，在签订合同时，会在信托合同里写明，常见的按月度、季度、半年度、年度和到期后一次性分配收益。收益分配时，信托公司将信托产品所取得的收益，在约定的分配周期以现金形式直接分配给消费者。

【例 9-1】 吴女士，60 岁，中学教师，目前已经退休在家。每个月有五六千块退休金，加上老伴退休金，一个月一万多，早先家庭积累基本购买国库债，再然后是银行理财。但是银行理财产品一般收益 4～5 个点，比起信托一年低 3～4 个点。一年算下来，以 200 万为例，少了 7 万～8 万块钱。购买信托产品纯粹是资金保值增值。几年前她有个同事买过无锡政信信托，后来安全兑付后，和她说了，她非常留心这事情，多方面打听后觉得风险很低，也就认购了。出于保守稳妥，购买的一般是本地区的政府类信托，现在购买 3～4 年信托产品了，每年收益 7～8 个点不等，到目前为止还是很安全。

一般来说，信托理财产品的收益可能会高于其他理财产品，原因在于：首先，与银行的无风险存款利率及国债相比，信托产品收益率不受限制。融资类信托计划在发放贷款时，无须参照人民银行制定的基准利率上下浮动限制，可以在不高于基准利率 4 倍的范围内灵活设定利率水平，这意味着信托产品收益更接近真实市场利率水平。其次，信托公司作为境内唯一可以跨货币市场、资本市场和实业领域进行投资的金融机构，可以通过贷款、股权、权益、购买债券等进行投资运作，其中一些投资市场是普通投资者不能进入的。跨市场套利机会的存在也是信托重要的高收益来源。信托理财产品与其他理财产品的比较如表 9-2 所示。

表 9-2　信托理财产品与其他理财产品的比较

	信托产品	银行理财产品	基金理财产品
发行主体	信托公司	银行	基金管理公司
投资门槛	100 万元以上	5 万元以上	1000 元以上
产品期限	1 年、2 年、3 年以上	一般为 7 天到 1 年	封闭式基金存续期不少于 5 年，开放式基金没有固定存续期
预期收益率	6%～18%	2%～5%	需根据基金类型细分
监管单位	银保监会	银保监会	证监会

(资料来源：中国人民银行网站)

二、信托理财产品的风险

(一)信托理财产品风险的种类

根据信托业协会官网的数据显示，2020年1—3季度，信托业实现经营收入841.6亿元，较上年同期增长5.78%，增速较上半年提高0.51个百分点，其中信托业务收入为615.78亿元，同比增长11.69%；实现利润总额为485.89亿元，同比下降13.13%，降幅较上半年扩大4.08个百分点。但我们在看到信托业快速发展的同时，要意识到，伴随着收益高的同时，风险性的加大是不可小觑的。

【例9-2】四川信托TOT爆雷

2020年8月25日，1000余名四川信托TOT项目投资人来到川信大厦，开始了轰轰烈烈的三天大维权，直到8月27日下午才无奈地离去。

事件起始于2020年6月：2020年6月11日，很多投资者收到了四川信托无法兑付本息和产品无限延期的通知；6月12日，投资者在四川信托总部了解逾期情况进行维权；6月15日，上市公司杭锅股份(002534.SZ)公告称所购买四川信托理财产品未能如期兑付；6月17日，四川省银保监局副处长周彬表示，四川信托"TOT"产品存在未向投资者披露底层风险状况、违规开展管理交易、项目资金用于股东挪用等违法行为，由此揭开了四川信托兑付危机。

一般来说，收益与风险是信托产品密不可分的两要素，风险决定收益率，收益率应体现相应的投资风险。信托理财的风险主要是由信托业带来的风险。就总体而言，主要面临着6种风险：政策性风险、信用风险、流动性风险、投资风险、道德风险、合规性风险。

1. **政策性风险**

政策性风险主要是指国家政策的变化，使信托投资产生直接或间接损失的可能性。国家经济和金融政策直接影响着经济发展的规模、速度及产业结构的变化，而每一次宏观政策大的调整，都可能给信托理财业务带来影响。例如，2011年上半年最火的房地产信托，由于其火爆程度已经影响到房地产调控政策的施行效果，因此被银监会给予窗口指导。随着房地产调控的推进和资产价格泡沫的加剧，房地产信托的政策风险也越来越大。

2. **信用风险**

在我国信托业中，信用风险使得信托机构的经营状况发生恶化，不能按信托合同的约定支付信托受益和偿还信托资金。对信用风险，信托产品主要采取担保的方式加以控制。根据《担保法》，法定担保形式有保证、抵押、质押、留置和定金5种。信托产品设计上常用的是前3种。分析信用风险产生的原因有三个方面：一是对融资者、承租人、被担保人的资信情况，项目的技术，经济和市场情况缺乏必要的调查研究；二是对担保、抵押、反担保的各项要件审查不细，核保不严，抵押物不实，缺少法律保护措施；三是由于政府干预下产生的非市场化业务。

3. **流动性风险**

在我国信托业的流动性风险，一方面是由于缺乏稳定的负债支撑，信托机构不能比较方便地以合理的利率借入资金就会资金周转不灵，从而发生支付困难；另一方面是指一些信托公司用信托资金投于房地产、股票、基金等，由于大量资金被套牢而产生的流动性风险。

4. 投资风险

信托投资公司往往在投资中追求高回报，管理又缺乏风险控制，造成由于投资项目和合作对象选择不当使投资的实际收益低于投资成本，或没有达到预期收益，以及由于资金运用不当而形成的风险。我国《信托法》规定，受托人违背信托目的处分信托财产或因违背管理职责、处理信托事务不当致使信托财产遭受损失的，承担赔偿责任。信托投资公司在实际操作中，如经营行为不合理，就会出现投资风险和财务风险。

5. 道德风险

这主要是指受托人的不良行为给委托人或受益人带来损失的可能性。信托是以信任为基础的，信托投资公司作为受托人，应该忠实于委托人和受益人，在任何时候都不能以谋取私利为动机。道德风险的存在违背了信托存在的基础，令信托理财产生了风险，如挪用信托资金为受益人以外的他人牟利；没有按信托契约投资多样化，导致委托财产受到损失；超过授权限度投资，给委托人造成损失；等等。当然，目前情况来看，大部分信托投资公司都能在主观上避免发生此类风险。

6. 合规性风险

从目前信托投资公司的信托产品看，多数为集合资金信托计划，对于比较大型的投资项目来说，就不可避免地碰到限制，为规避限制，许多信托公司进行产品创新的过程中所用的方法就可能存在一定的政策监管风险。

(二)信托理财产品风险的防范

1. 如何选择受托人(信托机构)

(1) 对合格受托人的基本要求。由于信托这种特殊的托付关系，信托法对受托人有着严格的、特殊的要求，这体现在一整套有关受托人资格、责任、管理程序等方面的法律规范中。归纳起来为忠诚、尽职、谨慎、专业几个方面的要求，而这种要求也体现了信托作为一种最为安全可靠的财产管理方式的特性。

(2) 如何选择受托人。以个人为投资主体的委托人在选择受托人时，应该考虑下面几个因素：首先，是高度信任。信托法律关系的成立，除订立合同外尚需移转委托人的财产至受托人的名下，故信赖程度就成为信托关系能否建立的前提。其次，是信用风险。信托合同成立后，委托人须移转信托财产至受托人名下，而受托人的信用风险，不仅关系着信托财产的安全，也影响信托关系能不能继续执行。一般民事信托，以个人担任受托人，其风险考量就不仅仅局限于对其个人的信任度，甚至还要考量未来环境变化对受托人产生的影响。再次，是永续经营。信托合同的存续期间视委托人需求而定。个人管理的生命周期有限，比较而言，法人才是永续经营的生命体。最后，是管理能力。管理能力强弱，直接影响到信托财产运用的绩效。较强的专业管理能力，不仅能保持信托财产的完整性，更能达到累积财富的效果。

2. 信托产品的选择

(1) 信托计划的设计质量。信托产品的资金投资方向直接影响到投资者的最终收益。一般来说，地段良好的房地产、重大市政建设工程等项目的现金流量、管理成本比较稳定，这些项目的信托产品风险将会比较低，收益也会相对稳定。而那些没有明确告知具体项目名称、最终资金使用人、资金运用方式等必要信息的信托产品，投资者无法确定其风险，对这类信托产品投资者应提高警惕。

(2) 信托财产的期限。信托产品的期限也是投资者应该考虑的问题。一般来说，产品期限越长，不确定因素就越多。而且信托产品的流动性较差，投资者不能提前中止信托计划。如果将其向银行进行抵押贷款，需要的手续也很复杂，成本较高。因此，投资者应尽量选择期限短或流动性好的信托产品。

(3) 信托财产的风险控制。由于信托公司可以采取出租、出售、投资、贷款等形式进行多渠道投资，因此不同信托产品之间的风险水平差异很大，风险控制手段也不同。投资者在选择信托产品时应注意其风险控制措施是否有效。

(4) 投资信托要保持理性。选择与投资者经济能力、风险承受能力相适应的信托产品。投资者要注意考察拟投资信托计划的设计质量，信托财产的运用方向，信托的期限、流动性和收益率，以及信托财产的风险性和安全性等。最后，在以上判断的基础上，投资者应选择与自己的经济能力、风险承受能力相适应的信托产品。

3. 如何与信托机构订立信托合同

投资人在与信托机构共同设立信托关系时，应当采取书面形式包括信托合同、遗嘱或者法律行政法规规定的其他书面文件等。采取信托合同形式设立信托的，信托合同签订时，信托关系成立。采取其他书面形式设立信托的，受托人承诺信托时，信托关系成立。

以信托合同形式设立信托时，信托合同应当载明以下事项。

(1) 信托目的；
(2) 委托人、受托人的姓名或者名称、住所；
(3) 受益人或者受益人范围；
(4) 信托财产的范围、种类及状况；
(5) 信托当事人的权利和义务；
(6) 信托财产管理中风险的揭示和承担；
(7) 信托财产的管理方式和受托人的经营权限；
(8) 信托利益的计算，向受益人交付信托利益的形式、方法；
(9) 信托投资公司报酬的计算及支付；
(10) 信托财产税费的承担和其费用的核算；
(11) 信托期限和信托的终止；
(12) 信托终止时信托财产的归属；
(13) 信托事务的报告；
(14) 信托当事人的违约责任及纠纷解决方式；
(15) 新受托人的选任方式；
(16) 委托人和受托人认为需要载明的其他事项。

以信托合同以外的其他书面文件设立信托时，书面文件的载明事项按照有关法律、行政法规规定执行。

我国金融机构与组织对信托业的监督管理

经过四十多年的探索与发展，我国信托业形成了"一体三翼"的行业组织体系。其中"一体"是指中国银保监会信托部。信托业之前是由原银监会非银部管理，2015年3月，原中国银监会内部监管架构变革，正式成立信托监督管理部，信托被独立出来进行监管。"三翼"是指中国信托业协会，中国信托业保障基金有限责任公司和中国信托登记有限责任公司。2005年，作为重要的行业自律组织中国信托业协会成立，履行"自律、维权、协调、服务"职能；2015年，中国信托业保障基金有限责任公司设立，专注于化解和处置行业流动性风险；2016年，中国信托登记有限责任公司对外宣告成立，随着《信托登记管理办法》的发布，信托行业正式建立了统一的登记制度。至此，信托行业"一体三翼"的组织架构正式形成，他们分别代表了国内信托行业的政府监管机关、行业自律组织、市场约束机构、安全保障机制四大方面主体。

(资料来源：中国信托业协会官网，http://www.xtxh.net/xtxh/)

第三节　信托理财的交易

一、信托交易基本要求

(1) 信托投资者想要购买信托产品需要达到的条件：通常而言，信托投资者指的是信托行为中的"委托人"，是基于对受托人的信任，将自己特定的财产委托给受托人，由受托人按照自己的意愿为受益人的利益或特定目的进行管理或者处分，使信托得以成立的人。在我国，信托投资者可以看作是信托产品的购买者，一般门槛较高，要求能够识别、判断和承担信托产品的相应风险，购买资金信托产品时，如果是法人单位，要求最近1年末净资产不低于1000万元；如果是自然人，需具有2年以上投资经历，家庭金融净资产不低于300万元，或家庭金融资产不低于500万元，或者近3年本人年均收入不低于40万元，且能提供收入证明的，就有资格购买信托产品。例如，信托投资者小信最近3年的年收入都超过40万元，那他就可以凭借近3年的收入证明成为信托公司的合格投资者。

(2) 投资者应按照正规渠道购买资金信托产品：信托公司有两种产品销售渠道：一种是信托公司直销，多数信托公司会建立财富中心或者销售中心等营业网点，来销售信托产品，信托投资者可以前往距离自己较近的信托公司网点购买信托产品，或通过信托公司官网联系理财经理购买；另一种是委托其他信托公司、商业银行、保险公司、保险资产管理公司、证券公司、基金管理公司以及监管机构认可的其他机构来代理销售信托产品。因此，信托投资者既可以通过信托公司购买信托产品，也可以通过代销机构来购买信托产品。信托投资者需要注意的是，无论是信托公司直销还是其他合格机构代销，都需要通过营业场所或者自有的电子渠道来销售信托产品。

(3) 信托公司不准向信托投资者承诺产品保本：包括信托公司在内的资产管理机构向金融消费者承诺保本保收益的行为均属于监管机构禁止的违规行为。根据最新监管要求，机构和自然人投资资金信托，应当自担投资风险并获得信托利益或者承担损失，信托公司不得以任何方式向信托投资者承诺本金不受损失或者承诺最低收益，所以不能相信信托公司做出的任何保本承诺或者最低收益承诺。为最大限度保障信托投资者的权益，信托公司需要遵守法律、行政法规、国务院银行业监督管理机构的监管规定和信托文件约定，恪尽职守，履行诚实、守信、谨慎、有效管理的义务，以信托投资者的合法利益最大化为目标，来管理信托财产。

(4) 信托投资者应学会判断信托产品真实性：2017年8月，中国银保监会正式发布《信托登记管理办法》，奠定了我国信托登记的制度基础，标志着我国信托行业正式进入了"统一登记"时代。由此，所有信托产品都必须统一登记，备案成功的产品可以取得"唯一产品编码"。2018年8月，中国信托登记有限责任公司发布《信托登记管理细则》，对信托登记信息收集的全面性、及时性和准确性等进行了完善。2019年1月，中国信托登记有限责任公司发布消息，即日起提供信托登记信息现场查询服务。如果信托投资者想要购买某家信托公司发行的信托产品，可以先通过中国信托业协会官方网站，查询信托公司名单，确认信托公司的合法性；再通过中国信托登记有限责任公司官网，查询产品的唯一编码信息，确认产品的真实性。从以上两个途径，信托投资者可以确保所购买的产品真实有效。

(5) 信托投资者在购买信托产品，签署信托文件时应注意：首先消费者应根据自身实际情况，完成投资调查问卷，确认是否符合合格投资者的要求；其次是核对确认信托合同的各项条款和细则。一是投资的产品信息，包括产品名称、资金运用方式、税费承担、资金募集账号、风险揭示说明、增信方式、业绩比较基准、产品期限、付息方式等。二是消费者个人认购信息，包括个人身份信息、认购产品份额、银行卡信息等。消费者与信托公司直接签订合同，核实落款为信托公司公章。最后，提示两个重要的认购签署环节，消费者购买信托产品应该进行录音录像，信托公司通过这一环节向消费者充分揭示项目信息及相关风险，避免误导销售和违规销售信托产品的情况发生，以此来保护消费者的合法权益。另外，消费者应当将认购资金转入信托合同约定的募集账户内，且注意收款人账户名称必须为信托公司的全称。消费者还需要注意区分募集账户和信托专户，
以免汇错账户，在转账完成后，消费者还应当注意留存汇款凭证。

二、信托交易流程*

拓展阅读9-2　信托交易流程见右侧二维码

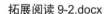

拓展阅读9-2.docx

本 章 小 结

本章具体分为三大部分：第一节对信托以及信托理财进行基本概述，阐述了信托的含义、信托的构成要素与基本职能、信托理财产品的种类、信托投资的优势以及适宜人群，使读者知晓信托及信托理财的原理；第二节对信托理财的收益与风险进行具体阐述，并且

第九章 信托理财工具

针对如何规避风险进行了详细介绍；第三节为读者介绍信托理财的基本要求以及交易流程。希望读者阅读完本章，能够对信托这一投资工具有全面的认识，帮助其合理理财。

自 测 题

一、名词解释

信托　信托理财　信托财产　委托人　受托人　集合资金信托　证券型信托产品　民事信托产品　信托风险种类　信托风险防范

二、判断题

1. 不管是营业信托还是非营业信托都是以营利为目的的。（　　）
2. 信托行为确立的基本条件是委托人必须拥有信托财产的所有权。一般来说，个人信托的目的很单一，主要是为了财产的增值。（　　）
3. 在受托人无过失的情况下，信托财产的经营风险由委托人承担。不管是营业信托还是非营业信托都以营利为目的。（　　）
4. 由于信托财产的管理和运用而取得的利息、租金等收入，不属于信托财产的范畴。个人信托的受托人只能是个人。（　　）
5. 委托人将信托财产转移给受托人之后，就不再享有任何权利。个人信托的受托人只承担对委托人信托财产的责任。（　　）

三、单项选择题

1. 信托行为设立的基础是(　　)。
   A. 委托　　　B. 金钱　　　C. 股权　　　D. 信任
2. 整个信托期间，在受托人无过失的情况下风险由(　　)承担。
   A. 受益人　　B. 委托人　　C. 受托人　　D. 保险公司
3. (　　)是信托的基本职能，具有重要的社会经济意义。
   A. 融通资金的职能　　　　B. 社会投资的职能
   C. 财产事物管理职能　　　D. 社会福利职能
4. 有司法机关确定当事人之间的信托关系而成立的信托是(　　)。
   A. 法人信托　B. 法定信托　C. 公益信托　D. 他益信托
5. 信托财产的有限性是指对(　　)权利的限制。
   A. 受益人　　B. 委托人　　C. 受托人　　D. 担保人
6. 《中华人民共和国信托法》于(　　)正式实施。
   A. 2001年1月1日　　　　B. 2001年1月10日
   C. 2001年10月1日　　　D. 2001年7月1日
7. (　　)是现代信托的发源地。
   A. 英国　　　B. 美国　　　C. 埃及　　　D. 日本
8. 受益人是由(　　)指定的。

A. 法人 B. 自然人
   C. 具有民事行为能力的人 D. 委托人
9. 下列有关信托财产的独立性的说法哪一种是不正确的？（ ）
   A. 信托财产不属于受托人的破产财产
   B. 信托财产不属于受托人的遗产
   C. 信托财产不属于受托人的固有财产
   D. 受托人可以用其固有财产同信托财产进行交换
10. 在信托期间，信托财产法律上的所有人是（ ）。
    A. 委托人　　B. 受托人　　C. 受益人　　D. 受托人和受益人

四、多项选择题

1. 下面关于委托人描述正确的是（ ）。
   A. 委托人必须是财产的合法拥有者
   B. 委托人必须是完全民事行为能力的法人
   C. 委托人可以是一个人，也可以是多个人
   D. 委托人与受益人可以是同一人
   E. 禁治产人也可以充当委托人
2. 在一项信托业务中，受托人可以是一个人，称（ ）；也可以是几个人，当受托人为几个人时称为（ ）。
   A. 个人委托　　B. 个人受托　　C. 共同委托　　D. 共同受托
3. 关于委托人、受托人和受益人描述正确的是（ ）。
   A. 都可以是一个人或多个人
   B. 既可以是法人，也可以是自然人
   C. 法律上对于三个当事人的资格都无限制
   D. 受托人不能充当受益人和委托人
4. 信托作为一种财产管理制度，包括的内容有（ ）。
   A. 信托行为　　B. 信托关系人　　C. 信托目的
   D. 信托财产　　E. 信托报酬
5. 信托财产具备的特性是（ ）。
   A. 独立性　　B. 相关性　　C. 物上代位性　　D. 有限性

五、简答题

1. 信托的基本职能有哪些？
2. 信托的构成要素包含哪些？
3. 信托理财的特点包含哪些？
4. 信托理财产品种类有哪些？
5. 比较理财产品与其他理财产品的优劣。

六、论述题

试阐述信托产品的风险以及风险防范。

第十章 房地产投资理财工具

【学习目标】

通过学习本章,掌握房地产投资理财的含义和类别,房地产投资理财的作用和特性;熟悉房地产投资的政策、价格、影响因素、风险,房地产投资的一般交易流程及未来发展趋势;了解房地产投资的发展历史、现状及交易策略。

【导读案例】

2020年中国家庭财富稳定且持续正增长,住房资产贡献七成

中国家庭的财富增加,住房资产贡献近七成。

2月4日,中国家庭金融调查与研究中心发布的《中国家庭财富指数调研报告(2020年度)》(以下简称《报告》)显示,稳定和持续增长的财富是中国家庭对抗疫情冲击的关键因素,2020年全年中国家庭财富稳定且持续正增长。

其中,2020年家庭财富增速快于收入增速,也好于工作稳定性恢复速度。但也要注意到,不同群体间存在分化,高收入家庭财富、收入及工作稳定性表现甚至好于疫前,低收入群体的表现堪忧。此外,职业分化明显,自由职业的经济恢复状况较弱。

房产和金融投资是影响财富变动的关键因素,《报告》指出,影响家庭财富变动的因素主要包括四大类:住房资产、金融投资、工商业经营、可支配现金。

西南财经大学中国家庭金融调查与研究中心主任甘犁表示,财富增长的关键是住房资产>金融投资>储蓄。根据测算,对财富增加的家庭来说,住房资产增加贡献了财富增长的69.9%,金融投资价值增加贡献了21.2%,可支配现金和工商业经营总的贡献在10%以内。

《报告》显示,家庭对房产投资热情不减,但需警惕投机风险。计划购房家庭比例逐季上升。按金融资产分组,高金融资产组家庭的计划购房比例明显增加;按房屋套数分组,多套房家庭的计划购房比例更高,无房家庭中有计划购房的家庭占比较低;按城市分组,非一线城市的计划购房比例更高。

展望未来,《报告》指出,总体来看,家庭对下季度的财富和收入预期均较乐观。第四季度,家庭对未来一年经济发展的预期整体较好,对未来一年经济发展的预期"非常好"的家庭占比近四成,预期未来一年经济发展"好"的家庭占比达三成。数据显示,财富增加的家庭,其对未来经济发展信心越高。如财富增加很多的家庭,其未来经济发展信心指数高达173.6。数据表明,稳定且持续的财富增长是支撑家庭对未来发展抱有信心的关键因素。

《报告》建议,低收入、自由职业和个体工商户家庭的就业、收入及财富恢复情况落后于全社会,是国内双循环的主要滞点。建议从促进就业稳定和优化收入分配等长期制度来改善这部分群体的就业状况和收入水平,从而促进其财富增长,积极构建国内双循环;鼓励家庭均衡配置资产和线上投资,促进家庭财富增长,提高投资收益率;继续坚持房住不炒,降低多套房家庭房产投资热度。中国家庭资产配置的重心应从房产向金融资产转移,

尽量把金融资产的投资交给专业机构去做，降低金融市场上的信息不对称程度，更有效地配置资产，从而获得长期持续的收益，让金融更好支持民生服务。

(资料来源：界面新闻，https://www.jiemian.com/article/5645349.html，2021-2-4)

第一节 房地产投资概述

一、房地产投资的概念和特点

(一)基本概念

房地产投资是以房地产为对象，为获得预期效益而对土地和房地产开发、房地产经营，以及购置房地产等进行的投资。广义上说，房地产投资的预期效益因投资主体不同而有所不同，政府投资注重宏观的经济效益、社会效益和环境效益；企业投资注重于利润指标；居民购置自用的房地产，则注重它的使用功能的发挥。追求的效益虽然有所不同，但各种效益是相互交叉、相互影响的。从狭义上说，房地产投资主要是指企业以获取利润为目的的投资。房地产投资是固定资产投资的重要组成部分，一般占全社会固定资产投资 60%以上。它需要动员大量的社会资源(包括资金、土地、物质材料、劳动力、技术、信息等资源)，才可能使投资效益得到实现。①本书研究的房地产投资限定在大众理财视角，在满足自用性需求的基础上同时满足投资性需求，房地产投资具有投资和消费双重功能。

(二)基本特点

1. 不可移动性

房地产投资对象是不动产，土地及其地上建筑物和建筑物低附属物具有不可移动性。这一特点决定了不同地域、地段对房地产市场的供给与需求有着重要影响，所以投资决策中投资地域对选择对房地产投资更为重要。

2. 高成本性

房地产投资对资金的需求大，少则几十万元，多则数百万、上千万元的资金需求，具有高成本性。这一特点导致了房地产投资在家庭理财中的重要地位，根据《中国家庭财富指数调研报告(2020 年度)》，房地产投资占家庭财富比例超过七成，如果投资失误，会给家庭财富带来严重后果。

3. 长周期性

房地产投资不是一个简单的购买过程，购买要受到房地产市场监管、银行贷款利率及房地产企业销售政策多方面的影响，要收回投资成本一般来说具有一个很长的周期，具有长周期性。这一特点导致了尤其要注重时间因素对房地产投资的影响。

---

① 李伟民. 金融大辞典[M]. 哈尔滨：黑龙江人民出版社，2002.

第十章　房地产投资理财工具

4. 低流动性

房地产投资成本高，不像一般商品买卖可以在短时间内马上完成轻易脱手，房地产交易通常要一个月甚至更长的时间才能完成；而且投资者一旦将资金投入房地产买卖中，其资金很难在短期内变现。所以房地产资金的流动性和灵活性都较低。当然房地产投资也有既耐久又能保值的优点。房地产商品一旦在房地产管理部门将产权登记入册，获取相应的产权凭证后，即得到了法律上的认可和保护，其耐久保值性能要高于其他投资对象。

5. 高风险性

房地产投资的高成本、长周期和低流动性，导致了房地产投资具有高风险性。这个特点要求房地产投资必须综合考虑各方面因素，做好风险和收益的权衡。

二、房地产投资的基本分类

根据不同的需要，可以从不同的角度对房地产市场进行分类。其中主要的几种分类如下：

(一)按用途划分

根据这种划分标准，可分为居住地房地产市场和非居住地房地产市场两大类。居住地房地产市场可进一步分为普通住宅市场、高档公寓市场、别墅市场等。非居住地房地产市场可进一步分为写字楼市场、商铺市场、工业用房市场等。

1. 居住地房地产市场

居住地房地产市场是指以居住为主要用途的房地产市场，按照居住房的档次不同可以划分为普通住宅市场、高档公寓市场、别墅市场。

(1) 普通住宅市场。由开发商开发建设，面向一般收入家庭的普通住宅市场。
(2) 高档公寓市场。由开发商开发建设，面向中高收入家庭的高档住宅市场。
(3) 别墅市场。由开发商开发建设，面向高收入家庭的豪华住宅市场。

2. 非居住地房地产市场

非居住地房地产市场是指以非居住为主要用途的房地产市场，按照非居住的用途不同可以分为写字楼市场、商铺市场、工业用房市场等，其中写字楼市场、商铺市场和工业用房市场统称为商业地产市场。

(1) 写字楼市场。写字楼也称办公楼，多指配备现代化设施的商用办公楼，其作用是集中进行信息的收集、决策的制定、文书工作的处理和其他形式的经济活动管理。写字楼市场就是由租赁、销售写字楼形成的市场。

(2) 商铺市场。商铺是专门用于商业经营活动的房地产，是经营者对消费者提供商品交易、服务及感受体验的场所。广义的商铺，其概念范畴不仅包括零售商业，还包括娱乐业、餐饮业、旅游业所使用的房地产，营利性的展览馆厅、体育场所、浴室，以及银行、证券等营业性的有建筑物实物存在的经营交易场所。商铺市场就是由租赁、销售商铺形成的市场。

(3) 工业用房市场。工业用房一般是指独立设置工业园区的各类工厂、车间、手工作坊等从事生产活动的房屋。工业用房与商用办公楼一样，工业用房的投资一般租期较长。大到 5 万平方米的大型仓库，小到 300 平方米的多用储物间都属于此类。工业用房市场就是由租赁、销售工业用房形成的市场。

(二)按档次划分

根据这种划分标准，可分为高档房地产市场、中档房地产市场和低档房地产市场。

1. 高档房地产市场

一般来说，别墅、200 平方米以上的"大房子"和评估价值超过主城区平均售价 3 倍以上的住房可以称为高档房地产。高档房地产市场就是由租赁、销售高档房地产形成的市场。

2. 中档房地产市场

一般来说，面向普通消费者，且未采用标准高的建筑装修，城市中主要的销售的房地产就是中档房地产市场，中档房地产市场就是由租赁、销售中档房地产形成的市场。

3. 低档房地产市场

一般来说，面向低收入人群的经济适用房、安置房、廉租房(公租房)等属于低档房地产市场，低档房地产市场就是由租赁、销售低档房地产形成的市场。

(三)按区域范围划分

根据这种划分标准，可分为整体房地产市场和区域房地产市场两大类。

1. 整体房地产市场

整体房地产市场是指不考虑区域因素，把房地产行业看作一个整体市场，通过分析整体房地产市场能够对房地产行业整体有一个趋势性的把握。

2. 区域房地产市场

区域房地产市场是指考虑区域因素，把房地产行业看作由不同区域构成的市场，房地产价格与收入水平、土地供应、信贷规模、人口规模、城镇化率、GDP 增长和各省市对土地财政依赖程度有关，这些因素都与区域有关，通过分析区域的不同，能够把握房地产市场在不同地域的表现。

(四)按交易方式划分

根据这种划分标准，可分为房地产买卖市场、房地产租赁市场和房地产抵押市场三大类。

1. 房地产买卖市场

房地产买卖市场，是指房产所有权人通过货币交换方式将房产所有权转让给他人的行为。在房产所有权转让的同时，土地使用权亦随之转让。它是房地产交易市场商品流通的一种重要形式，也是房地产商品交换的一种重要方式。

2. 房地产租赁市场

房地产租赁市场是指房产所有权和土地使用权人将房地产这一标的物出租给承租人使用，承租人按双方约定的限期和数额向出租人交纳租金的行为。它是房地产交易市场的商品流通与交换的一种主要形式。也是房地产商品零星出卖的一种方式。

3. 房地产抵押市场

房地产抵押市场是指房地产权属所有人(包括法人和公民，下同)将房产所有权和土地使用权作为抵押物，向抵押权人借用贷款，并按约定的期限清偿贷款和利息，同时收回房地产抵押物的行为。如果抵押人到期无力清偿抵押贷款和利息，抵押权人可以依照国家法律、法规和抵押合同的规定处分抵押的房地产。房地产抵押是以房地产换取信贷的交易行为，也是房地产流通的方式之一。

(五)按交易目的划分

根据这种划分标准，可分为房地产使用市场和房地产投资市场两大类。

1. 房地产使用市场

房地产使用市场是买卖或租赁房地产的目的是自用的市场。房地产使用市场是房地产基础市场。

2016年12月中央经济工作会议提出"要坚持'房子是用来住的、不是用来炒的'的定位"，再次明确房地产自用目的。

2. 房地产投资市场

房地产投资是买卖或租赁房地产的目的是投资(再卖、出租或转租)的市场。房地产投资市场是房地产金融属性的体现，投资者为获得预期效益而买卖或租赁房地产。

(六)按流转次数划分

根据这种划分标准，可分为房地产一级市场、房地产二级市场和房地产三级市场三类。

1. 房地产一级市场

房地产一级市场，又称土地一级市场，是土地使用权出让的市场，即国家通过其指定的政府部门将城镇国有土地或将农村集体土地征用为国有土地后出让给使用者的市场。房地产一级市场是由国家垄断的市场。

2. 房地产二级市场

房地产二级市场，是土地使用者经过开发建设，将新建成的房地产进行出售和出租的市场。即一般指商品房首次进入流通领域进行交易而形成的市场。房地产二级市场也包括土地二级市场，即土地使用者将达到规定可以转让的土地，进入流通领域进行交易的市场。

3. 房地产三级市场

房地产三级市场，是购买房地产的单位和个人，再次将房地产转让或租赁的市场。也就是房地产再次进入流通领域进行交易而形成的市场，也包括房屋的交换。

(七)按达成交易与入住的时间划分

根据这种划分标准，可分为房地产现房市场和房地产期房市场。

1. 房地产现房市场

现房是指消费者在购买时已经通过交付标准的各项验收(各地对交付标准没有统一规定)，具备即买即可入住的商品房，即开发商已办妥所售房屋的大产证的商品房。交易现房形成的市场叫作房地产现房市场。

2. 房地产期房市场

期房是指开发商从取得商品房预售许可证开始至取得房地产权证止，在这一期间的商品房称为期房，消费者在这一阶段购买商品房时应签预售合同。买期房在港澳地区称为买楼花，这是当前房地产开发商普遍采用的一种房屋销售方式。购买期房也就是购房者购买尚处于建造之中的房地产项目。交易期房形成的市场叫作房地产期房市场。

三、房地产投资的主要作用

本章案例导入中介绍了《中国家庭财富指数调研报告(2020年度)》，报告显示，2020年中国家庭财富收入整体情况良好，财富增速快于收入增速和工作稳定性恢复速度。中国家庭投资理财平均收益率为2.3%，均衡类资产配置最有利于投资收益率提升，房产依然是投资热门项目，对财富增加的贡献率将近70%。房地产投资在家庭理财中具有重要作用。房地产投资是财富的象征，家庭财富的主要构成，大类资产配置的核心。

(一)解决住房需求

房地产投资首先解决的使用需求。衣食住行，这四种消费是人类最基础的消费活动，居有定所是每一个家庭最基本的需求。房地产投资是每一个家庭最基本也是最重要的一笔投资，居住性房地产投资的好坏直接关系影响家庭的幸福程度。

(二)象征家庭财富

房地产投资是家庭财富的象征。从财富效应来看，在典型国家，房地产市值一般是年度GDP的2~3倍，是可变价格财富总量的50%，这是股市、债市、商品市场等其他资产市场远远不能比拟的。2020年中国住房总市值约61.9万亿美元，大约是中国GDP的4倍。根据《报告》，房地产占家庭财富的比例超过七成。

(三)促进财富增加

房地产投资能够促进财富增加，是大类资产配置的核心。房地产投资具有非常典型的顺周期性，购房通常采用首付和分期贷款形式，具有杠杆效应，可以放大财富效应，长期来看全球货币超发是普遍现象，房地产具有抗通胀属性。

第十章 房地产投资理财工具

第二节 房地产投资的要素分析

一、房地产投资的政策分析

(一)房地产市场形成阶段：1980—1991 年

这一时期我国房地产市场从无到有，从个别城市和地区初步向全国扩展，相关房地产政策不断放开完善，为下一阶段的全国性的房地产市场起步打下了基础。

(二)房地产市场起步阶段：1992—1997 年

这一阶段我国房地市场进入全国性的发展时期，虽然出现个别地区的非理性投资行为，但是在国家宏观调整的政策下得以抑制，总体市场发展良好，制度建设方面不断完善。

(三)房地产市场成长阶段：1998—2011 年

这一阶段房地产首先被确立为新的经济增长点并快速发展。之后在房地产快速发展的背景下，中央政府开启了新一轮对房地产的宏观调控，对房地产的态度由支持转为警惕。房地产相关政策方向也从支柱产业变为防止房地产泡沫，此后相关调控政策密集出台，但房价一路坚挺，直到 2007 年年底才有所抑制。由于 2008 年金融危机的冲击，房地产调控政策出现松动，致使刚刚显现的调控效果前功尽弃。到 2009 年年底调控由"去库存"转变为"挤泡沫"。之后政府先后采取了土地、金融、税收以及限购等多种调控手段。不过，频频刷新的"地王"纪录，以及仍在不断上涨的房价使政策执行效果和政府公信力屡遭诟病。

(四)房地产市场平稳发展阶段：2012—2015 年

相对于房地产市场成长阶段，这一阶段调控文件密度明显降低，行政性调控政策减少，主要以金融和财税政策为主。受到整体宏观经济不景气的影响，总体调控思路从原有"行政高压"转变为"适度宽松"，截至 2015 年 4 月底政策转变初见成效 70 个大中城市在 4 月出现新房环比量价齐涨，终结了此前连续 11 个月房价环比下滑的趋势。

(五)房地产市场强监管阶段：2016 年至今

2016 年 12 月中央经济工作会议提出"要坚持'房子是用来住的、不是用来炒的'的定位"，综合运用金融、土地、财税、投资、立法等手段，加快研究建立符合国情、适应市场规律的基础性制度和长效机制，既抑制房地产泡沫，又防止出现大起大落。2017 年 10 月，党的十九大报告提出，坚持"房子是用来住的、不是用来炒的"的定位。2019 年 7 月 30 日召开的中共中央政治局会议释放出我国坚持房地产调控不动摇的明确信号，"不将房地产作为短期刺激经济的手段"。2020 年 12 月 21 日，住房和城乡建设部部长王蒙徽在全国住房和城乡建设工作会议上说，2021 年要稳妥实施房地产长效机制方案，促进房地产市场平稳健康发展。

二、房地产投资的价格分析

(一)房地产价格的成因

房地产价格是由房地产的效用、房地产的相对稀缺性和对房地产的有效需求三者相互作用的结果。

房地产的效用,是指人们因占有、使用房地产而得到的满足程度。房地产首要的价值是使用价值,使用价值越高那么房地产的效用也就越高。房地产的相对稀缺性,是指现存房地产的数量有限而不能满足人们所有的需要和欲望。房地产的稀缺性,是导致一线房地产比二、三线房地产贵的主要原因之一。住宅房地产的有效需求,是指具有现实的购买力而形成的有效需求。在现实生活中,不同房地产的价格之所以有高低之别,同一房地产的价格有变化,归根到底是由这三者的程度不同及其变化所引起的。

(二)房地产价格的特征

房地产价格与一般物价既有共同之处,也有不同的地方,共同之处体现在三个方面:一是都是用货币表示,二是都受到供求等因素的影响,三是都按照质量高低来论价。不同之处体现在:

房地产的价格既可表示为交换的价格,也可以表示为使用和收益代价的租金。

房地产的价格实质上是房地产的权益价格。

房地产的价格的形成是一个长期的过程,既取决于当前的社会经济位置,也反映未来地区发展的经济前景。

1. 房地产价格的种类

(1) 理论价格。房地产的理论价格,是如果将房地产放在合理的市场上交易,它应该实现的价格。理论价格不是事实,但又是客观存在的。

(2) 评估价格。房地产的评估价格,简称评估价,是估价人员对房地产客观合理价格做出的一种估计、推测或判断。评估价格也不是事实。在评估市价时,房地产的评估价与市价有着密切的关系。由于房地产缺乏完全市场,在许可买卖的制度下,专门有估价机构为交易双方提供服务,这种情况下的评估价往往会成为市价。一般来说,具有丰富经验的估价人员评估出的价格,较接近于市价。

从理论上说,一个良好的评估价格=公平市价=理论价格。

2. 不同城市住宅类地产价格变化

通过图 10-1 我们可以发现房价指数在 2016 年达到高点之后,一直处于一个震荡下降的趋势。但是,在分析房价的过程中并没有区分一线、二线、三线城市进行分析。在区分城市之后,一线城市的房价一直处于上升的趋势明显。

图 10-1　70 个大中城市二手房住宅销售价格指数

(资料来源：国家统计局)

三、房地产投资影响因素分析

从理论上看，影响房地产长期因素是人口，中期因素是土地，短期因素是金融。

(一)长期因素：人口

房地产价格变化周期在长期是人口周期的一部分。人口影响房地产市场的逻辑是：初期，在房地产周期的左侧，人口红利和城乡人口转移提升经济潜在增长率，居民收入快速增长，消费升级带动住房需求；20～50 岁置业人群增加(20～35 岁首次置业为主，35～50 岁改善型置业为主)，带来购房需求和投资高增长；高储蓄率和不断扩大的外汇占款，流动性过剩，推升房地产资产价格。随后，步入房地产周期的右侧，随着人口红利消失和刘易斯拐点出现，经济增速换挡，居民收入放缓；随着城镇住房饱和度上升，置业人群达到峰值，房地产投资长周期拐点到来。随着房地产黄金时代的结束，后房地产时代的典型特点是"总量放缓、结构分化"，人口迁移边际上决定不同区域房市。

(二)中期因素：土地

金融、人口因素是影响房地产需求的主要因素，而土地则是影响房地产供给的主要因素。由于从供地到开发商拿地，到开工，再到预售或竣工待售形成住房供给，存在 2 年左右的时滞；并且，土地供给政策及计划还可能通过预期传导直接影响当期房地产市场。因此，土地因素对房地产周期的影响主要在中期，介于人口因素和金融因素之间。土地供应量的多少是住房市场供求平衡和平稳运行的重要基础。如果出现短期内土地供应过多(或过少)，极易造成住房供给过剩带来的供求失衡(或供应不足造成的房价过快上涨)，因此，土地市场供求平衡对中期住房供求平衡十分重要。

(三)短期因素：金融

金融政策(利率、流动性投放、信贷、首付比等)既是各个国家进行宏观经济调控的主要工具之一，也是对房地产市场短期波动影响最为显著的政策。住房的开发和购买都高度依赖银行信贷的支持，利率、首付比、信贷等政策将影响居民的支付能力，也影响开发商的资金回笼和预期，对房市供求波动影响较大。国内外房地产泡沫形成大多受低利率和充裕流动性推动，而房地产泡沫破裂则大多可归因于加息和流动性收紧。房地产短周期是指由于利率、抵押贷首付比、税收等短期变量引发的波动，通过改变居民的支付能力和预期使得购房支出提前或推迟。

拓展阅读 10-1 房地产投资现状分析见右侧二维码

四、房地产投资风险分析

拓展阅读 10-1.docx

(一)功能失调风险

作为一种商品，房地产的核心功能是居住，但是房地产商品的特殊之处在于其与土地的不可分割性，而土地的稀缺性赋予了房地产保值增值的派生属性，由此衍生出了房地产的投资功能。因而，房地产具有消费和投资的双重功能，这两种属性和功能是统一的、不可分割的。其中，居住功能是房地产的核心功能，投资功能是派生功能，因为投资房产的目的是用于出租或者出售，总之最终都将用于居住，如果没有了居住属性，投资属性也将随之消失。

从理论上讲，任何地方的房地产都具备居住和投资这两种属性，但是房地产的异质性决定了不同区域的房地产的两种属性具有不同的表现。而且，即使同一区域、同一时期的不同楼盘也会因房屋具体所处的地段、环境等因素，其居住和投资两种属性也不尽相同。如果投资房地产脱离了居住使用价值，那么其投资价值也将不复存在。

(二)市场泡沫风险

泡沫经济的两大特征是：商品供求严重失衡，供应量远远大于需求量；投机交易气氛非常浓厚。房地产泡沫是泡沫的一种，是以房地产为载体的泡沫经济，是指由于房地产投机引起的房地产价格与使用价值严重背离，市场价格脱离了实际使用者支撑的情况。当前中国住房总市值约 61.9 万亿美元，大约是中国 GDP 的 4 倍，同时经济学家任泽平在《中国住房存量测算：过剩还是短缺》中给出的数据显示：我国城市商品房总量已达 3.11 亿套以上，户均 1.1 套。如果按照每个家庭 4 口人来测算，3.11 亿套住房，可容纳 12.44 亿人居住，而我国的城镇常住人口才 8.4 亿人左右，也就是说，现在我国的商品房供给量多出了 4 亿左右。

(三)过度杠杆风险

房住不炒是当前房地产的基本政策基调，特别是各种限制房地产政策的出台，会对投资房地产产生巨大的影响，尤其是贷款利率和首付比例。房地产属于顺周期行业，房地产价格处于上涨趋势中，有些商业银行主动降低首付比例，甚至还会推出所谓的基于房地产价格上涨的"加按揭"业务，实际上是对个人贷款投资购房行为的变相鼓励。如果过度杠杆，房地产价格的波动，会给家庭财富带来严重的后果。

第十章 房地产投资理财工具

第三节 房地产投资交易

一、房地产投资交易原则

就房地产交易的性质而言,一般是平等主体之间的民事法律行为,基于这种行为而形成的法律关系主要是民事法律关系。因此,交易应遵守平等、自愿、等价有偿、诚实信用等民法的一般原则。但房地产交易与一般的交易行为相比,无论从交易的主体、客体来讲,还是从交易的内容和形式来讲,都具有许多特殊性,且比一般的交易关系复杂得多。因此,在交易中还必须遵守房地产法所特有的一些原则。

(一)房地一体原则

由于土地与房屋等地上建筑物,在物质形态上具有不可分割性,为了维护交易双方的合法权益,便于土地和房屋的合理利用,我国《城市房地产管理法》明确规定:"房地产转让、抵押时,房屋的所有权和该房屋占用范围内的土地使用权同时转让、抵押。"《城镇国有土地使用权出让和转让暂行条例》也明确规定:"土地使用权转让时,其地上建筑物、其他附着物所有权随之转让。"亦即房地产转让、抵押时,房屋所有权和土地使用权必须同时转让、抵押,不得将房屋所有权与土地使用权分别转让或抵押。

(二)依法登记的原则

由房地产本身的特性所决定,房地产的权属关系、权利状态及权属关系的变化,均难以从其占有状态上反映出来。为了维护权利人的合法权益,防止欺诈行为,保持良好的交易秩序,世界各国都对房地产交易实行了登记制度。我国也不例外,《城市房地产管理法》明确规定:"房地产转让或者变更时,应当向县级以上地方人民政府房产管理部门申请房产变更登记,并凭变更后的房屋所有权证书向同级人民政府土地管理部门申请土地使用权变更登记。"不依法办理登记手续的,其房地产的转让不具有法律效力,不受国家法律的保护。

(三)房地产交易价格分别管制原则

房地产价格问题是房地产交易和房地产市场的核心问题。为了稳定房地产价格,维护房地产市场秩序,保护购房人的合法权益,我国《城市房地产管理法》明确规定:"基准地价、标定地价和各类房屋的重置价格,应当定期确定并公布。"国家实行房地产价格申报制度和价格评估制度。目前,除经济适用房实行政府指导价、拆迁补偿房屋价格及房地产交易市场重要的经营性服务收费实行政府定价外,其他各类房屋的买卖、租赁价格,房屋的抵押、典当价格,均实行市场调节价。实行政府定价的房地产交易价格要按照政府规定的标准确定。

二、房地产投资交易程序

(一)房屋相关信息落实

在个人购买住房(住宅)前,首先会对欲购买的房屋相关信息进行了解和比较。通常根据自己的需求,主要考虑的是房屋的价格、地理位置、交通环境、房屋实际质量(预售房屋除外)、教育及生活设施配备、开发商实力、物业公司服务、按揭状况、房屋升值潜力等,预售商品房还要留意开发商五证是否齐全。只有消费者在综合考虑了以上的各个因素之后,对该房产的相关状况认可后,才会进入实质购房程序。

(二)相关证件审查

个人购买商品房时应当对开发商的各种证件进行审查,以确保最终购买的房屋具有合法的手续,能够获得该房屋的所有权。通常表现为房屋的"五证",即《国有土地使用证》、《建设用地规划许可证》、《建设工程规划许可证》、《建设工程施工许可证》(建设工程开工证)、《商品房销售(预售)许可证》。

(三)签订房屋认购协议书

商品房认购协议是商品房买卖合同双方当事人在签订商品房预售合同或者商品房现房买卖合同之前所签订的法律文书,是对双方交易房屋相关事宜的初步确认。即卖方承诺在一定期间内保证不将房屋卖给除买方以外的第三人,买方则保证将在此期间内遵循协议约定的条款与卖方就买房事项进行商谈。这种认购行为约定的是买卖双方为将来订立合同进行谈判的权利义务,而并非最终必然导致签约结果的发生,所以签署认购协议书并非是在购买商品房时的必经阶段。

但是,最高人民法院《关于审理商品房买卖合同纠纷案件适用法律若干问题的解释》第五条规定"商品房的认购、订购、预订等协议具备《商品房销售管理办法》第十六条规定的商品房买卖合同的主要内容,并且出卖人已经按照约定收受购房款的,该协议应当认定为商品房买卖合同"。

(四)签署商品房买卖合同

签订买卖合同是整个购房程序中最重要一环,合同也是销售中最重要的法律文件。合同一般为一式四份,其中正本两份,开发商和购房人各执一份。副本两份,开发商和当地房管部门各一份。商品房买卖合同多为政府部门提供的格式合同。购房者签订合同时应当对所达成的条款进行核实,对于格式合同文本中未涉及的内容应当签订补充文本。

(五)商品房按揭

鉴于目前房价较高,购房者能够一次性全额缴纳购房款的比例较少,大多数采取银行按揭支付房款。商品房按揭一般采用下列程序进行。

(1) 开发商向贷款行提出按揭贷款合作意向。
(2) 贷款行对售房商开发项目、建筑资质、资信等级、负责人品行、企业社会商誉、技术力量、经营状况、财务情况进行调查，并与符合条件的售房商签订按揭贷款合作协议。

(3) 借款人与售房商签订购房协议，并缴纳30%以上的房款(按购房者实际情况结合当时银行政策)。

(4) 借款人持购房协议、30%购房收据、身份证、婚姻状况证明、收入证明、银行流水等向贷款行申请按揭贷款，并在贷款行开立存款账户或银行卡。

(5) 经调查、审查、审批同意后签订借款合同，贷款行代理办妥登记等手续后，将款项存入售房商账户(保险采取客户自愿原则)，并通知客户取合同和到售房商处办理购房手续。

(6) 借款人以后只要每月(每季)在存款账户或银行卡上留足每期应还款额，贷款银行会从借款人账户中自动扣收，到期全部结清。

(7) 贷款归还后，贷款行注销抵押物，并退还给客户。

(六)入住

购房者完成缴款义务后，开发商按合同约定时间交楼给购房者，购房者接到交楼通知后到物业管理公司办理验房手续。如果经过对房屋验收，购房者对房屋质量没有异议，应当签署验收单据。房屋验收后，购房者须签订物业管理合同、预交物业管理费、签署业主公约，填写装修申请表、缴纳装修保证金、领取钥匙。到物业公司办理验房手续前还应根据当地政策要求，缴纳购买该物业的维修基金，并提供缴款证明给物业公司。经过房屋装修后，经物业管理公司验收未违反装修合同的，退还装修保证金，购房者即可完成入住程序。

(七)过户

最后开发商要到权属处为购房人办理房产过户手续，并缴纳契税、印花税等费用。然后到指定房管所办理产权证，交纳房产权属登记费、权证工本费、权证印花税。

三、房地产投资的交易策略

(一)挑选买房城市

买房有两个目的，一个是刚需自住，另一个就是投资目的。如果是想投资买房，那么选好城市非常重要。因为城市的发展潜力决定房子的保值增值潜力。

判断城市的发展潜力，从以下几个因素考虑。

(1) 城市规模：用GDP总量或人口总量衡量。一定程度上反映了城市资源聚集能力和城市的管理水平。大城市的城市规模远比小城市的好，所以在房价上，大城市的房价也更高。

(2) 人口流入：城市的外来流入人口越多，那么就会有越多的人需要在这个城市买房。增加了购房需求，房子就能够保值增值。

(3) 人均收入：人均收入越高，该城市人群的购房能力也就越强。

(4) 土地供应：土地供应越充足，那么能够提供的商品房数量也就越多，商品房的价格也会相应的越低。反之，商品房价格也就越高。

(5) 儿童数量的增速：城市学龄儿童的数量增速越快，房价就越高。因为需要解决家庭里小孩的上学问题，那么买房就成了刚需问题。

(6) 上市公司的数量：上市公司的数量，一定程度上反映了当地经济活力。经济状况越好，就业岗位越多，也能够吸引越多的人在这个城市发展。

(7) 财政收入：经济状况好的城市，城市的财政状况也很好。更容易出现大量卖地的情况，房价增长的潜力也就没那么大。

(8) 服务业占比：服务业主导的城市发展潜力更大。

(二)选择城市地段

确认好城市之后，如何选择城市的地段也是购房者需要考虑的。通常地段好的房子对于房子的价值也有带动作用，有些人买房子只是为了过渡，那么选择好地段的房屋，在以后出售的时候也不至于亏本，购房者应该考虑选择一个上涨空间较大的地段。所以如果资金充足的情况下房子还是买靠近市区一点的地段比较好，太过偏远和偏僻的地段，之后转手出售可能也卖不到一个好价格。

好的地段通常从以下几个方面来衡量。

(1) 交通方便。

(2) 商业配套完善。

(3) 学校资源。

(4) 环境。

(三)买房的原则

1. 先上车原则

现实当中买房，很难遇到完全满意的房子(除非现金足够多)。这时候选择适当的取舍，先上车，不然之后房价一直涨，越来越买不起。相反，先上车买房后，之后随着房子的增值以及收入的增加，才有机会置换之前更理想的大房子。

2. 稀缺性原则

买靠近市中心拥有各种稀缺便利资源的房子。例如：学校、医院、商圈、交通、办事机构等。有这些稀缺资源，房子才能保值增值，因为这些稀缺资源具有不可替代性。相反，郊区的房子不具备这些属性，保值属性不高，但可以考虑郊区交通便利的房子。因为交通的便利可以部分替代掉城里的各种便利。

(四)确认购房资格

在确认城市和地段之后，得再看看自身是否满足购房资格。由于近十年来房价不正常地疯涨了几倍，因此国家出台了房产限购政策，对买房者进行了限购。因此，大部分城市要求购房者，需要满足购房条件才能买房。

以深圳为例，分为深圳户籍和非深圳户籍两种情况。

深圳户籍：深沪居民家庭、成年单身人士(含离异)须在本市落户满3年，且能够提供购房之日前在本市连续缴纳36个月及以上个人所得税或社保证明，方可购买商品住房。夫妻

第十章　房地产投资理财工具

离异，任何一方自夫妻离异之日起 3 年内购买商品住房的，其拥有住房套数按离异前家庭总套数计算。

非深户籍：非深户居民家庭、成年单身人士(含离异)继续按照提供购房之日前在本市连续缴纳 5 年及以上个人所得税或社保证明方可购买商品住房的规定执行。

拓展阅读 10-2　选择贷款策略见右侧二维码

拓展阅读 10-2.docx

第四节　房地产投资趋势分析*

拓展阅读 10-3　房地产投资趋势分析见右侧二维码

拓展阅读 10-3.docx

本 章 小 结

房地产投资是大众理财的首要选择，也是家庭财富构成的主要部分。本章分别从房地产投资概述、要素、交易、趋势四个方面系统介绍房地产投资，从种类、风险、交易到未来投资趋势的方方面面，旨在为读者树立正确的房地产投资理念，正确看待房地产投资在家庭理财中的作用。房地产投资是以房地产为对象，为获得预期效益而对土地和房地产开发、房地产经营，以及购置房地产等进行的投资，具有不可移动性、高成本性、长周期性、低流动性、高风险性等特点。影响房地产长期因素是人口，中期因素是土地，短期因素是金融。房地产投资主要风险包括：功能失调风险，市场泡沫风险，过度杠杆风险。

自 测 题

一、名词解释

房地产投资　房地产买卖市场　房地产租赁市场　房地产现房市场　房地产期房市场　房地产投资风险　功能失调风险　市场泡沫风险　过度杠杆风险　房地一体原则　稀缺性原则

二、判断题

1. 房地产投资是以房地产为对象，为获得预期效益而对土地和房地产开发、房地产经营，以及购置房地产等进行的投资。（　　）
2. 根据档次划分，分为高档房地产市场、中档房地产市场和低档房地产市场。（　　）
3. 等额本息是指借款人每月按相等的金额偿还贷款本息，其中每月贷款利息按月初剩余贷款本金计算并逐月结清。这种方法最大的特点是本金是逐月递增的，而利息是逐月递减的。（　　）
4. 房地产租赁市场，是指房产所有权人通过货币交换方式将房产所有权转让给他人的行为。在房产所有权转让的同时，土地使用权亦随之转让。它是房地产交易市场商品流通的一种重要形式，也是房地产商品交换的一种重要方式。（　　）

5. 房地产投资信托基金(Real Estate Investment Trusts，REITs)，是一种依照法律程序成立的，以发行股票或基金单位的方式汇集投资者的基金，由专业机构进行房地产的运营管理，并将90%以上的税后收入净额分配给投资者的信托组织。（　　）

三、单项选择题

1. 房地产市场可根据(　　)，分为房地产一级市场、房地产二级市场和房地产三级市场。
   A. 用途　　　B. 档次　　　C. 交易目的　　　D. 流转次数

2. 房地产市场可根据(　　)，分为房地产买卖市场、房地产租赁市场和房地产抵押市场三大类。
   A. 用途　　　B. 档次　　　C. 交易目的　　　D. 交易方式

3. 以下哪一项不是房地产投资的基本特点？(　　)
   A. 高成本性　　B. 短周期性　　C. 低流动性　　D. 高风险性

4. 非房地产市场的有(　　)。
   A. 写字楼市场　B. 普通住宅市场　C. 高档公寓市场　D. 别墅市场

5. 影响房地产中期因素是(　　)。
   A. 人口　　　B. 土地　　　C. 金融　　　D. 产业

6. 以下哪一项不是房地产信托投资基金(REITs)的主要特点？(　　)
   A. 投资门槛高　B. 交易成本低　C. 流动性强　　D. 专业化管理

7. 房地产投资的消费趋势不包括(　　)。
   A. 人口向头部城市集中　　　　B. 购房群体年轻化
   C. 从买方市场到卖方市场　　　D. 消费者回归理性

8. 高档房地产市场包括(　　)。
   A. 别墅　　　B. 经济适用房　C. 安置房　　D. 廉租房

9. 以下哪种方式支付的总利息最少？(　　)
   A. 申请商业贷款和等额本息还款方式
   B. 申请商业贷款和等额本金还款方式
   C. 申请公积金贷款和等额本息还款方式
   D. 申请公积金贷款和等额本金还款方式

10. 房地产投资交易原则不包括(　　)。
    A. 房地一体原则　　　　　　　B. 依法登记原则
    C. 加杠杆原则　　　　　　　　D. 房地产交易价格分别管制原则

四、多项选择题

1. 房地产市场可根据(　　)对房地产市场进行分类。
   A. 流转次数　　B. 区域范围　　C. 交易方式　　D. 交易目的

2. 进行房地产交易的主要步骤包括(　　)。
   A. 落实房屋相关信息　　　　　B. 审查相关证件

第十章 房地产投资理财工具

    C. 签订房屋认购协议书　　　　　　D. 签署商品房买卖合同
3. 房地产投资的交易策略主要包括( )。
    A. 挑选买房城市　B. 选择城市地段　C. 确认购房资格　D. 选择贷款策略
4. 选择好的城市地段可以从以下哪些方面来考虑？( )
    A. 交通　　　　　B. 商业　　　　　C. 学校　　　　　D. 环境
5. 房地产投资具有一定风险，主要风险包括( )。
    A. 功能失调　　　B. 市场泡沫　　　C. 过度杠杠　　　D. 解决住房

五、简答题

1. 房地产投资分类有哪些方式？
2. 房地产投资有哪些基本特点？
3. 房地产投资的风险有哪些？
4. 房地产的交易程序是什么？
5. 房地产投资一般策略是什么？
6. 房地产发展的未来趋势是什么？

六、论述题

结合房地产投资发展的未来趋势论述房地产投资在家庭财富构成中起到的主要作用。

七、案例分析

案例：基本案情

2020年全国住宅土地成交面积增长9%左右。1—11月，全国351城整体住宅用地土地成交价款约5.5万亿元，累计同比增长15.7%，成交规划建筑面积17.2亿 m^2，累计同比增长1.8%。根据统计，12月有规划建筑面积约4.2亿 m^2 的住宅用地计划出让，如果全部成交，全年成交住宅用地规划建筑面积同比将增长约9%，成交面积将超越2019年。

2020年新建商品住宅交易规模将达到15万亿元，再创历史新高。2020年国民经济发展遭受冲击，同时对于新房市场而言亦是一次艰巨的考验。线下销售的停滞让整个一季度的新房市场进入冰封期。从二季度开始，政府及各方力量积极参与到稳定楼市工作中，纾困政策的扶持以及土地市场的快速回暖拉动新房市场的恢复。根据国家统计局数据，截至2020年11月，全国商品住宅累计成交面积同比增速达到0.8%，意味着新房市场完成修复，预计全年成交量将小幅超过上年，实现稳定增长。

据测算，2020年全国二手房成交量达420万套，同比小幅下滑1.3%；交易面积3.96亿方，同比微增1%。二手房交易GMV共计7.3万亿，同比增长8.1%，创2015年以来最大值。2020年全国二手住宅成交均价1.8万元/m^2，同比上涨7%。二手房市场GMV的增长主要由房价上涨带动。

综合分析土地、新房及二手房市场，代表资产价格的土价和房价今年出现了明显的上升，幅度大概在7%～15%，代表消费价格的租金出现了10%的下降，这反映出房地产金融属性的增强。

"十四五"时期，中国房地产政策以防风险、保民生为主。中共中央关于制定"十四五"规划及 2035 年远景目标的建议提出：推动金融、房地产同实体经济均衡发展；全面促进消费，增强消费对经济发展的基础性作用；推进以人为核心的新型城镇化，坚持"房子是用来住的、不是用来炒的"的定位，租购并举、因城施策，促进房地产市场平稳健康发展等。从政策导向看，未来房地产的关键词是均衡、健康、保障。这意味着，未来 5 年，中国房地产的金融属性逐步减弱，购房需求逐步回归居住本质，由经济增长、人口流动等基本面主导的供需变化，是未来房地产市场的主要驱动因素。

(资料来源：《数字化居住：2021 年新居住展望》，贝壳研究院)

思考讨论题：

1. 根据以上案例，思考为什么 2020 年房地产市场表现超出预期。
2. 在推动房地产、金融与实体经济平衡发展的政策背景下，你如何看待房地产的金融属性？

中　篇　理论基础和投资组合篇

第十一章　大众理财投资的理论基础

【学习目标】

通过学习本章，读者应当了解大众理财投资的重要理论基础，了解有效市场理论、投资组合理论以及行为金融理论的发展过程、基本概念、重要意义与主要内容，帮助读者对投资理财有进一步的了解。

【导读案例】

投资理财理论的发展历史

1964年奥斯本提出了"随机漫步理论"，他认为股票价格的变化类似于化学中的分子"布朗运动"，具有"随机漫步"的特点，也就是说，它变动的路径是不可预期的。1970年法玛也认为，股票价格收益率序列在统计上不具有"记忆性"，所以投资者无法根据历史的价格来预测其未来的走势。1965年，尤金·法玛第一次提到了有效市场(Efficient Market)的概念。1970年，法玛提出了有效市场假说。有效市场假说提出后，便成为证券市场实证研究的热门课题，支持和反对的证据都很多，是目前最具争议的投资理论之一。

现代投资组合理论主要由投资组合理论、资本资产定价模型、APT模型、有效市场理论以及行为金融理论等部分组成。1952年3月，美国经济学家哈里·马科维兹发表了《证券组合选择》的论文，作为现代证券组合管理理论的开端。由于这一方法要求计算所有资产的协方差矩阵，严重制约了其在实践中的应用。1963年，威廉·夏普提出了可以对协方差矩阵加以简化估计的单因素模型，极大地推动了投资组合理论的实际应用。20世纪60年代，夏普、林特纳和莫森提出了资本资产定价模型。

早在半个世纪前，爱德华就将决策的制定引入心理学的研究领域，并勾画了未来研究的蓝图。行为金融学是金融学、心理学、行为学、社会学等学科相交叉的边缘学科，力图揭示金融市场的非理性行为和决策规律。20世纪50年代，冯·纽曼和摩根斯坦在公理化假设的基础上建立了不确定条件下对理性人选择进行分析的框架，即期望效用函数理论。1952年马科维兹建立了现代资产组合理论，标志着现代金融学的诞生。20世纪60年代夏普和林特纳等建立并扩展了资本资产定价模型。20世纪70年代罗斯基于无套利原理建立了更具一般性的套利定价理论。

大致可以认为，到1980年，经典投资理论的大厦已基本完成。在此之后，世界各国学者所做的只是一些修补和改进工作。例如：对影响证券收益率的因素进行进一步研究，对各种市场"异象"进行实证和理论分析，将期权定价的假设进行修改，等等。

(资料来源：吴晓求、王广谦编．《金融理论与政策》，中国人民大学出版社，2013，有增减)

第一节　有效市场理论

一、有效市场理论的产生

　　有效市场理论的产生是从随机游走开始的。Bachelor(1900)基于法国商品价格的数据进行实证分析，并发现商品价格具有随机波动性。尽管 Bachelor 的这一研究不能够被当时主流经济学所接受，但是他的研究成果直接推动了后来股票市场价格运动作为维纳过程进行研究的发展。Kendall(1953)从实证的角度证明了随机游走模型和随机游走的理论。而Osborne(1959)对美国股票价格运动特征进行了分析，发现股票价格的运动特征与原子运动的特征非常类似。1964年奥斯本提出了"随机漫步理论"，他认为股票价格的变化类似于化学中的分子"布朗运动"（悬浮在液体或气体中的微粒所做的永不休止的、无秩序的运动），具有"随机漫步"的特点，也就是说，它变动的路径是不可预期的。难道股价真的是如此随机，金融市场就没有经济学的规律可循吗？萨缪尔森指出金融市场并非不按经济规律运作，恰恰相反，这正是符合经济规律的作用而形成的一个有效率的市场。1965年，尤金·法玛(Eugene Fama)在 The Behavior of Stock Market Prices 这篇文章中第一次提到了 Efficient Market 的概念：即有效市场是这样一个市场，在这个市场中，存在着大量理性的、追求利益最大化的投资者，他们积极参与竞争，每一个人都试图预测单个股票未来的市场价格，每一个人都能轻易获得当前的重要信息。在一个有效市场上，众多精明投资者之间的竞争导致这样一种状况：在任何时候，单个股票的市场价格都反映了已经发生的和尚未发生但市场预期会发生的事情。1970年，法玛提出了有效市场假说(Efficient Markets Hypothesis，EMH)，其对有效市场的定义是：如果在一个证券市场中，价格完全反映了所有可以获得的信息，那么就称这样的市场为有效市场。

　　有效市场通常可以分为内部有效市场与外部有效市场。内部有效市场(Internally Efficient Markets)又称交易有效市场(Operationally Efficient Markets)，它主要衡量投资者买卖证券时所支付交易费用的多少，如证券商索取的手续费、佣金与证券买卖的价差；外部有效市场(Externally Efficient Markets)又称价格有效市场(Pricing Efficient Markets)，它探讨证券的价格是否迅速地反映出所有与价格有关的信息，这些"信息"包括有关公司、行业、国内及世界经济的所有公开可用的信息，也包括个人、群体所能得到的所有的私人的、内部非公开的信息。

　　成为有效市场的条件：一是投资者都利用可获得的信息力图获得更高的报酬；二是证券市场对新的市场信息的反应迅速而准确，证券价格能完全反映全部信息；三是市场竞争使证券价格从旧的均衡过渡到新的均衡，而与新信息相应的价格变动是相互独立的或随机的。衡量证券市场是否具有外在效率有两个标志：一是价格是否能自由地根据有关信息而变动；二是证券的有关信息能否充分地披露和均匀地分布，使每个投资者在同一时间内得到等量等质的信息。

二、有效市场理论的内涵

有效市场理论又称为有效市场假说。有效市场假说是经济学家们所追求的完全竞争均衡思想,是建立在完全理性假设基础上的完全竞争市场模型。法玛在对股票价格行为研究文献进行回顾与总结的基础上给出有效市场的经典定义,有效金融市场是指这样的市场,其中的证券价格总是可以充分体现可获得信息变化的影响。这也就是说,在任何时候,证券的市场价格都是其内在价值或基本价值的最佳估计。鉴于这一定义过于笼统,以至于无法进行实证检验,为了可能对其进行实证检验,必须对"充值反映信息"意味着什么有更加详细的定义。基于预期理论提出如下模型,来定义有效市场:

$$E(p_{j,t+1}/\varphi_t)=\left[1+E(r_{j,t+1}/\varphi_t)\right]p_{j,t}$$

式中,E 是期望符号,$p_{j,t}$ 是证券 j 在 t 时刻的价值,$p_{j,t+1}$ 是其在 $t+1$ 时刻的价格,$r_{j,t+1}$ 是单期收益率。无论运用什么样的收益模型,信息集 φ_t 在形成均衡预期收益时已得到了充分利用。也就是说,价格 $p_{j,t}$ 已经充分反映了信息集 φ_t,因此,市场是有效的。

法玛的这一定义被学界认为是有效市场的强定义,在这一定义中暗含了信息成本和交易成本为 0 的前提假设,而现实中信息成本与交易成本确实存在。法玛也承认无摩擦市场不是对现实世界的客观描述,不过他还是乐观地认为以上假定只是充分条件而不是必要条件。他相信只要有足够数量的投资者能够获得相关信息,EMH 就可以成立,并以经验研究作为判断的依据。Jensen(1978)提出了一个考虑交易成本的有效性定义:若不可能通过基于信息集合 φ_t 进行交易而获得经济收益,则市场对于信息集合 φ_t 是有效的。这里的经济收益是指除去交易成本经过风险调整后的净收益,交易成本不仅包括交易过程中的成本税收、手续费、机会成本等,也包括获得信息和处理信息的成本。这一定义对实证研究者很有启发,也是许多实证研究的基点。1991 年法玛第二次对有效市场研究文献进行评论是接受了这一定义,他说"基于信息集合中进行交易而获得边际收益小于边际成本时,便认为市场价格充分反映了相关信息"。

Malkiel(1992)在此基础上提出了更确切的定义:如果一个资本市场在决定证券价格时,完全正确地反映了所有有关信息,就是说这个市场是有效率的。正规地说,市场对于某些信息集合而言是有效率的,如果向市场上所有参与者解释这些信息,证券价格不会受到影响。而且,关于信息集合的有效性意味着想利用这些信息进行买卖交易来获取经济利润是不可能的。如果信息被披露后价格发生变动,那么市场对这一信息而言是有效率的。虽然这种说法从概念上来说是很清楚的,但要从实际上进行检验则十分困难。通过度量利用信息进行买卖交易所获得的利润来判断市场效率是所有关于市场效率的实证工作的基础。这一思想主要被用于两个主要方面。第一,许多研究者努力对市场专家如共同基金管理人员所获得的利润进行度量。如果根据风险调整后这些管理人员获得了较高的收益,那么市场就管理人员所获得的信息而言就是无效的。根据法玛的定义可以看出,投资者的预期价格,在有效市场理论中扮演着非常重要的角色,投资者形成预期时所使用的信息集,则是有效市场理论中的一个重要概念。法玛对市场有效性的理论和证据进行了全面的回顾。他定义了一个有效的市场,即在这个市场中任何时候的资产价格都充分反映了所有可用信息,然后进一步介绍了与不同相关信息及相关的三种有效市场假说测试。其是基于过去价格历史的弱式测试；基于所有公共信息(包括过去的历史价格)的半强测试；基于所有私人和公共信息的强式测试。

在传统的理性和无摩擦的代理框架下，证券的价格等于其"基本价值"。这是预期未来现金流的现值总和，且在形成预期时，投资者妥善处理了所有可用信息，这也意味着贴现率符合正常可接受的偏好规范。在有效市场中，任何投资策略都不可能获得经风险调整后的超额平均收益，或高于由其风险保证的平均收益，这意味着没有"免费的午餐"(巴韦里斯和塔勒尔，2003)。如果EMH被应用于理解股票市场价格的波动，那么应该有足够的证据证明价格是合理的，因为其表明实际投资价值会随着时间而变化。

由大量的证据表明，市场是低效的。洛克伦和里特(2000)提出多因素模型和实践序列回归不应该用来测试市场的有效性。市场有效性在长期经受住了与长期收益异常相关文献的挑战。最重要的是，这些明显的异常可能是方法学上的，而大多数长期异常值往往会随着技术的合理应用而消失，正如市场有效性预测的那样(法玛，1998)。迪姆松和慕沙文(1998)记录了大量的研究，这些研究表明，异常行为乍一看似乎与市场有效性不一致。以上对市场有效性的回顾和分析并不是体系的全部，因为持续的研究依然在进行中。支持性学者表明，有效市场假说在细分领域具有重要意义。耶拿等人(2019)证明，在一定条件下，成交量PCR和未平仓PCR都能充分预测市场收益。埃希贾穆索和利恩(2019)指出，金融发展对经济增长具有长期的积极影响，而实际汇率及其波动减弱了这种影响。即只有伴随着实际汇率的下降和稳定，金融部门的发展才会带来理想的经济效益。此外，在某些情况下学者们会对市场有效性解释的集中方法进行检验和比较，然后再进行适用的实际预测。但即使如此也可能会再次发生相冲突的情况。费雷拉等(2019)在研究汇率对股票市场的影响时发现，汇率对印度股票市场的影响显著，而对欧洲股票市场的影响不显著。李和贝克(2018)的研究表明，虽然油价的变化确实以非对称的方式对可再生能源股票价格产生了显著而积极的影响，但这只是短期影响。虽然在某些情况下，现有的模型不在考虑范围内，又或者定量分析和建模仍在进行中，但我们有理由假设，如果能够很好地解释异常收益背后的异常。

三、有效市场理论的表现形式

有效市场理论主要有以下三种表现形式。

(一)弱式有效市场假说(Weak-Form Market Efficiency)

该假说认为在弱式有效的情况下，市场价格已充分反映出所有过去历史的证券价格信息，包括股票的成交价、成交量、卖空金额、融资金额等；

推论一：如果弱式有效市场假说成立，则股票价格的技术分析失去作用，基本分析还可能帮助投资者获得超额利润。该理论的检验原理：技术分析是否能用于价格(收益)预测，若有用，则弱式有效不能成立。

检验方法：①序列自相关分析。(若股票收益率存在时间上的自相关，即以前的收益率能影响现在的收益率，则技术分析有用，弱式有效不能成立。)相关系数及检验见书上。②串检验。构造三种"串"，检验相关性。③滤嘴法则：给出一个股票买卖的"滤嘴"，即比阶段最低点上升时买入，比阶段最高点下降时即卖出，观察是否比买入并持有策略有更高的收益率。

(二)半强式有效市场假说(Semi-Strong-Form Market Efficiency)

该假说认为价格已充分反映出所有已公开的有关公司营运前景的信息。这些信息有成交价、成交量、盈利资料、盈利预测值、公司管理状况及其他公开披露的财务信息等。假如投资者能迅速获得这些信息,股价应迅速做出反应。

推论二:如果半强式有效假说成立,在市场中利用基本面分析则失去作用,内幕消息可能获得超额利润。检验原理:基本分析是否有用。

检验方法:事件检验法,即检验和公司基本面有关的事件发生时,股价变化有无快速反应。若能快速反应,则投资者不能通过新信息获得超额利润,基本分析失灵,半强式有效成立。

(三)强式有效市场假说(Strong-Form Market Efficiency)

强式有效市场假说认为价格已充分地反映了所有关于公司营运的信息,这些信息包括已公开的或内部未公开的信息。

推论三:在强式有效市场中,没有任何方法能帮助投资者获得超额利润,即使基金和有内幕消息者也一样。

检验原理:内幕消息是否有用。

检验方法:检验基金或有可能获得内幕消息人士的投资绩效评价,若被评估者的投资绩效确实优于市场平均,则强式有效不能成立。

三种有效假说的检验就是建立在三个推论之上。强式有效假说成立时,半强式有效必须成立;半强式有效成立时,弱式有效亦必须成立。所以,先检验弱式有效是否成立;若成立,再检验半强式有效;再成立,最后检验强式有效是否成立。

有效市场的三种形式和证券投资分析有效性之间的关系如表 3-1 所示。

表 3-1 有效市场的三种形式和证券投资分析有效性之间的关系

市场类型	技术分析	基本分析	内幕消息	组合管理
无效市场	有效	有效	有效	积极进取
弱式有效	无效	有效	有效	积极进取
半强式有效	无效	无效	有效	积极进取
强式有效	无效	无效	无效	消极保守

有效市场假说作为金融经济学中的一个基础理论,虽被人们广泛接受,但其并非一个完美的理论。根据资本市场有效性的不同而划分的三类市场上,均有学者提出了挑战有效市场假说的实证证据。在对弱势有效市场的实证研究中,French 发现了"周末效应",Gultekins 和 Keim 发现了价格波动的季节性效应;在半强势有效市场的实证研究中,Ball 和 Watts 发现股票价格对上市公司利润公布具有滞后反应性,Rendleman 和 Jones 发现利润超预期和股票带来超额收益之间具有一定程度的相关性;在对强势有效市场的实证研究中,Basu 发现经风险调整后,低 PE 股票所带来的平均收益会超过高 PE 股票,Banz 发现了"小公司效应"。有效市场假说在学术理论界具有基础性的地位,同时被市场人士广泛地运用到实务投

资的实践指导中,因此有效市场假说自其被提出之后,就一直是金融经济学中的一个重要研究领域。

四、有效市场理论的意义

(一)理论意义

提高证券市场的有效性,根本问题就是要解决证券价格形成过程中在信息披露、信息传输、信息解读以及信息反馈各个环节所出现的问题,其中最关键的一个问题就是建立上市公司强制性信息披露制度。从这个角度来看,公开信息披露制度是建立有效资本市场的基础,也是资本市场有效性得以不断提高的起点。

(二)实践意义

1. 有效市场和技术分析

如果市场未达到弱式下的有效,则当前的价格未完全反映历史价格信息,那么未来的价格变化将进一步对过去的价格信息做出反应。在这种情况下,人们可以利用技术分析和图表从过去的价格信息中分析出未来价格的某种变化倾向,从而在交易中获利。如果市场是弱式有效的,则过去的历史价格信息已完全反映在当前的价格中,未来的价格变化将与当前及历史价格无关,这时使用技术分析和图表分析当前及历史价格对未来做出预测将是徒劳的。如果不运用进一步的价格序列以外的信息,明天价格最好的预测值将是今天的价格。因此在弱式有效市场中,技术分析将失效。

2. 有效市场和基本分析

如果市场未达到半强式有效,公开信息未被当前价格完全反映,分析公开资料寻找误定价格将能增加收益。但如果市场半强式有效,那么仅仅以公开资料为基础的分析将不能提供任何帮助,因为针对当前已公开的资料信息,目前的价格是合适的,未来的价格变化与当前已知的公开信息毫无关系,其变化纯粹依赖于明天新的公开信息。对于那些只依赖于已公开信息的人来说,明天才公开的信息,他今天是一无所知的,所以不用未公开的资料,对于明天的价格,他的最好的预测值也就是今天的价格。所以在这样的一个市场中,已公布的基本面信息无助于分析家挑选价格被高估或低估的证券,基于公开资料的基础分析毫无用处。

3. 有效市场和证券组合管理

如果市场是强式有效的,人们获取内部资料并按照它行动,这时任何新信息(包括公开的和内部的)将迅速在市场中得到反映。所以在这种市场中,任何企图寻找内部资料信息来打击市场的做法都是不明智的。这种强式有效市场假设下,任何专业投资者的边际市场价值为零,因为没有任何资料来源和加工方式能够稳定地增加收益。对于证券组合理论来说,其组合构建的条件之一即是假设证券市场是充分有效的,所有市场参与者都能同等地得到充分的投资信息,如各种证券收益和风险的变动及其影响因素,同时不考虑交易费用。但对于证券组合的管理来说,如果市场是强式有效的,组合管理者会选择消极保守型的态度,只求获得市场平均的收益率水平,因为区别将来某段时期的有利或无利的投资不可能以现阶段已知的这些投资的任何特征为依据,进而进行组合调整。因此在这样一个市场中,管理者一般模拟某一种主要的市场指数进行投资。而在市场仅达到弱式有效状态时,组织管理者则是积极进取的,会在选择资产和买卖时机上下工夫,努力寻找价格偏离价值的资产。

第二节 投资组合理论

一、现代资产组合理论

哈利·马科维茨(Harry Markowitz)在1952年发表的一篇题为"投资组合的选择"的论文,首次应用资产组合报酬的均值和方差这两个数学概念,从数学上明确地定义了投资者偏好,并以数学化的方式解释投资分散化原理,系统地阐述了资产组合和选择问题,标志着现代资产组合理论(Modern Portfolio Theory,MPT)的开端。该理论认为,投资组合能降低非系统性风险,一个投资组合是由组成的各证券及其权重所确定,选择不相关的证券应是构建投资组合的目标。它开创了投资组合理论的先河,也为现代投资组合理论的进一步发展奠定了基石。

马科维茨经过大量观察和分析,他认为若在具有相同回报率的两个证券之间进行选择的话,任何投资者都会选择风险小的。这同时也表明投资者若要追求高回报必定要承担高风险。同样,出于回避风险的原因,投资者通常持有多样化投资组合。马科维茨从对回报和风险的定量出发,系统地研究了投资组合的特性,从数学上解释了投资者的避险行为,并提出了投资组合的优化方法。

马科维茨认为,投资者的效用是关于证券投资组合的期望回报率和方差的函数。一般而言,高的回报率往往伴随着高的风险,任何一个投资者或者在一定风险承受范围内追求尽可能高的回报率,或者在保证一定回报率下追求风险最小,理性的投资者通过选择有效的投资组合,以实现其期望效用最大化。这一选择过程可借助于两目标二次最优规划模型。从本质上说,两目标二次最优规划模型的建立是专门用来使投资组合在给定回报率水平上实现风险最小化,并具体说明在该回报率水平上投资组合中成分证券的类型及其相应权重。两目标二次最优化规划模型的数学表述为

$$\begin{cases} \max\left(E\left(r_p\right)\right) = \sum_{i=1}^{n} x_i E\left(r_i\right) \\ \min\left(e^2\left(r_p\right)\right) = \sum_{i=1}^{n}\sum_{j=1}^{n} x_i x_j \operatorname{Cov}\left(r_i, r_j\right) \end{cases} s.t. x_i \geqslant 0, \sum x_{i=1}$$

其中,$E(r_p)$是投资组合的期望回报率;$E(r_i)$是证券i的期望回报率,$i=1,2,\cdots,n$;$e^2(r_i)$是投资组合的风险。从理论上讲,将有关参数输入并借助于两目标二次最优规划模型,就能求出有效投资组合的集合(即有效前沿)。一个投资者在有效投资组合的集合中根据其回避风险的程度选择投资组合,所选中的投资组合必然是投资者的效用函数与有效前沿的切点。

一个投资组合是由组成的各证券及其权重所确定。因此,投资组合的期望回报率是其成分证券期望回报率的加权平均。除了确定期望回报率外,估计出投资组合相应的风险也是很重要的。投资组合的风险是由其回报率的标准方差来定义的。这些统计量是描述回报

率围绕其平均值变化的程度，如果变化剧烈则表明回报率有很大的不确定性，即风险较大。

从投资组合方差的数学展开式中可以看到投资组合的方差与各成分证券方差、权重以及成分证券间的协方差有关，而协方差与任意两证券的相关系数成正比。相关系数越小，其协方差就越小，投资组合的总体风险也就越小。因此，选择不相关的证券应是构建投资组合的目标。另外，由投资组合方差的数学展开式可以得出：增加证券可以降低投资组合的风险。

马科维茨投资组合理论的核心：一是期望回报率及其方差；二是投资将选择在给定风险水平下期望回报率最大的投资组合，或在给定期望回报率水平下风险最低的投资组合；三是对每种证券的期望回报率、方差和与其他证券的协方差进行估计和挑选，并进行数学规划，以确定各证券在投资者资金中的比重。

二、投资组合理论的发展*

拓展阅读 11-1　投资组合理论的发展见右侧二维码

三、资产定价理论

拓展阅读 11-1.docx

虽然马科维茨的均值-方差模型提出了投资者在资本市场上投资的有效前沿，但他并未给出整个市场中的最优投资组合。后来，威廉·夏普(William Sharpe)、约翰·林特纳(John Lintner)和简·莫辛(Jan Mossin)等不断地对这一理论加以拓展。特别是夏普在有效前沿的基础上引入了无风险资产及无风险利率的自由借入与贷出等假设条件，从而确立了有风险资产的最优市场组合。

(一)资本资产定价模型(Capital Asset Pricing Model，CAPM)

资本资产定价模型是由美国学者夏普、林特纳、特里诺(Jack Treynor)和莫辛等人于1964年在资产组合理论和资本市场理论的基础上发展起来的，主要研究证券市场中资产的预期收益率与风险资产之间的关系，以及均衡价格是如何形成的，是现代金融市场价格理论的支柱，广泛应用于投资决策和公司理财领域。资本资产定价模型假设所有投资者都按马科维茨的资产选择理论进行投资，对期望收益、方差和协方差等的估计完全相同，投资人可以自由借贷。基于这样的假设，资本资产定价模型研究的重点在于探求风险资产收益与风险的数量关系，即为了补偿某一特定程度的风险，投资者应该获得多少的报酬率。威廉·夏普根据马科维茨的均差-方差模型中方差计量缺少参照物，且计算量很大又不能有效区分风险类型(系统风险和非系统风险)资产组合模型，提出了著名的β值理论，即用β值度量单个证券投资的系统风险。在市场出清状态，所有投资者都将选择无风险资产与市场组合证券的线性组合。并由此建立了一个计算相对简单化的模型，也就是资本资产定价模型。这一模型假设资产收益只与市场总体收益相关，使计算量大大降低。这样一来，任一资产的均衡价格均可以写成无风险债券价格与市场组合市价的线性形式：

$$E(r_i) = r_f + \beta_i \times \left[E(r_m) - r_f \right] \tag{11.1}$$

其中，r_f为无风险收益率，由于CAPM描述的风险和收益是预测关系，因此这个模型本身是无法进行实证检验的。将以上模型转化为 CAPM 可以检验的形式，即单一指数模型(SIM)，该模型中假设每一种证券的收益率只和市场收益率存在一种线性关系，其模型为

$$r_{it} = \alpha_{it} + \beta_{im} r_{mt} + \varepsilon_{it} \tag{11.2}$$

其中：r_{it} 是某一给定时期证券 i 的回报率，r_{mt} 是同时期股票市场指数 m 的回报率；β_{im} 是股票 i 的收益率对于股市指数的敏感度，α_{im} 是方程的截距项，不同股票的 α 值一般不相同；ε_{it} 是误差项，它是一个白噪声，即均值为 0，标准差为 $\sigma\varepsilon_m$ 的随机变量。对式(11.2)采用最小二乘法得到的回归直线方程被称为"证券特征线"。对式(11.2)两边取期望值，则有：

$$\tilde{r} = \alpha_{im} + \beta_{im} \tilde{r}_m \tag{11.3}$$

对式(11.3)两边同时取方差，则有：

$$\sigma_i^2 = \beta_{im}^2 \sigma_m^2 + \sigma_\varepsilon \tag{11.4}$$

根据式(11.4)可得到贝塔系数如下的计算式：

$$\beta_{im} = \frac{\sigma_{im}}{\sigma_m^2} = \frac{\text{cov}(r_i, r_m)}{\text{var}(r_m)} \tag{11.5}$$

其中，σ_{im} 是股票 i 的收益率和股票市场指数收益率之间的协方差，σ_m^2 是股票市场指数收益率的方差。这样，股票 i 的总体风险可以分解为市场风险和公司独特风险两部分。其中市场风险是系统风险，而 β 正是反映了系统风险，即个股对市场(或大盘)变化的敏感性。具体来说，如果股票的贝塔系数大于 1，说明该股票的市场风险大于整个股市的市场风险，如果小于 1，则股票的市场风险小于整个股市的市场风险；如果等于 1，则该股票的市场风险恰好等于整个股市的市场风险。

ε_i 是残差的方差，它是未被回归直线解释的部分，可以称作是非系统风险。非系统风险是公司的独特风险。在非系统风险中，β 系数可以运用到资产投资组合中去，来降低公司的非系统风险和预测资产收益率。由上面可以知道，如果一种股票的贝塔绝对值越大，显示其收益变化幅度相对于大盘的变化幅度越大，绝对值越小，显示其变化幅度相对于大盘越小，如果是负值，则显示其变化的方向与大盘的变化方向相反，因此为避免非系统风险，可以在相应的市场走势下选择相同或相近 β 系数的证券进行投资组合。即持有多种股票将市场风险进行化解。而系统风险则不能够持有多种股票进行化解。

该模型不仅提供了评价收益风险相互转换特征的可运作框架，也为投资组合分析、基金绩效评价提供了重要的理论基础。

(二)套利定价模型(Arbitrage Pricing Theory，APT)

1976 年，美国学者斯蒂芬·罗斯在《经济理论杂志》上发表了经典论文"资本资产定价的套利理论"，提出了一种新的资产定价模型，此即套利定价理论(APT)。套利定价理论用套利概念定义均衡，不需要市场组合的存在性，而且所需的假设比资本资产定价模型(CAPM)更少、更合理。这个理论基于现代有效市场上人们的套利行为，这里套利是指投资者利用证券市场上的套利机会来赚取无风险利润。当市场出现了不合理定价，理性投资者会马上进行套利操作，由此产生的市场推动力会使得偏离的市场价格迅速回到均衡状态，不再有套利。所以，套利理论的关键应该是套利机会的存在。套利定价理论基于下面三个基础假设：证券收益率的生成过程，是由共同因素和公司特有因素共同决定；市场允许卖空，即可以进行初始投资为零的交易；市场上有着大量的不同资产。

由套利定价理论，可将证券的收益率表示为

$$r_j = E(r_j) + \beta_j(I - E(I)) + \varepsilon_j \qquad (11.6)$$

β_j是由共同因素I变动引起的证券收益率r_j变动的敏感度。ε_j为公司特有，是线性模型中直线的偏离。这里，$E(r_j)$可理解为j证券的预期收益率，也可以理解为证券j不受其他因素影响时的收益率，即无风险收益率。鉴于此，这里无妨用α_j来代替$E(r_j)$，那公式可表示为

$$r_j = \alpha_j + \beta_j(I - E(I)) + \varepsilon_j \qquad (11.7)$$

$E(\varepsilon_j)=0$(ε_j均值为零，即收益率的特征构成一非系统风险的均值为0)；$Cov(\varepsilon_i, \varepsilon_j)=0$(每一项资产的特征构成独一无二，即各共同因素间不相关)；

$Cov(\varepsilon_j, I)=0$(对证券j收益率产生影响的共同因素与其残差项不相关)

证券收益率的生成过程最主要是在风险的共同因素上可以包括通货膨胀率、汇率、工业因素等。其中，$I-E(I)$是共同因素偏离其期望收益的部分，一般被称为"意外因素"。这种意外因素对公司收益的影响随着敏感系数β_j的增大而增大。

套利定价理论的核心就是套利思想，即理性投资者都会在不增加风险的前提下充分利用套利机会去增加组合的收益率，这就是投资者适用套利组合。

用$X=(x_1, x_2, \cdots, x_n)$表示套利组合，$n$表示证券的数目，$\beta_j$表示证券$j$对共同因素$I$的敏感性，$r_j$表示证券$j$的收益率，套利组合需满足以下三个条件。

条件一：零净投资

$$\sum_{j=1}^{n} x_j = 0 \qquad (11.8)$$

零净投资即为总投资额不变，投资者不再追加投资，只是通过调整不同证券间的比重来进行某些证券的买卖，其改变的也只是证券j的比重。

条件二：无风险

$$\sum_{j=1}^{n} x_j \beta_j > 0 \qquad (11.9)$$

产生风险的共同因素对套利组合的影响程度也是零，这是由于套利组合中证券由共同因素变动引起的收益率变动可以对冲。

条件三：套利预期收益率为正

$$\sum_{j=1}^{n} x_j r_j > 0 \qquad (11.10)$$

即投资者的预期回报为正。

上面三个条件说明，在错误定价证券出现时，投资者可以利用构造的套利组合，买入收益率被低估的证券的同时卖出收益率被高估的证券，如此一来，价值低估证券的价格被拉升，高估证券的价格回落，至新的平衡点，终止套利活动。

在证券市场上，总是存在一些共同因素(如GDP、市场、市场利率、股价、通货膨胀等)，它们的变动会直接或间接影响到证券投资组合(如180上证因素)收益率的升降。通常，任意一只证券的收益率一般也都会随着这些共同因素的变动而变动。

对于APT套利定价模型，从其考量的因素多寡而言，经典的APT定价模型，可分为单因素定价模型和多因素定价模型。

1. 单因素模型

所谓单因素模型就是把经济环境中所有可能会影响到证券收益的因素当作一个宏观共同影响因素(可以以股票市场因素来代替)，并假定资产的收益生成过程只受这一个共同因素影响，由此，单只证券的收益率生成模型可用下面的线性方程式来表达：

$$r_j = \gamma_j + \beta_j I + \varepsilon_j \tag{11.11}$$

其中，r_j 为证券的收益率，γ_j 为因素收益率为零时证券 j 的预期收益率，β_j 为因素 I 的变动对证券 j 的收益率的影响。ε_j 是残差项，为证券 j 特有，与共同因素变动无关，是公司特有风险造成的，与共同因素不相关：$E(\varepsilon_j)=0$(即收益率的特征构成一非系统风险的均值为0)，$cov(\varepsilon_i, \varepsilon_j)=0$(此式表明每一公司发生的事件之间是相互独立的)。

简单的计算，不难得出，证券的预期收益率可表达为

$$E(r_j) = \gamma_j + \beta_j I \tag{11.12}$$

因此，

$$r_j = E(r_j) + \beta_j(I - EI) + \varepsilon_j \tag{11.13}$$

这是 APT 套利定价模型的基本构想，明确显示了 APT 的资产收益生成过程，即资产收益是其预期收益率加上两种预期因素成其中一种是影响所有风险资产的共同因素 I，并且资产收益只对 I 中的"意外"因素(即 I 对其期望值的偏离)产生反应。这种意外因素对公司收益的影响随着敏感系数 β_j 的增大而增大。I 对所有资产相同，可以是通货膨胀率、利率、汇率、工业总产值、GDP、市场因素等。另一种因素 ε_j 则为公司特有，它可以是公司新产品的发明、公司分红、总裁辞职、公司重组等公司特有消息引起。并且当一个资产组合包含了多种证券时，不同公司的 ε_j 有可能相互抵消，即分散化。

2. 多因素模型

多因素模型作为单因素模型的一种扩展，放松套利定价模型的假定到多个因素上，就得到多因素套利定价模型。相比于单因素的 APT 模型而言，其描述资产受因素影响的情况更为具体详尽。假定存在 k 个因素($I_1, I_2, \cdots, I_k$)，每只证券受这 k 种因素影响且在模型中相应地会有 k 个敏感度($\beta_{j1}, \beta_{j2}, \cdots, \beta_{jk}$)，故可设多因素 APT 模型如下：

$$r_j = \lambda_j + \beta_{j1}I_1 + \beta_{j2}I_2 + \cdots + \beta_{jk}I_k + \varepsilon_j \tag{11.14}$$

那么，证券预期回报率与因素敏感度之间存在如下定价方程：

$$E(r_j) = \lambda_j + \beta_{j1}I_1 + \beta_{j2}I_2 + \cdots + \beta_{jk}I_k \tag{11.15}$$

从单因素和多因素定价模型的应用效果上来看，单因素和多因素定价模型也较为合理地给出了现实证券市场上资产的定价解释。只不过是实证表明，多因素定价模型对资产的价格预测精度或解释程度有时还不够好，仍有改进的余地。尤其是对高新技术类上市公司的收益预测，差异较大。影响因素的波动项即所谓的基差风险应是造成这种较大预测偏差的原因之一。正是基于这一观点，对式(11.15)进行了扩展，加入共同因素基差风险项，即提出如下模型：

$$r_j = \alpha_j + \beta_j(I - E(I)) + \theta_j(I - E(I)) + \varepsilon_j \tag{11.16}$$

其中，r_j 是证券 j 的收益率，I 是指产生收益 r_j 的共同因素的价值，$E(I)$ 为这一因素的均值，β_j 为度量的变动 I 引致的收益 r_j 变动敏感性的系数指标，ε_j 为公司特有风险。$I-EI$ 共同

因素中的"意外因素",即 I 对其期望值的偏离,$(I-E(I))_2$ 是共同因素风险,即所谓的基差风险,θ_j 为度量基差风险变动导致的收益变动的敏感性的系数指标,θ_j 一般情况下为负值。

基于共同因素之基差风险的套利定价模型的资产收益生成过程假设认为,证券 j 的收益率 r_j,首先是由其过去收益的平均值测定;其次,"共同因素 I"的收益修正项 $(I-E(I))$(即共同因素基差)会主动调整、修匀 r_j 的预期值;"共同因素"的基差风险 $(I-E(I))$ 也会对证券的收益率 r_j 做出反应即影响其收益的大小。这一"共同因素 I"对所有资产是相同的,它可以是通胀率、工业总产值、GDP、市场因素等。其系数越大,此意外因素对公司收益的影响就越大。

基于共同因素之基差风险的套利定价模型表明,资产的收益不仅与共同因素对其期望收益率的偏离有关,还与共同因素的收益的波动有关,从而弥补了传统套利定价模型仅对因素收益率予以补偿的缺陷,因而具有更强的现实解释力。

目前为止,国内外众多学者对于多因素模型的研究方法众多,证券市场是复杂的、多变的,选用不同的方法来提取因素,以至于所提取因素对证券收益率的解释也会各不相同,比如三因素模型、五因素模型、十因素模型乃至 N 因素模型等。

四、投资组合理论的应用

(一)优化资产配置

目前市场上的投资分为很多种,股票、资金、房地产、黄金、古董等都属于投资,股票市场的周期一般都是四年,有上涨的时间,也有下调的时间。运用组合投资理论,如果是针对于房地产进行分析,首先了解股市的情况,再掌握相关的房地产价格,通过分析股市变化情况与房地产价格的变化,同时根据各自的运行周期,确定股市和房地产市场的投资侧重点,这样就有利于投资者进行正确的投资。再分析黄金市场,自从上海建立了黄金交易所,黄金的价格就在不断上升,在通货膨胀时期,各个国家都是储备黄金等有价值的贵重金属。投资者可以通过分析房地产市场与股票市场的情况,结合相应的通货膨胀预期状况,来正确地对黄金进行投资。

(二)选择投资品种

应用组合投资理论,可以确定不同资产的投资权重点,通过分析和研究,可以根据具体情况选择相应的投资对象。在证券市场外面进行选择时比较容易,容易受到个人倾向的影响。但是对于股票的选择,我们还是应该应用组合投资理论进行选择。

第三节　行为金融理论

行为金融理论是建立在资本资产定价模型(CAPM)和有效市场假说(EMH)两大基石上的。这些经典理论承袭经济学的分析方法与技术,其模型与范式局限在"理性"的分析框架中,忽视了对投资者实际决策行为的分析。随着金融市场上各种异常现象的累积,模型和实际的背离使得现代金融理论的理性分析范式陷入了尴尬境地。在此基础上,20 世纪 80

第十一章 大众理财投资的理论基础

年代行为金融理论悄然兴起,并开始动摇了 CAPM 和 EMH 的权威地位。

一、行为金融学的产生

随着金融市场上各种异常现象的累积以及心理学等相关科学的发展,传统的"理性人"假定已经无法解释现实人的经济生活与行为。越来越多的研究人员开始尝试从实验心理的角度来研究经济行为问题,试图以此来修正传统理论的假设。在这种情况下,行为金融理论(Behavioral Finance Theory)开始悄然兴起。行为金融较为系统地对现代主流金融理论提出挑战并有效地解释了众多市场异常行为,它突破了传统金融理论研究的窠臼,以心理学的研究成果为依据,从投资者的实际决策心理出发,重新审视主宰金融市场的人的因素对市场的影响。行为金融理论使人们对投资者行为的研究由"应该怎么做决策"转变到"实际是怎样做决策",它揭示了投资者心理因素在决策行为以及市场定价中的作用和地位,从而使得研究更接近实际。

19世纪 Gustave Lebon 的 *The Crowd* 和 Mackey 的 *Extraordinary Popular Delusion and the Madness of Crowds* 两本书就已经开始研究投资市场行为了。1936 年,凯恩斯的"空中楼阁理论"开始关注投资者自身的心理影响。该理论主要从心理因素角度出发,强调心理预期在人们投资决策中的重要性。他认为决定投资者行为的主要因素是心理因素,投资者是非理性的,其投资行为是建立在所谓"空中楼阁"之上,证券的价格决定于投资者心理预期所形成的合力,投资者的交易行为充满了"动物精神"(animal spirit)。

真正意义上的行为金融学理论是由美国奥瑞格大学商学教授 Burrel 和 Bauman 于 1951 年最先提出来的,他们认为,金融学家们在衡量投资者的投资收益时,不仅应建立和应用量化的投资模型,而且还应对投资者传统的行为模式进行研究。行为金融理论作为一种新兴金融理论真正兴起于 20 世纪 80 年代后期,1985 年 Debondt 和 Thaler 发表了题为"股票市场过度反应了吗?"一文,引发了行为金融理论研究的复兴,因而被学术界视为行为金融研究的正式开端。

总的来说,行为金融学试图用新的以人为中心的生命范式去代替传统金融理论的机械式的力学范式,但同时行为金融学也承认传统金融理论的范式在一定的范围内仍然是正确的。从研究方法上看,行为金融学与传统主流金融理论基本是相同的,都是在某种假设的基础上建立模型,并对金融市场的现象做出相应的解释。所不同的是,行为金融学关于投资者行为的假设是以心理学对人们实际决策行为的研究成果为基础的。

二、行为金融的理论基础*

拓展阅读 11-2　行为金融的理论基础见右侧二维码

拓展阅读 11-2.docx

三、行为金融学的主要内容*

拓展阅读 11-3　行为金融的理论基础见右侧二维码

拓展阅读 11-3.docx

本 章 小 结

本章的主要内容是梳理和讨论大众理财投资的理论基础，包括有效市场理论、投资组合理论、行为金融理论等知识。首先，介绍了有效市场理论的产生、主要内容、三种形式以及意义；其次，学习了现代资产组合理论、投资组合理论的发展、资产定价理论和投资组合理论的应用；最后，介绍了行为金融学的产生、理论基础和主要内容等相关知识。本章旨在帮助读者对理财投资有进一步的认识。

自 测 题

一、名词解释

有效市场理论　弱式有效市场　半强式有效市场　强式有效市场　投资组合理论　资本资产定价理论　套利定价理论　行为金融　期望理论　单因素模型

二、判断题

1. 强式有效市场假说认为股票价格反映了以往的全部价格信息。　　　　　　　（　）
2. 套期保值是投资者使用的策略用来增加组合的风险和收益。　　　　　　　　（　）
3. 对证券进行分散化投资的目的是在不牺牲预期收益的前提条件下降低证券组合的风险。　　　　　　　　　　　　　　　　　　　　　　　　　　　　　　（　）
4. 无套利是均衡条件的推论，如果市场达到均衡，那么一定没有套利机会。（　）
5. 损失厌恶反映了人们的风险偏好并不是一致。当涉及的是收益时，人们表现为风险偏好；当涉及的是损失时，人们则表现为风险厌恶。（　）

三、单项选择题

1. 著名的有效市场假说理论是由(　　)提出的。
   A. 沃伦·巴菲特　　　　　　　　B. 尤金·法玛
   C. 凯恩斯　　　　　　　　　　　D. 本杰明·格雷厄姆
2. 半强式有效市场假说认为股票价格(　　)。
   A. 反映了以往的全部价格信息
   B. 反映了包括内幕信息在内的全部相关信息
   C. 反映了全部的公开可得信息
   D. 股价是可以预测的
3. 如果弱型有效市场成立，那么(　　)。
   A. 技术分析无用　　　　　　　　B. 股票价格反映了历史价格中的信息
   C. 股票价格是不可预测的　　　　D. 以上所有都是
4. A、B两个公司类型相近，A公司头一年增长迅猛，一个评级机构估计B公司上市后也会增长，这是基于(　　)行为金融学原理。

第十一章 大众理财投资的理论基础

A. 心理账户　　　B. 锚定现象　　　C. 代表式启发性思维　　　D. 历史相关性

5. 现代证券投资理论的出现是为了解决(　　)。
   A. 证券市场的效率问题　　　B. 衍生证券的定价问题
   C. 证券投资中的收益-风险关系　　　D. 证券市场的流动性问题

6. 20世纪60年代中期以夏普为代表的经济学家提出了一种称之为(　　)的新理论，挑战了现代证券投资理论。
   A. 套利定价模型　　　B. 资本资产定价模型
   C. 期权定价模型　　　D. 有效市场理论

7. 马科维茨的资产组合理论最主要的内容是(　　)。
   A. 系统风险可消除
   B. 资产组合分散风险的作用
   C. 非系统风险的识别
   D. 以提高收益为目的的积极的资产组合管理

8. 以下关于行为金融理论的描述，错误的是(　　)。
   A. 投资者可以利用人们的行为偏差而长期获利
   B. 投资者由于心理因素，会对新信息过度反应或反应不足，导致证券价格的错定，投资者同样无法获利
   C. 委托理财、随大流、追涨杀跌等行为都是投资者为避免后悔心态的典型决策方式
   D. 投资者由于受信息处理能力、信息不完全的限制以及心理偏差的影响，不可能立即对全部公开信息做出反应

9. 现代标准金融学理论产生的标志是(　　)。
   A. 马科维茨的资产组合理论　　　B. 套利定价理论
   C. 资本资产定价模型　　　D. 有效市场假说

10. 过度自信通常不会导致人们(　　)。
    A. 高估自己的知识　　　B. 低估风险
    C. 对预测有效性的变化敏感　　　D. 夸大自己控制事情的能力

四、多项选择题

1. 有效市场假说的三种形式是(　　)。
   A. 强式有效市场　　　B. 半强式有效市场
   C. 半弱式有效市场　　　D. 弱式有效市场

2. 根据法玛对有效市场的分类，下列市场中可以利用内幕信息获利的是(　　)。
   A. 强式有效市场　　　B. 半强式有效市场
   C. 无效市场　　　D. 弱式有效市场

3. 根据有效市场假说，下列说法正确的有(　　)。
   A. 只要所有的投资者都是理性的，市场就是有效的
   B. 只要投资者的理性偏差具有一定倾向，市场就是有效的
   C. 只要投资者的理性偏差可以相互抵消，市场就是有效的
   D. 只要有专业投资者进行套利，市场就是有效的

4. 有效组合满足(　　)。
   A. 在各种风险条件下，提供最大的预期收益率
   B. 在各种风险条件下，提供最小的预期收益率
   C. 在各种预期收益率的水平条件下，提供最小的风险
   D. 在各种预期收益率的水平条件下，提供最大的风险
5. 套利的优先性表现在(　　)方面。
   A. 套利的成本约束　　　　　　B. 套利的风险约束
   C. 套利者激励结构的约束　　　D. 政治、制度规则与文化约束

五、简答题

1. 如何理解有效市场假说与证券投资之间的关系？
2. 如何理解有效市场假说的意义？
3. 如何理解资本资产定价模型与套利定价模型在证券投资中的作用？
4. 行为金融理论对于证券投资的贡献是什么？
5. 羊群效应如何产生的？如何克服？

六、论述题

分别描述 BSV、DHS、HS 模型并比较。

第十二章 大众理财投资的组合设计

【学习目标】

通过学习本章，读者应当了解大众理财投资设计的一般原理及过程，了解不同净值家庭、不同年龄家庭及不同风险态度家庭的投资组合设计的主要内容，结合案例理解不同家庭所适合的投资组合。

不能把鸡蛋放在一个篮子里.mp4

【导读案例】

居民家庭资产配置多元化

2019"中国家庭财富调查报告"既反映了一年来居民家庭财富总量和结构的变化，又在一定程度上映衬了经济政策效果。改革开放四十多年来，大部分城乡居民手里有了更多储蓄，因而有了更多投资选择，资产配置逐步成为家庭经济决策的重要内容。

从结构上看，我国居民家庭财产结构变化不大，房产净值占比居高不下；不仅如此，财产增长很大程度上是由房产净值增长导致的。从报告中可以看出，家庭人均财产增长中的91%来自房产净值，相对于全国人均家庭财产7.5%的增速，房产净值增速更高，接近10.3%。由此可见，房产净值占家庭总财产比重持续增加。这一方面是房地产价格依然保持增长所致；另一方面，则是由于居民在家庭财产配置中仍选择将资金投向房地产。同时，房产净值快速增长与居民住房负债率低也有一定关系。目前，居民住房负债余额仅相当于住房现值的不足6%；居民住房负债表现则苦乐不均，与一线城市高房价下住房投资压力较大相比，其他城市住房投资压力相对较小。

除房产净值外，其他资产配置有一定变化，但并非决定性因素。在实际资产配置中，中国居民金融资产的绝大部分仍为各种银行存款。这种情况由来已久，不是短期内能改变的，究其原因，谨慎性储蓄需求仍占据最重要的地位。

报告显示，全国居民家庭储蓄前三个主要原因依次为"应付突发事件及医疗支出""为养老做准备"和"为子女教育做准备"。尽管我国社会保障体系建立已有多年，且不断得到健全和完善，但经历了经济快速增长期的人群往往具有预期不稳定的特点，对于未来养老需要预留多少资金、子女接受教育需要多少资金等很难做出准确判断。因此，从谨慎性需求出发，居民往往选择尽可能多地储蓄，从而造成多数情况下家庭储蓄超过实际需要，进而在总量上对国内消费需求造成了抑制性作用。

从经济政策角度考察，过度的谨慎性储蓄会对扩大国内消费造成一定负面影响。由于居民长期形成的对风险极度厌恶，以及对机构投资的不信任感，居民对风险资产的投资走向两个极端，要么选择自行做出投资决策，要么索性选择远离风险投资、一味依赖银行储蓄。因此，通过经济政策调整来影响城乡居民的预期，从而改变其家庭资产配置策略，或许是一条可行的路。毕竟，与严重依赖房地产投资相比，多元化的家庭资产配置策略相对安全，抵御风险冲击能力也相对更强。

(资料来源：中国经济网，http://www.ce.cn/，2019-10-30)

第一节 大众理财投资组合设计的一般原理

一、个人特征与大众理财规划

(一)理财价值观与大众理财规划

随着人们收入水平的不断提高，投资理财已经成为众多家庭的一个必需品，市场中金融理财产品品种丰富，风险各异，基金理财产品，银行人民币、外汇理财产品和保险业一些理财产品等，投资者面对众多理财产品，如何合理地制定家庭理财规划，并不是件简单的事，由于受到个人理财价值观、家庭状况等因素的制约，每个投资者的理财方式也不同。

理财并不等于投资，它的本质就是未雨绸缪，合理安排好人生不同阶段资金需求，最终实现人生在财务上的自由、自主、自在。人生理财的目的无非是退休养老、保持目前生活水准、购房、购车还有子女教育等，目前经济社会存在着四种理财价值观的人群：蚂蚁族、蟋蟀族、慈鸟族和蜗牛族。

1. 蚂蚁族：先牺牲后享受

蚂蚁族也可称为偏退休型，此类人群的特点是储蓄率高，最重要的目标就是退休规划，先牺牲后享受。蚂蚁每天都在为自己的生存而努力工作，这类人群就像是蚂蚁一样，处事小心翼翼，总把工作放在第一的位置上，终日劳作而不在乎眼前的享受。他们的性格是吃苦在前、享受在后。该人群的理财态度往往量入为出，买东西精打细算，不向人借钱也不用银行信用贷款，有储蓄的习惯，投资理财，是先牺牲后享受型，眼光长远。

投资建议：可选择多种不同类型的理财产品进行组合，在进行产品组合时，要根据个人实际风险承受力，适当地分配各类型产品的投资比例，以达到分散风险的效果。保险方面可选择养老保险或投资型保险。也可投资实物黄金，黄金与其他投资产品相比，具有价值变动微小、流动性好的优点，是对付通货膨胀的有效手段，另一个重要功能就是规避汇率风险。

2. 蟋蟀族：先享受后牺牲

蟋蟀族也可称为偏当前享受型，此类人群的特点是储蓄率低，最重要的目标就是当前消费，先享受后牺牲。此类人群代表的是时下喜欢消费的人群，比较注重眼前的享受，当前消费的效用大于对未来的期待。他们的理财态度是缺乏理财概念，透支未来，是冲动型的消费者，喜欢进行贷款或用信用卡提前消费。

投资建议：削减30%月开支，进行强制型储蓄，如若控制力不强，可采取基金定投方式进行强迫储蓄，让月光族变成"月攒族"，在保险方面可选择基本需求的养老金。

第十二章　大众理财投资的组合设计

3. 慈鸟族：一切为子女

慈鸟族也可称为偏子女型，此类人群的特点是子女教育支出占一生总所得10%以上，牺牲当前与未来的消费，自己不用，留给子女当遗产。此类型人群理财态度是优先安排子女教育规划，子女高等教育金支付期与退休准备期高度重叠，如果不提早规划子女教育，可能会因为供子女上大学而牺牲退休生活质量，子女高等教育的学费成长率无法预估，所以需要从宽规划。将孩子未来的前途放在首位，为孩子提供最好的教育和生活条件，重视家庭成员的生活质量。

投资建议：可投资债券、低风险基金、教育储蓄等，长期持有，收益至少可达到5%以上。保险方面可考虑子女教育年金。

4. 蜗牛族：背壳不嫌苦

蜗牛族也可称为偏购房族，此类人群的特点是购房本息支出在收入30%以上，牺牲当前与未来的享受，换得拥有自己的房子，为壳辛苦为壳忙。此类人群的理财态度是买房花费成为最大的开支，月供成为家庭最大月支出，有赚钱的机会不排斥钱生钱，关注家庭理财。

投资建议：优先安排购房规划，密切关注贷款利率政策信息，利用国家房屋贷款利率优惠政策减少利息支出。采用一年支取一次公积金提前还贷，可大大减少财务压力。可投资中短期优质基金或者银行理财产品。保险方面可投资短期储蓄险或者房贷险。

(二)个性与大众理财规划

理财个性是指大众在理财过程中表现出的个人特征，它与人的性格有着很大关系。为了确认不同心理因素对客户行为的影响，许多学者进行了大量的研究，创立了"自我价值实现理论""客户个性偏好分析模型"等。其实，任何一种客户类型的分析，都是试图帮助服务提供者区分客户需求。在影响客户需求的诸多因素中，个性是关键因素之一，正如David Keirsey 和 Mairlyn Bateszai 在1984年出版的性格分析专著 *Please Understand Me* 一样，客户会说："请你理解我的个性。"

在理财过程中，我们也要关注理财个性。理财个性是指大众在理财过程中表现出来的个人特征，它与人的性格有着很大关系。有的人性格比较冲动，有的人性格比较沉稳；有的人独立性很强，而有的人则事事依赖他人；有的人愿意袒露心扉，而有的人则疑心重重。理财个性对个人理财方式的选择有着重要影响。

1. 理财个性

理财个性包括私密性、依赖性和冲动性三个方面。

(1) 私密性：对大多数人而言，私人或者家庭的财务状况，是非常私密的事情，不会轻易向他人表露，尤其很多中国人都害怕露富的心理。但是当个人遇到重大的问题急需解决时，还是有人愿意提供自己的财务数据。私密性与个人关系不见得成正比例。大部分人反而宁愿与专业但无亲友关系的理财顾问打交道，因为一方比较客观，另一方面也能保密。

(2) 依赖性：由自己做理财决策，或者请教他人，这跟是否有时间或专业知识并无必然联系，主要还是理财个性使然。有些人虽然日理万机，但是在理财决策上事必躬亲，再忙也不假手他人。有些人不识基本分析或技术分析，只是凭感觉理财，只要是自己做决策，亏钱也认了，委托专家操作也不一定会赚钱。依赖性强的人较会请教他人意见，但大多数是以某个特定的投机时间或选股为问题请教亲戚朋友。不过当有机会接触到专业的投资顾问时，专家们所提供的建议确实能为其提高收益，他们会更信赖专家。

(3) 冲动性：做财务决策时，有的人往往会很冲动，例如一听到风吹草动就赶紧抛出股票；有的人做决策非常谨慎，深思熟虑才采取行动。冲动性高的人对突发事件反应快，但不见得恰当，直觉成分比理性判断的成分高。

2. 理财规划分类

根据理财个性的依赖性和冲动性、决策的判断和犹豫，可以将理财规划方向分为赌徒型、分析师型、群众型和保守型四种类型，并因此提供不同的理财服务方式和金融产品。

(1) 赌徒顾客型：做决策很有主见，但是也很冲动。这种类型的人愿意承担高风险来获得高收益。服务于这种顾客的原则是提供给顾客更多的市场信息，让顾客独立做出选择。

(2) 分析师型顾客：行事谨慎又有主见，他们能够对自己获得的信息进行独立分析，并能够独立做出决策。对分析师型的顾客，要采取理性的行销方式，为其提供更多有价值的信息，用协商的方式与顾客共同探讨规划方案。

(3) 群众型顾客：没有主见且行事冲动，即所谓"随大流"的那部分人。股票市场上大多数散户都属于此类顾客。对于这种类型的顾客应该根据市场行情提供给顾客有价值的信息，并提醒其注意风险。

(4) 保守型顾客：没有主见又小心谨慎，不知道自己该如何理财，又特别在乎自己的得失。对于这类客户，理财规划师要主动地与顾客进行沟通，使顾客相信自己的专业能力，然后才能发挥自己的专业知识更好地服务顾客。

(三)生命周期与大众理财规划

关于个体生命周期年龄阶段的划分存在很多不同的标准，其中，2017联合国世界卫生组织经过对全球人体素质和平均寿命进行测定，做出的最新的规定中将人的一生分为五个年龄阶段：未成年人，0至17岁；青年人，18岁至65岁；中年人，66岁至79岁；老年人，80岁至99岁。从生命周期循环运动的变化规律角度，将个体生命周期分成婴儿期、儿童期、青春期、成年期及老年期。在心理学上也有对家庭的生命周期的定义，具体是指一个家庭诞生、发展直至消亡的运动过程。一般而言，很多人的一生大多是这样度过的：儿童时期由父母抚养，在20～30岁之间不再依赖父母，婚姻、事业处于刚起步阶段，可能有了孩子；在接下来的31～40岁之间婚姻稳定，事业发展，子女教育经费增加；在41～60岁之间收入达到高峰，孩子离开去组建自己的家庭；60岁以上，再一次过夫妇两人的生活。不同的年龄阶段所面临的收入与支出境况，如图12-1所示。

1. 单身期

年龄阶段：22～28岁

生活状况：刚刚参加工作，工资收入较低但花销不少，房租与各种消费占据了收入的绝大部分，此时理财目的不在于短期获得多少，在于积累收入及投资经验，为未来的生活打下基础。这个时期理财的主要手段是努力找寻高收入的工作并积极努力地工作积累初期的财富。

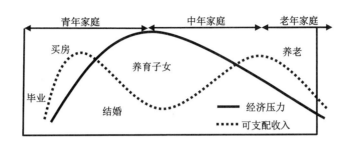

图 12-1 不同年龄阶段的大众收入与经济压力情况

理财建议：

a. 量入为出，掌握资金状况。二十来岁，应该对每月的收支情况进行记录，然后对开销情况进行分析，哪些是必不可少的开支，哪些是可有可无，哪些是不该有的；

b. 强制储蓄。逐渐积累拿到工资以后，一部分工资攒起来，然后也可以投资一些低风险的固定收益类理财产品。

2. 家庭与事业形成期

年龄阶段：25～30 岁，结婚到子女出生

生活状况：结婚生子，家庭收入由单薪变为双薪，经济收入较单身时增加，已经有了一定财力，但是这个阶段家庭建设支出往往需求较大，如购房、购车，还有未来的子女出生，面临的支出压力较大，可积累到的资产有限。

理财建议：

该阶段投资方面可以稍稍偏向积极的风格，但需要兼顾到安全稳健的原则，确保家庭的消费支出。同时，需要配置必要的保险，以规避不确定的风险给家庭带来的影响。

3. 家庭与事业成熟期

年龄阶段：28～50 岁，孩子出生到大学毕业

生活状况：当一个"二人世界"的家庭变为"三口之家""四口之家"甚至"五口之家"，这时候不管是家庭还是事业都渐渐趋于稳定，子女也慢慢长大。家庭的收入支出都趋向稳定，但由于车贷房贷、子女教育、赡养老人等负担在这个阶段较为集中，最是繁重。

理财建议：

a. 一些浮动和长定期的理财最合适，既有高收益也能承担一些风险；

b. 此阶段"上有老，下有小"，面对家庭繁重的负担，为了保险起见，大病储备和医疗消费的储备迫在眉睫；

c. 经济稳定，资产丰厚，可以投资一些高收益的理财产品。

4. 退休前准备期

年龄阶段：45～65 岁，孩子工作到退休

生活状况：这个阶段是人生中财富积累最高峰，也是财务最自由最轻松的时间，家庭已经达到稳定阶段，子女也已经开始独立，家庭资产增加，负债基本已经处理，生活压力减小。

理财建议：

建议 80%以上的财富用于投资防御性资产，如国债、基金、固定收益类理财等，巩固个人和家庭的资产，扩大投资，为退休后的生活做准备。

5. 退休后生活期

年龄阶段：65 岁以后

生活状况：这个阶段是收入变少，主要以前期的资产投资收入和过去保险产品保险金给付及国家基本养老金和企业年金为主，而医疗费用支出增加，支出大于收入，是消耗储备金的主要时期，甚至逐年变现资产方能保障退休后生活质量不下降。

理财建议：

应以保守防御为主，目标是保证有充裕的资金安度晚年，投资应以固定收益等低风险产品为主，最好不要再进行新的风险投资，增加负债。

二、不同理财投资工具的特征*

拓展阅读 12-1 不同理财投资工具的特征见右侧二维码

拓展阅读 12-1.docx

第二节 不同净值家庭的理财投资组合设计

一、家庭净值概况

高净值人士指的是资产净值较高的人士，一直受到各界的广泛关注。胡润研究院发布《2020 方太·胡润财富报告》，揭示了目前大中华区拥有 600 万资产、千万资产、亿万资产和 3000 万美元资产的家庭数量和地域分布情况。大中华区拥有 600 万资产的家庭总财富达 146 万亿元，是大中华区全年 GDP 的 1.5 倍。截止到 2019 年 12 月 31 日，大中华区 600 万资产家庭数量已经达到 501 万户，比上年增加 7 万户，增长率达 1.4%，其中拥有 600 万可投资资产的家庭数量为 180 万户；拥有千万资产的"高净值家庭"数量为 202 万户，比上年增加 4 万户，增加 2%，其中拥有千万可投资资产的"高净值家庭"数量为 108 万户；拥有亿万资产的"超高净值家庭"数量为 13 万户，比上年增加 3000 户，增加 2.4%，其中拥有亿万可投资资产的"超高净值家庭"数量为 7.7 万户；拥有 3000 万美元的"国际超高净值家庭"数量为 8.6 万户，比上年增加 2100 户，增加 2.5%，其中拥有 3000 万美元可投资资产的"国际超高净值家庭"数量为 5.4 万户。

(一)家庭净值的概念与分类

"资产净值"是指总资产减去总负债所剩余的部分。家庭净值的全称为"家庭总资产净值"，是家庭的所有资产(包括货币、动产与不动产)减去负债(如消费贷款等)之后的金额。通过家庭资产净值的数额多少我们可以判断家庭的总体经济水平、社会阶层，可以预测其消费和投资能力。对家庭净值这个概念要把握两个核心点。首先是家庭，我们所得出的净值都是基于家庭这个单位,并不单指其中某个家庭成员;再就是净值,家庭为单位计算净值的时候一定要在核算出总资产的同时除去家庭的负债(各类贷款均属于家庭负债),把握这两个就可以相对准确地得出一个家庭的资产净值。家庭资产是指家庭所拥有的能以货币计量的财产、债权和其他权利。其中财产主要是指各种实物、金融产品等最明显的东西;债权就是家庭成员外其他人或机构欠你的金钱或财物,也就是你的家庭借出去可到期收回的钱物;其他权利主要就是无形资产,如各种知识产权、股份等。能以货币计量的含义就是各种资产都是有价的,可估算出它们的价值或价格,不能估值的东西一般不算资产,如名誉、知识等无形的东西,虽然它们是财富的一种,但很难客观地评估其价格,所以在理财活动中,它们不归属资产的范畴。

在我国,学术上还没有对家庭净值数额所代表的层次有统一和明确的划分,但是近年来被大家所关注的概念"高净值家庭"将划分标准界定在可投资资产在 600 万元人民币及以上的家庭,在此标准之下的都被定义为中低净值家庭。同时很多研究报告也将家庭净值高于 3000 万美元的家庭定义为"超高净值家庭"。本书将"家庭净值"的标准进行重新划分,具体如表 12-1 所示。

表 12-1 不同净值家庭分类及特征

主要指标	低净值家庭	中净值家庭	高净值家庭
净值数额(元)	0~100 万元	101 万~600 万元	601 万元以上
家庭特征	生活温饱、有基本存款、无固定资产或较少	生活小康、有较多存款、拥有固定资产和其他投资	生活富裕、有大量存款和固定资产以及多种投资

低净值家庭主要是其净值数额在 100 万元人民币以下,生活水平维持在温饱状态的家庭,对于他们来说,家庭财务尚未实现完全自由,但拥有少量的银行存款以备不时之需;在固定资产方面,有些尚未拥有自己的住宅或在二、三线城市以及城镇拥有少量房产。中净值家庭则在生活水平和资产水平上都上了一个台阶,除了满足日常开销以外,有一笔稳定的银行存款,在城市拥有固定资产并会涉及其他种类的投资,基本摆脱了生活的沉重负担,家庭资产结构合理,可以实现初步财务自由。高净值家庭的区分度更高,家庭资产的配置更合理,风险防范意识较强,在投资的过程中对于投资组合的设计要求也更高。

(二)中国家庭净值现状*

拓展阅读 12-2 中国家庭净值现状见右侧二维码

拓展阅读 12-2.docx

二、不同净值家庭投资组合设计的案例分析

针对不同净值家庭设计投资组合,需要时刻了解家庭净值近年来的规模和发展变化趋势,了解投资者的情况,才能做到所设计出的投资组合更加符合投资者的实际情况。而针对中国家庭资产净值的研究也一直是国内外和各种金融机构的重点。本部分将结合投资组合的一般原理,针对不同净值家庭进行投资组合案例分析。

(一)低净值家庭投资组合设计

1. 案例分析

我们假设 A 家庭位于我国的一个三线城市，是一个刚刚组建的两口之家，夫妻双方均在城市里有稳定固定的工作，收入来源稳定，家庭年收入维持在 9 万元左右。资产方面：家庭现有 15 万元的银行存款作为储蓄，并拥有 10 万元的尚未到期的银行理财；拥有一套 100 平方米的住宅和一辆家用轿车，按照市场价格房屋市值 65 万元人民币左右，汽车市值 10 万元人民币；负债方面：房产和汽车商业贷款分别为 15 万元和 5 万元。

通过家庭净值的概念我们可以计算得出，该家庭拥有各类资产共计 100 万元，负债合计 20 万元，家庭净值约为 80 万元，属于典型的低净值家庭。

以案例中的家庭情况为例，我们可以分析提取出以下几个关键信息：首先，该家庭属于年轻的普通工薪阶层，因此对于家庭层面未来发展的变数较大，其中包括可能会诞生并抚养孩子，这将增加一笔不小的生活开支，但是同时考虑到相对稳定的收入以及家庭成员的年纪，所以对于风险具有一定的承受能力。其次，家庭资产结构较为合理，如果银行理财到期将拥有 25 万元的银行储蓄，即使拥有 20 万元的负债，但是负债只占固定资产总值的 26.7%，考虑到拥有的银行储蓄和稳定的收入，家庭负债压力适中，并无太大风险。最后，家庭目前情况也存在一些问题，例如所拥有固定资产均为自用，并无可以出租的部分，因此固定资产无法创造价值，并且银行存款和理财比例不合理，25 万元的资金当中，理财只占 40%，15 万元的银行存款以备日常使用过多，大量的活期储蓄将会导致收益的损失，所以没有做到收益最大化。

因此，我们在对该家庭进行投资组合设计的时候，应该从家庭诉求角度考虑，考虑到家庭的实际情况以及所设计出来的投资组合是否可以灵活应对即将出现的变化，最大化资金的收益并降低低净值家庭的风险。

2. 投资组合设计

第一步，重新分配资金结构，减少活期储蓄余额。考虑到三线城市的生活水平，在银行理财到期后我们只留 5 万元作为活期储蓄用来应对突发情况，剩下的 20 万元我们用来进行投资理财，这样可以在背负债务的情况下最大限度地减少通货膨胀带来的额外损失。

第二步，选择合适的投资品种，合理把控风险。由于家庭可供进行投资的资金数额并不巨大，加上未来可能要承担抚养子女重任，因此资金使用上需要做到灵活和降低风险，最好可以将收益和降低风险相结合。我们就可以不用考虑股票等高风险的投资种类，将重点放在较为稳定的银行理财和保险上，保险理财可以选择有关子女的险种，这样缓解抚养子女的压力，防范风险的同时获取收益，银行理财部分可以选择将资金进行二次划分，其中一部分购买风险较低的保本型产品，另一部分选择收益率较高但是带有一定风险的高收益理财产品，这样既可以保证未来急需使用资金时拥有足量资金也保证了创造高收益的可能，但是具体比例和购买期限都需要结合家庭自身风险承受能力进行抉择，并没有唯一的答案。

第三步，合理规划生活，形成阶梯式理财。正如书中有关储蓄的章节所介绍的关于储蓄理财的多种方式，除了控制理财产品本身的风险之外，我们还可以通过构建合理的理财

第十二章 大众理财投资的组合设计

产品结构降低风险。家庭每年的收入除去日常开销以外，结余部分也应该加入到投资的"聚宝盆"里来，结合每年的资金使用预期，将理财产品的期限调整开来，形成金字塔式的、阶梯式的理财矩阵，这样避免了大量资金集中在个别理财产品中，当遇到突发情况时也不至于出现资金慌和提前支取造成的损失。

(二)中净值家庭投资组合设计

1. 案例分析

我们假设 B 家庭位于我国的一个二线城市，家庭成员由父母和孩子构成，丈夫在企业上班属于公司中高层管理者，妻子在当地的政府机构任职，家庭年收入为 25 万元左右。通过多年奋斗努力，资产方面：家庭现有银行各类存款 50 万元，其他权益类投资共计 40 万元，但主要集中在债券上；拥有一套 120 平方米的住宅、一套 50 平方米的精品公寓楼、一间 25 平方米的商铺以及一辆家用轿车。按照当前市值，家用住宅、精品公寓楼以及商铺的价格分别为 120 万元、50 万元以及 60 万元，汽车市值 25 万元。现阶段也已无各类负债。

通过家庭净值的概念我们可以计算得出，该家庭拥有各类资产共计 345 万元，负债合计 0，家庭净值约为 345 万元，属于典型的中净值家庭。

以案例中的家庭情况为例，我们可以分析提取出以下几个关键信息：首先，该家庭组建时间较早，夫妻双方不仅工作稳定而且收入相对较高，生活中日常开销并不会占据大部分收入，加上生活模式较为固定，突发性支出较少并且预见性较强，所以容易积累闲置资金。其次，家庭资产种类日益丰富。相较于低净值家庭，中净值家庭明显的特征就是在资产种类上摆脱单一种类，除了自用住房以外，通常会选择继续投资房产或者商铺等不动产，这十分符合近年来发展趋势中的房产净值占家庭净值比重增加的趋势。此外由于家庭拥有稳定可观的收入，风险承受能力也相应得到提升，除了银行理财和不动产投资之外，也逐渐涉及股票、债券、保险等投资种类，通过投资理财达到保本增值的意愿更加强烈。最后，通过本案例和结合身边大多数类似家庭的实际情况，我们发现，别除投资房产的部分，很多家庭投资种类其实也相对单一，出于对很多投资品种风险和收益的不了解，原则上还是经常会选择银行理财或者债券等低风险的传统投资品种，在降低风险的同时错过了很多拥有较高收益率的投资品种，因此还需要拓展自己对于投资种类的认识，最大化投资收益。

2. 投资组合设计

第一步，分析投资结构，度量心理预期。中净值家庭根据实际情况的不同，日常生活中都会选择各自的投资方式，但是其投资种类的结构和数额往往并不合理，我们不能说某种投资种类具有明显的不足，但是找到适合自己的投资结构十分重要。这就要求家庭需要将现阶段已有的投资种类及数额罗列出来，预测到期时间以及收益情况，并和投资时的心理预期相结合，如果没有达到预期，则说明投资的组合欠佳，可能是当中比例结构不合理造成的或者是追求低风险从而造成的。不论如何，首先都需要我们确定投资资金的数额，判断自己的预期收益。

第二步，找准投资品种，丰富组合设计。很多时候我们投资者都会忽略一些事实，例如只愿意拥有较高的收益却不愿意承担较高的风险，不愿意接受新的投资种类，固守投资思维定式。由于中净值家庭处于中间位置，一方面拥有了进行多渠道多种类投资的资本，另一方面又不能极大限度地承受风险,这就意味着既不能一味追求低风险又不能盲目涉及高风险投资。我们需要知道愿意投资并且善于投资的种类,有些投资者善于进行期权以及股票的分析,那么确定了方向之后就可以针对确定的投资品种进行组合设计。当然很多时候我们投资者还需要去了解不同的投资种类,例如外汇、黄金和艺术品。

(三)高净值家庭投资组合设计

1. 案例分析

我们假设 C 家庭位于我国的一个一线城市,家庭成员由父母和孩子构成。家庭主要经营一家公司,有自己的工厂,主要负责进行电子产品的研发和生产,企业由丈夫管理和运转,妻子则更多地照顾家庭,家庭预计年收入在 300 万~500 万元。资产方面:家庭现有银行各类存款 250 万元,其他权益类投资共计 200 万元,但主要集中在证券上;拥有一套 220 平方米的住宅、一套 160 平方米的住宅、一套 120 平方米的住宅、一栋厂房和相关生产设备、一辆轿车、一辆越野车以及一辆商务车。按照当前市值,住宅价格分别为:1350 万元、960 万元、650 万元,厂房及设备等资产价值 3500 万元左右,车辆总市值为 140 万元。负债方面,由于企业运转对资金需求量大,加上购房的商业贷款,现阶段负债共计 1700 万元。

通过家庭净值的概念我们可以计算得出,该家庭拥有各类资产共计 7050 万元,负债合计 1700 万元,家庭净值约为 5350 万元,属于典型的高净值家庭,符合各类调查报告中该家庭大多为企业主的特性。

首先,该家庭已摆脱工薪阶层,属于个人经营的企业主家庭,家庭的主要收入为经营企业所带来的大额利润。但是考虑到企业经营以及家庭成员的社会交往特性,存在较大的突发性支出,对于资金的灵活性要求较高。其次,家庭资产净值数额巨大的同时我们可以看到,企业用来生产经营的厂房和设备等资产占比达到 50%,也正因为家庭的收入主要靠的是经营利润,这部分资产也就显得尤为重要,和中低净值家庭主要依靠工资收入形成鲜明对比。最后,通过本案例和相关调查报告的数据显示,高净值家庭存在两极分化的情况,一方面有些家庭能够合理安排资产比例和结构,有些则过多地存放用来应急的资金,导致损失了数额可观的理财收入。该家庭就将银行存款保持在 250 万元左右,并且权益类投资也较为单一地集中在风险较高的证券市场上,这样很容易会对本来就要求高流动性的企业经营贴上高风险的压力,因此需要借鉴很多成功理财的高净值家庭资产组合形式,取得收益的同时降低风险。

2. 投资组合设计

第一步,确定消费水平,规划资产结构。区别于中低净值家庭每月 2000~5000 元的支出,高净值家庭日常生活开销也会增多,这就需要先对每月的固定支出有一个大致的概念,可以通过梳理近半年的每月支出从而对每个月的支出有个预判。接着就要考虑企业的日常运转是否需要家庭预留应急资金进行支持,如果企业可以自行运转那么将很大程度上给家庭存款留下投资组合设计的空间。

第二步,调整资金结构,控制风险范围。我们通过研究不同机构所形成的关于家庭财富的相关报告可以发现,纵观全球,家庭财富稳步增长的家庭通常将家庭分为以下四类账户:日常开销账户、杠杆账户、投资收益账户、长期收益账户。其中日常开销账户主要用来应对3~6个月的短期消费，属于要花的钱，一般占总资产的10%；杠杆账户则主要针对重大疾病等突发性开支，属于保命的钱，特点是专款专用，一般占比为15%~20%；投资收益账户顾名思义为生钱的钱，负责为家庭创造收益，更看重的是收益部分，一般占30%左右；最后一个账户为长期收益账户，也就是保本升值的钱，一定要保证本金不能有任何损失，并要抵御通货膨胀的侵蚀，所以收益不一定高，但却是长期稳定的，主要是养老金和子女教育金等，占比40%左右。我们就以该家庭为例，我们需要注意的是，由于家庭经营的企业资产部分占家庭总资产的一半，并且为了收益不可能进行随时变现，因此我们只考虑家庭拥有的250万元存款以及200万元权益投资。其中家庭日常开销账户应该为45万元左右，杠杆账户为90万元左右，投资收益账户为135万元左右，长期收益账户为180万元。大致按照该比例进行资产分配相比原来的资金结构，一方面减少不必要的活期存款从而增加收益，另一方面减少看似高收益证券投资所带来的高风险。

第三节　不同年龄家庭的理财投资组合设计

在多种关于个体年龄阶段和家庭生命周期划分标准的基础上，我们以家庭为对象，根据一个家庭的主要家庭成员在不同的个体年龄阶段所表现出的特征，将家庭划分为青年家庭、中年家庭和老年家庭。本书根据一个家庭中夫妻的平均年龄将家庭划分为不同的类型。青年家庭指的是一个家庭中夫妻的平均年龄低于40周岁的家庭；中年家庭指的是夫妻的平均年龄在40周岁到60周岁的家庭；夫妻的平均年龄在60周岁以上的家庭为老年家庭。

一、青年家庭

处于这一阶段家庭的主要收入和消费特点是：积蓄缓慢增加，收入逐渐稳定但偶尔也会出现入不敷出的财务状况。处于这一时期的家庭主要消费：住房消费(包括购买住房或住房首付或租房等)、家庭建设支出(主要包括购置大型家电、买车等)社会交往活动的支出等。这一阶段家庭也会迎接新生命的到来，随之而来的有子女的生活费用、初等教育投入等。

青年阶段的家庭风险承受能力较低，可以主要投资于收益相对稳定、风险较低的证券，如银行固定储蓄、国债或其他固定收益型债券、货币型基金等，剩余的资金可以用于子女的教育投资(包括教育基金)，同时收入和学历相对较高的投资者也可以适当配比具有成长价值和空间的股票。

【案例分析】

刚结婚的林先生26岁，在银行工作，月收入4000元，年终奖大约为3万元，工作3年。其妻子在邮政系统工作，与林先生同岁，税后月收入在2500元左右，年终奖1万元，公积金每人600元/月。该夫妻二人于去年购买一套110平方米价值55万元的新房，目前月供2368.7元。结婚后获得一笔大约有15万元的资金，目前两人生活月支出4000元左右，主要是购物消费，准备贷款购买福克斯大约12万元。两人职业都比较稳定，因此收入也比较稳定，月收入在6500元，年终奖4万元，同时两人公积金每年能支取14400元，但扣除2368元的月供，月消费4000元，基本无节余接近"月光"。

理财建议：

(1) 两人理财的重点是"节流"，由于生活消费习惯不可能在较短的时间内改变，建议可先从月支出 4000 元调整为 3500 元，经过半年后再调整到 3000 元，最终争取能达到扣除按揭支出后月收入的 50%作为储蓄或投资，将节余的资金可作为基金的定投，每月基金定投 1500 元是必要的。

(2) 推迟购车的计划，尤其是贷款购车。如果现在就准备购车，经过测算，林先生夫妇至少要在车上多花费 10000 元，这对于他们将是一笔不小的负担。如果能将这笔开支转为投资，每月定投基金 3000 元，假设基金的投资回报率每年为 5%，3 年后这笔投资的总收益为 32260 元，到时可能是小宝宝出现的时候，可作为一笔不小的准备金。

(3) 目前手中 15 万元存款的投资建议。由于两人均较为年轻，抗风险能力较强，在目前存款利率低，又担心今后通胀上涨的情况下，建议留足 6 个月的生活支出 3 万元，其余的 12 万元，可以分别配置基金和股票，因为目前是长期分次购买股票和基金的较好时点，尤其是如果沪深股市出现中期调整行情将是战略购入的良机。

(4) 记住每年按时从公积金账户中提取公积金，还贷也可，投资也可，总之不要存在里边当通知存款就好!

二、中年家庭

处于这一阶段家庭的主要收入和消费特点是：工作能力及经验、达到高峰状态、事业成熟、收入稳定；收入超过支出，债务减少，并且有一定的财富积累。处于这一时期的家庭基本面临"上有老，下有小"的状况，主要消费有：子女的生活和教育经费(尤其是高等教育经费较大)，这一阶段后期子女逐渐成家立业，经济独立；主要消费还包括父母的赡养费等支出。

中年阶段的家庭可以采取较为稳健型理财方式，可以考虑信托、债券、银行理财等稳健型产品，少量配置股票类资产，同时处于这一时期的家庭也应提前规划退休后的储蓄与消费生活，还可以为养老做定投储备。

【案例分析】

李先生今年 40 岁，已迈入不惑之年，与太太结婚多年，15 岁的儿子刚上高中，是典型的三口之家。李先生是公务员，月收入 3300 元，李太太是中学教师，月收入 2500 元。两人目前工作稳定，单位福利也不错，奖金福利一年约 8000 元。经过多年累积，现拥有一套 80 平方米的住房(价值约 20 万元)和一辆家用轿车(价值约 10 万元)，家庭活期存款约 1 万元，定期存款 5 万元，投资于股票型基金 2 万元和银行理财产品 3 万元，无负债。家庭日常支出每月约为 2000 元，另外儿子上高中的费用一年为 3000 元。李先生希望改善目前的生活环境，近期买一套稍大的房子，方便照顾年事已高的父母。目前二线城市的房价也在逐渐上涨，买房需要一笔巨大的花费，同时也考虑到儿子 3 年后上大学需要准备一笔教育费用，如何利用现有资源合理规划达成理财目标呢？

1. 家庭财务状况分析

表 12-2 为李先生的家庭资产负债表。可以看出，家庭拥有固定和流动资产总值 41 万

元，无负债，资产负债情况稳健。固定资产为一套 20 万元的房产和一辆 10 万元的汽车，流动资产方面是 6 万元的活期与定期存款，2 万元的基金和 3 万元的理财产品。家庭资产的 73.17%为固定资产，如果不变卖折现，则可用于达成理财目标的部分仅为流动资产 11 万元。

表 12-2 家庭资产负债表

家庭资产	金额/万元	占比(%)	家庭负债	金额/万元	占比(%)
现金、活期及定期储蓄	6	14.63	房屋贷款	0	0.00
债券、基金、股票及理财产品	5	12.20	汽车贷款	0	0.00
自用房产	20	48.78	其他贷款	0	0.00
房产投资、黄金及收藏品	0	0.00	信用卡透支金额	0	0.00
汽车等其他资产	10	24.39	其他债务	0	0.00
合计	41	100.00	合计	0	0.00
家庭净资产	41	100.00	家庭总负债	0	0.00

2. 收入支出分析

表 12-3 为李先生一家的收入支出表。月总收入为 5800 元。其中，李先生每月收入 3300 元，占 56.9%；李太太每月收入 2500 元，占 43.1%。另外，家庭年终奖金收入约 8000 元。家庭收入构成中，夫妻收入相差不大，且来源较为单一。

表 12-3 月度收入支出表

收 入	金额/元	占比(%)	支 出	金额/元	占比(%)
李先生月收入	3300	56.9	家庭日常月支出	2000	100.0
李太太月收入	2500	43.1	贷款月供	0	0.0
家庭月其他收入	0	0.0	其他月支出	0	0.0
月均收入合计	5800	100.0	月均支出合计	2000	100.0
月结余	3800	65.52			

目前家庭的平均月支出为 2000 元(主要为日常生活支出)，其他支出主要是孩子的学杂费等，每年约 3000 元。可以看出，家庭支出中，日常支出占月总收入的 34.48%。目前家庭年度节余资金 50600 元(3800 元/月×12 月)，占家庭年总收入的 65.21%。显示家庭控制开支的储蓄能力较强，可为投资买房提供一定保障。

3. 理财规划建议

由于目前收入来源比较单一，可以尝试其他途径，如做一些投资或租金收入等；目前日常开支费用控制较好，但对于未来赡养老人可能会增加一定的花费，这一部分支出应尽早作打算，如通过购买医疗保险等减少意外的财务困境。

(1) 换房规划

根据李先生的购房意愿，假设购买一套面积 130 平方米四室二厅的房子，每平方米均价为 2500 元，则房子总价为 32.5 万元。鉴于李先生之前买房并无贷款记录，可按首套房来向银行贷款。如果买房的首付比例为三成，则约需10万元，由存款和赎回投资品来支付，其余22.5万元可用公积金贷款。按4月6日加息后5年以上个人住房公积金贷款的基准利率4.7%，贷款年限20年来计算，每月需还房贷1448元。每月还贷额占月均收入的比例为38.11%，低于40%的安全线。

如果李先生执行买房计划，那么加上买房的贷款月供，则支出每月增加1448元。新房入住后，可把目前所住的房屋出租，每月可获得一定的租金收入来减轻还贷负担，例如每月房租700元。这样相当于每月只需增加748元的支出。贷款月供支付后每月结余资金为3052元(41624元/年)，这一部分资金可通过合理的投资来为孩子未来的大学学费做储备以及达成其他家庭财务目标。

(2) 应急准备规划

现金保障可规避短期风险，防止在收入中断时影响家庭正常生活及资产和投资(比如房产、汽车等)。一般来讲，需储备月支出总额的3~6倍作为现金保障，即需6000~1.2万元(按李先生家庭平均月支出2000元计算)。如果算上房贷增加的748元，则需保留约8200~16500元。

(3) 长期保障规划

李先生夫妇都有五险一金，基本保障已足够。但如果增加了房贷，这种基本保障无法覆盖家庭全部财务风险，需购买商业保险，至少覆盖还房贷的20年。商业险应先给家庭经济支柱买，再给第二经济支柱买(保险的主要目的是保障家庭其他成员，并非保障自己)。从整个家庭的收入情况来说，可拿出10%左右的收入购买商业险，重点考虑重疾险、意外险、寿险。通过一定的组合配置，可在保费较低的情况下实现较高的保障。李先生家庭年收入约5万元，可拿出约5000元购买商业险，平均每月417元。

(4) 子女教育规划

李先生的儿子目前在读高中。买房首付需花费大部分现有资金，为了准备3年后儿子上大学的学费，则需在每月还贷之余再另做储蓄计划。教育金储备可采用定投基金的方式。应首先认识到，定投基金同样具有风险，不同类型基金风险也有不同，如股票型基金收益较高，但风险也相应较大。一般来看，投资指基的费用较低，长期年均收益率约为8%。李先生儿子15岁，如果从现在开始，每月定投指基1233元，孩子18岁时可获得5万元的教育金。

(5) 养老金规划

社保对未来退休后的基本生活有保障，但如果希望维持较高生活水平，可提早作规划。按保持目前月支2000元来计算，假设通胀率3%，那么20年后即60岁退休时的生活费用将达到每月3600元。60~85岁的生活费用至少需3600×12×25=108万元(假设通胀率与资金收益率相同，都为3%)。假设50%通过社保满足，50%自己筹备。为筹备54万元，需每月定投基金917元(可选择指数基金)，按年均收益8%计算，定投20年即可实现。

(6) 其他投资

按以上规划计算，李先生家庭每月的结余资金为3800-748(房贷月供增加差额)-417(月均保险支出)-1233(教育定投基金)-917(养老基金定投)=485(元)。另外，每年资金年终结余有5000元(年终奖金收入-孩子学费支出)，那么总剩余资金约为1万元/年。这些剩余资金应首先补足应急准备金，因为买房的首付资金占用了家庭的大部分流动资产(存款及理财产品等)，做好了相应的保障后，可将剩余的资金进行投资，鉴于其风险承受能力和年龄情况，可考虑中等风险投资，如蓝筹股、平衡型基金、债券基金和股票基金组合等。

三、老年家庭

处于这一阶段家庭的主要收入和消费特点是：主要经济来源：退休金、社会保障基金，年收入降低，积蓄缓慢减少；处于这一时期的家庭主要消费：退休养老、休闲旅游、投资和花费通常都比较保守。老年阶段的家庭投资以安全为主要目标，保本为根本，应着眼于有固定收入的投资工具，使老年生活有保障。

【案例分析】

李先生今年 65 岁，从事业单位退休近 5 年，老伴是名中学退休教师，两人月退休金共 6000 元。家庭目前有 25 万元存款，国债 5 万元，现金 10 万元。两个子女已经独立，他们与子女分开居住，每月开销大约为 2000 元。双方都有医疗保障和养老保障。

针对李先生的财务状况，我们给出的理财建议：

(1) 紧急备用金规划：可以用组合存款的形式来操作。从 10 万元现金中拿出 1 万元，以活期存款的形式存在银行，将剩余的 9 万元分成三份，从现在起的三个月，每月存一笔 3 万元的三个月定期存款，并设定自动转存。这样以后每个月都会有一笔钱到期。

(2) 消费规划：两位老人可适当增加外出旅游、保健以及文化娱乐等方面的开支，提高晚年生活质量。这样将有利于保持良好的精神状态，减少了医疗费用的支出，也属于广义的理财范畴。

(3) 保险规划：李先生和老伴可以考虑各购买一份意外伤害及意外伤害医疗保险，将有助于提高因意外急诊或患病住院的医疗费用报销比例。

(4) 投资规划：目前所持有的国债可继续持有至满期，满期后可继续投资于三年至五年期国债。建议将目前的银行存款一次性投入基金组合。

第四节 不同风险态度家庭的理财投资组合设计

一、不同风险态度类型家庭的界定

投资者的不同风险态度是指投资者对风险的不同偏好程度，一般认为投资者存在三种风险态度：风险厌恶、风险中性及风险偏好。投资者的不同风险态度对其决策行为的影响是行为金融理论中关于投资者心理特征分析的重要内容，行为金融理论中的期望理论清晰地揭示出投资者并非如传统主流金融理论所假设的理性人，而是具有一些行为偏好。行为金融理论对投资者心理特征的分析表明，投资决策过程实际上是投资者在心理上计量风险与收益的过程，因此决策结果必然会受到投资者不同风险偏好的影响。

风险就是一种不确定性，投资实体面对这种不确定性所表现出的态度、倾向便是其风险偏好的具体体现，不同的行为者对风险的态度是存在差异的。根据投资者对风险的偏好将其分为风险回避者、风险偏好者和风险中立者。

风险回避(保守型)：风险回避者选择资产的态度是，当预期收益率相同时，偏好于具有低风险的资产；而对于具有同样风险的资产，则钟情于具有高预期收益率的资产。

风险偏好(积极型)：与风险回避者恰恰相反，风险偏好者通常主动追求风险，喜欢收益的动荡胜于喜欢收益的稳定。他们选择资产的原则是：当预期收益相同时，选择风险大的，因为这会给他们带来更大的效用。

风险中立(稳健型)：风险中立者通常既不回避风险，也不主动追求风险。他们选择资产的唯一标准是预期收益的大小，而不管风险状况如何。

投资风险主要有市场风险、行业风险、财务风险、管理风险、通货膨胀风险、利率风险、流动性风险等等。风险偏好类型的确定主要取决于投资者的年龄、收入、性别、经历和个性等具体因素。比如，年龄较小的人不怕失败，所以多为风险趋向型投资者，随着年龄的增加，对于风险的态度逐渐表现为中立型甚至规避型；收入越高的人们能承受的风险往往越高，相比而言，收入偏低的人群对于风险大多有回避的倾向。通常认为男性趋于冒险、女性趋于保守，但也有人认为随着现代经济生活中男女承担社会角色的互换及女性在理财中的重要地位，部分女性也呈风险爱好型；一般人生经历比较丰富的个体属风险趋向型，而经历比较简单顺利的个体属于风险规避型，但也有其他因素可能会影响他们在不同情况下的风险选择。

二、不同风险态度家庭投资组合设计的案例分析*

依据投资者风险测试表，可以判断出投资者的投资风险偏好，下面本书将给出不同投资风险偏好的投资组合设计案例。

假设这个家庭每年可供支配的投资金额为100万元。

1. 保守型家庭

保守型投资者不愿意去冒险，因此可以考虑30万元存入银行定期；购买20万元银行保本型理财产品(低风险获取高于银行定期存款的收益)；购买10万元的各类家庭财产，人寿，子女教育保险等等；20万元的保守型基金(在行情较好时获取超过银行存款的收益)；5万元购买具有高风险的资产，譬如投入到股市或者期货市场；15万元存银行活期存款，以备家庭日常的生活或者急用所需。

2. 稳健型家庭

对于稳健型投资者而言，可以考虑存入20万元银行定期存款；购买10万元的各类家庭财产，人寿，子女教育保险等等；购买30万元分红型基金或者保险产品(获取较高的收益)；购买15万元具有高风险的资产,譬如投入到股市或者期货市场；购买15万元保本型基金(在行情较好时获取超过银行存款的收益)；10万元存银行活期存款，以备家庭日常的生活或者急用所需。

3. 积极型家庭

对于积极型投资者而言，可以考虑购买10万元的各类家庭财产，人寿，子女教育保险

第十二章 大众理财投资的组合设计

等等;购买 40 万元主动型投资基金;在股票市场、期货市场配置 20 万元资金;购买 10 万元国债产品;购买 15 万元保守型基金(在行情较好时获取超过银行存款的收益);5 万元存银行活期存款,以备家庭日常的生活或者急用所需。

总的来说,投资者不论是属于上述哪种类型或阶段,在进行证券投资时,都要具体状况具体对待,并综合考虑以上因素进行抉择。当然,投资者的证券投资策略也有共通之处,一旦投资者决定了要进行证券投资,就应努力做到以下四点来保证策略生效。

(1) 制定具体可行的各期目标。在人生的不同阶段有不同的计划,根据自己的具体情况与经济实力,确定在不同年龄与时期的投资目标,并在达到预期收益水平时要适时收手,重新选择下一个目标。

(2) 遵照投资理财的基本规律。总体上投资者进行证券投资策略时要本着"终身快乐"的原则,也就是要尽量做到"抓住今天的快乐,规避明天的风险,追逐未来生活的更加幸福"的原则。在具体选择投资品种时,要遵循"不要把所有鸡蛋都放在同一个篮子里"的原则。

(3) 确定详细周全的步骤。作为投资者,最好要制定具体的投资步骤,逐步有效地拓宽投资渠道,增加各层次的投资品种,最终实现自己的投资理想。

(4) 制定稳中求变的策略。投资策略的适应性与创新性是决定投资成败的重要因素。投资策略有很多,关键是要寻找适合自己的投资策略,并在投资实践中不断反思与修正。投资者如果能真正理解与掌握以上四点,在找到适合自己的证券投资策略基础上,加强对策略的落实与调整,在投资理财的道路上必然有较好的收益。

本 章 小 结

本章的主要内容是:第一节讨论大众理财投资组合设计的一般原理,简单介绍大众理财投资工具的分类及不同理财投资工具的特征,并从理财价值观、理财个性、个体生命周期三个角度规划大众理财;第二、三、四节分别介绍不同净值家庭、不同年龄家庭及不同风险态度家庭的概况和各自适合的投资理财建议,并通过案例分析的形式帮助读者更好地理解和把握理财投资组合设计。

自 测 题

一、名词解释

理财投资工具 理财价值观 流动性投资工具 风险性投资工具 资产净值 家庭净值 生命周期 风险态度 投资组合设计 理财规划

二、判断题

1. 保障型保险主要包括:定期寿险、人身意外伤害保险、医疗保险(社会医疗保险和商业医疗保险)、活期储蓄。   (   )

2. 蟋蟀族也可称为偏当前享受型，此类人群的特点是储蓄率低，最重要的目标就是当前消费，先享受后牺牲。　　　　　　　　　　　　　　　　　　　　（　）

3. 分析师型顾客行事谨慎又有主见，他们能够对自己获得的信息进行独立分析，并能够独立做出决策。　　　　　　　　　　　　　　　　　　　　　　　（　）

4. 中年阶段的家庭风险承受能力较低，可以主要投资于收益相对稳定，风险较低的证券，如银行固定储蓄、国债或其他固定收益型债券、货币型基金等，剩余的资金可以用于子女的教育投资(包括教育基金)。　　　　　　　　　　　　　　　　（　）

5. 投资风险主要有市场风险、行业风险、财务风险、管理风险、通货膨胀风险、利率风险、流动性风险等等。　　　　　　　　　　　　　　　　　　　　（　）

三、单项选择题

1. 下列说法错误的是(　　)。
   A. 提前做好退休计划可以使自己的退休生活更有保障
   B. 提前做好退休计划可以减轻子女的经济负担
   C. 退休规划主要考虑退休后的消费和其他需求
   D. 退休后生活质量会大幅度下降

2. 理财规划分类不包括(　　)。
   A. 赌徒型顾客　　B. 分析师型顾客　　C. 激进型顾客　　D. 群众型顾客

3. 以下哪个行为体现的是融资需要？(　　)
   A. 拾遗补缺　　B. 证券交易　　C. 国债购买　　D. 买车积蓄资金

4. 根据投资者对风险的偏好所划分的类型不包括(　　)。
   A. 风险回避(保守型)　　　　　B. 风险偏好(积极型)
   C. 风险中立(稳健型)　　　　　D. 风险激进(赌徒型)

5. 青年家庭不适合的投资为(　　)。
   A. 银行固定储蓄　　　　　　　B. 国债或其他固定收益型债券
   C. 收益率波动大的股票　　　　D. 货币型基金

6. 流动性投资工具不包括(　　)。
   A. 中长期国债　　　　　　　　B. 活期储蓄
   C. 短期(三个月、半年、一年)定期储蓄　　D. 货币市场基金

7. 风险性投资工具不包括(　　)。
   A. 股票　　B. 国库券　　C. 股票型基金　　D. 外汇

8. 超高净值家庭资产金额为(　　)。
   A. 600万元　　B. 1000万元　　C. 10000万元　　D. 3000万美元

9. 老年家庭理财规划建议最不合适的是(　　)。
   A. 换房规划　　B. 保险规划　　C. 消费规划　　D. 紧急备用金规划

10. 证券投资基金的特点不包括(　　)。
    A. 收益相对较高　　　　　　　B. 风险相对较低
    C. 流动性相对较强　　　　　　D. 流动性差

四、多项选择题

1. 投资者进行证券投资为保证策略生效应做到( )。
   A. 制定具体可行的各期目标　　B. 遵照投资理财的基本规律
   C. 确定详细周全的步骤　　　　D. 制定稳中求变的策略
2. 大众理财投资工具的分类包括( )。
   A. 流动性投资工具　　　　　　B. 安全性投资工具
   C. 风险性投资工具　　　　　　D. 保障性保险工具
3. 安全性投资工具包括( )。
   A. 中期(一年以上)储蓄　　　　B. 股票型基金
   C. 债券型基金　　　　　　　　D. 中期保本型的银行理财产品
4. 不同风险态度家庭包括( )。
   A. 稳健型家庭　B. 激进型家庭　C. 保守型家庭　D. 积极型家庭
5. 信托的主要特征有( )。
   A. 收益高　　　B. 风险适中　　C. 风险比股票高　D. 流动性低

五、简答题

1. 如何理解理财投资设计的一般原理及过程？
2. 如何理解不同个性特征与理财投资之间的关系？
3. 不同生命周期的理财投资规划设计要点是什么？
4. 不同家庭净值的理财投资规划设计要点是什么？
5. 不同风险态度的理财投资规划设计要点是什么？

六、论述题

结合你所在家庭的实际，谈谈家庭理财投资设计的思路、要点及方案。

下 篇　证券市场分析篇

第十三章　证券市场的宏观经济分析

【学习目标】

通过学习本章，读者应当掌握证券市场的宏观经济分析思路，了解宏观经济分析在证券投资中的作用，掌握宏观经济指标的分析方法、宏观经济政策的分析方法，并学会运用这些分析方法来进行证券投资。

走进证券市场.mp4

【导读案例】

2020年我国经济运行分析

2020年，面对复杂严峻的国内外环境，特别是新冠肺炎疫情的严重冲击，我国经济运行稳定恢复，工业生产持续发展，消费和投资稳步回升，出口动能强劲，就业形势总体稳定，预计将成为全球唯一实现经济正增长的主要经济体。全年国内生产总值(GDP)同比增长2.3%，经济总量突破100万亿元，居民消费价格指数(CPI)同比上涨2.5%，就业形势总体稳定，进出口贸易逆势增长。我国经济向常态回归，内生动能逐步增强，宏观形势总体向好。主要体现：一是消费持续改善，投资稳步回升，对外贸易实现正增长，居民收入持续回升，消费稳步恢复。2020年，全国居民人均可支配收入32189元，比上年名义增长4.7%，扣除价格因素实际增长2.1%，略低于经济增长率。居民工资性收入稳步复苏，农村居民收入增速高于城镇居民。2020年，社会消费品零售总额39.2万亿元，同比下降3.9%。消费升级类商品和网上零售持续较快增长。二是农业生产向好，工业生产持续发展，服务业逐步恢复。2020年，国民经济三次产业同比增速分别为3.0%、2.6%、2.1%，占GDP比重分别为7.7%、37.8%、54.5%，第三产业占比高于第二产业16.7个百分点，比上年同期高1.0个百分点。三是居民消费价格涨幅回落，生产价格降幅收窄。受疫情冲击、生猪产能逐渐恢复等因素影响，2020年CPI呈前高后低走势，全年同比上涨2.5%。四是国际收支及外债。国际收支保持基本平衡。国际经济金融形势仍然复杂严峻，国内外疫情变化和外部环境存在诸多不确定性，国内经济恢复基础尚不牢固。

(资料来源：《2020年第四季度中国货币政策执行报告》，中国人民银行官网，www.pbc.gov.cn，2021-2-8)

第一节 宏观经济分析的意义

宏观经济分析是基本面分析的重要内容,因为在影响证券市场价格的诸多因素中,宏观经济是一个非常重要的因素。证券市场素有"宏观经济晴雨表"之称,在证券市场分析中,只有把握经济发展的大方向,才能做出正确的长期决策。因此宏观经济分析无论是对投资者、投资对象,还是对证券业本身乃至整个国民经济的健康发展都具有非常重要的意义。

一、宏观经济分析有助于判断证券市场的总体变动趋势

证券市场是国民经济大系统的一个重要组成部分,证券市场的总体趋势是由国民经济总体运行趋势决定的。宏观经济运行决定了证券市场的长期趋势,其他因素可能暂时改变证券市场的中期或短期趋势,但改变不了证券市场的长期趋势。因而在证券投资分析中,只有把握住宏观经济发展的大方向,才能把握证券市场的总体变动趋势,做出正确的投资决策;只有密切关注宏观经济因素的变化,尤其是货币政策和财政政策的变化,才能抓住证券投资的市场时机。

二、宏观经济分析有助于正确评估证券市场的投资价值

证券市场的投资价值是指整个市场的平均投资价值。证券市场的投资价值与国民经济整体素质及其结构变动密切相关,反映了整个国民经济的规模和增长速度。宏观经济是个体经济的总和,企业的投资价值必然在宏观经济的总体中综合反映出来。如果证券市场的价值和增长速度远远超过实体经济的规模和增长速度,则表明市场存在泡沫。所以,宏观经济分析是判断整个证券市场投资价值的关键。

三、宏观经济分析有助于把握经济政策对证券市场的影响程度

宏观经济政策是指国家或政府有意识有计划地运用一定的政策工具,调节控制宏观经济的运行,以调控国民经济的发展速度和发展方向,主要包括财政政策、货币政策和汇率政策等。在市场经济条件下,这些宏观经济政策会影响到经济增长速度和企业经济效益,影响到不同行业、不同区域及不同企业的经济效益,从而改变经济运行的周期和投资者对未来经济发展的预期,进一步对证券市场产生影响。

第二节 宏观经济分析的主要指标*

拓展阅读 13-1 宏观经济分析的主要指标见右侧二维码

拓展阅读 13-1.docx

第三节 宏观经济运行与证券市场

证券市场是资金的供给方和资金的需求方通过竞争决定证券价格的场所。因而证券市场是市场经济体系的重要内容,证券投资活动是国民经济活动的有效组成部分。因此有必要将证券市场和证券投资活动放到整个宏观经济运行的过程中去考察,从全局的角度找出影响证券市场价格的因素,揭示宏观经济运行与证券市场的关系。

一、国内生产总值(GDP)变动对证券市场的影响

GDP 变动是一国经济成就的根本反映,GDP 的持续上升表明国民经济良好发展,制约经济的各种矛盾趋于或达到协调,人们对未来经济的预期良好;相反,如果 GDP 处于不稳定的非均衡增长状态,暂时的高产出水平并不表明一个好的经济形势,不均衡的发展可能激发各种矛盾,从而可能孕育一个新的经济衰退。因而研究分析 GDP 对证券市场的影响需要将 GDP 与经济形势结合起来进行考察,特别是 GDP 的变动是否将导致各种经济因素(或经济条件)的恶化,下面分几种基本情况进行阐述。

宏观经济与证券市场.mp4

(一)持续、稳定、高速的 GDP 增长

在这种情况下,社会总需求与总供给协调增长,经济结构逐步合理趋于平衡,经济增长来源于需求刺激并使得闲置的或利用率不高的资源得以更充分的利用,从而表明经济发展的良好势头,这时证券市场会呈现上升走势。首先随着经济持续增长,上市公司利润不断上升,股息和红利持续增长,企业经营环境不断改善,投资风险逐步减小,因而公司的股票和债券会持续升值,促使其价格上涨。其次,人们对经济形势形成了良好的预期,投资积极性得以提高,从而增加了对证券的需求,促使证券价格上涨。最后,随着国内生产总值的持续增长,国民收入和居民收入水平将不断提高,从而增加证券投资的需求,引起证券价格上涨。

(二)高通胀下的 GDP 增长

当经济处于严重失衡下的高速增长时,总需求大大超过总供给,这将表现为高的通货膨胀率。这是经济形势恶化的征兆,必须采取调控措施,否则导致未来的"滞涨"(通货膨胀与增长停滞并存)。这时经济发展中的矛盾逐渐表现出来,企业经营将面临困境,居民实际收入也将降低,最终因失衡的经济增长而导致证券市场下跌。但政府如能采取有效的宏观调整措施维持经济的稳定增长,经济矛盾会逐渐缓解,经济环境得以改善,证券市场也将可能呈现平稳上升的趋势。

(三)宏观调控下的 GDP 增长

当 GDP 呈失衡的高速增长时,政府可能采用宏观调控措施以维持经济的稳定增长,这样必然减缓 GDP 的增长速度。如果调控目标得以顺利实现,GDP 仍以适当的速度增长,而

未导致 GDP 的负增长或低增长，说明宏观调控措施十分有效，经济矛盾逐步得以缓解，为下一步的增长创造了有利条件，这时证券市场将反映这种好的形势而呈平稳渐升的态势。

(四)转折性的 GDP 变动

如果 GDP 一定时期以来呈负增长，当负增长速度逐渐减缓并呈现向正增长转变的趋势时，表明恶化的经济环境逐步得到改善，证券市场走势也将由下跌转为上升。此时，若 GDP 由低速增长转为高速增长，表明经济环境逐步改善，各类经济矛盾得以解决，证券市场价格将出现上涨之势。

二、经济周期变动对证券市场的影响

(一)经济周期的含义

经济周期是指经济活动沿着经济发展的总体趋势所经历的有规律的扩张和收缩。理论研究和经济发展的实证均证明，由于受多种因素的影响，宏观经济的运行总是呈现出周期性变化。这种周期性变化表现在许多宏观经济统计数据的周期性波动上，如国内生产总值(GDP)、消费总量、投资总量、失业率等。这种宏观经济的周而复始的变化即为经济周期。宏观经济周期一般经历四个阶段，即萧条、复苏、繁荣、衰退。经济周期作为宏观经济运行的一种规律存在于经济活动中，它的存在并不依赖于国家、制度等的不同。国家宏观经济政策只能在一定程度上削弱经济周期的振幅，却不能根除经济周期，且经济周期也不像数学的"周期"那样具有严格的波长和振幅，这也给经济周期的阶段性判断带来困难。

(二)经济周期与证券市场波动

经济周期的时间有长有短，形态也多种多样，可以说没有完全相同的经济周期。但从证券市场的情况来看，证券价格的变动大体上与经济周期相一致。与经济发展周期相适应，证券市场价格也呈周期性变化，每一个变化周期大致可分为上升、高涨、下降和停滞 4 个阶段。一般是，经济繁荣，证券价格上涨；经济衰退，证券价格下跌。

虽然证券市场价格的变动周期与经济周期大体一致，但在时间上并不完全吻合。从实践上来看，证券市场走势比经济周期提前，也就是说证券市场走势对宏观经济运行有预示作用。

三、通货膨胀对证券市场的影响

通货膨胀与证券市场间的关联性一直是宏观经济学研究的核心问题。一般而言，在经济处于通货膨胀初期特别是低通胀时期，通货膨胀正向作用于证券市场；随着通货膨胀的加剧甚至出现恶性通货膨胀时，通货膨胀对证券市场往往起负向作用。

(一)通货膨胀对股票市场的影响

通货膨胀的不同成因、不同程度、不同的宏观调控政策对证券市场的影响是不同的，如温和的、稳定的通货膨胀在一定程度上能刺激经济增长，扩大就业，因而被认为对股票市场是有利的；如严重的通货膨胀是很危险的，经济将被严重扭曲，货币贬值，社会不稳定因素增加，这时人们将会囤积商品，购买房屋以期对资金保值。这可能从两个方面影响股价：一是资金流出金融市场，引起股价下跌；二是经济扭曲和失去效率。当然政府往往不会长期容忍通货膨胀存在，因而必然会动用某些宏观经济工具来抑制通胀，政府反通货膨胀的一个重要的手段就是采取紧缩的货币政策，提高利率，减少对资金的需求，从而抑制投资需求，降低物价水平。而紧缩的货币政策必然对经济运行造成影响，这种影响将改变资金流向和企业的经营利润，对证券市场十分不利。

另外通货膨胀时期，并不是所有价格和工资都按同一比率变动，也就是相对价格发生变化。这种相对价格变化导致财富和收入的再分配、产量和就业的扭曲，因而某些公司可能从中获利，而另一些公司可能蒙受损失。与之相应的是获利公司的股票上涨；相反，受损失的公司股票下跌。通货膨胀对企业的微观影响可以从"税收效应""负债效应""存货效应"等对公司作具体的分析。长期的通货膨胀，必然恶化经济环境、社会环境，股价必受大环境影响下跌。而且通货膨胀使得各种商品价格具有更大的不确定性，也使得企业未来经营状况具有更大的不确定性，影响市场对股息的预期，并增大获得预期股息的风险，从而导致股价下跌。通货膨胀不仅产生经济影响，还可能产生社会影响，并影响公众的心理和预期，从而对股价产生影响。

(二)通货膨胀对债券市场的影响

通货膨胀对债券市场的影响主要有：通货膨胀提高了投资者对债券的收益率的要求，从而引起债券价格下跌；未预期到的通货膨胀增加了企业经营的不确定性，提高了还本付息风险，从而债券价格下跌；过度通货膨胀，将使企业经营困难甚至倒闭，同时投资者将资金转移到实物资产和交易上寻求保值，债券需求减少，债券价格下降。

四、国际收支状况对证券市场的影响

国际收支状况与一国的总需求的增加或减少有着密切联系。国际收支余额为零，则总需求与总供给相等；当国际收支顺差，则总需求增加，反之，国际收支逆差时则总需求减少。总需求的增减变化最终体现在对国内商品和劳务需求的增加或减少上，从而影响到产品市场、资本市场的均衡。具体如下：

(一)贸易顺差的影响

持续的贸易顺差可以增加国民生产总值，居民收入增长，从而带动证券市场价格上扬。20世纪90年代初期，东南亚出口顺差，经济增长快，收入增长促进证券市场高涨，出口优良的企业的证券价格表现优异。

(二)贸易逆差的影响

一国出口贸易逆差，生产出口商品的企业收益将下降，其价格在证券市场上表现差。一国若持续贸易逆差，外汇储备减少，进口支付能力恶化，经济受其影响而不景气，证券市场将受到负面影响。

(三)汇率对证券市场的影响

汇率对证券市场的影响是多方面的，一般来讲，一国的经济越开放，证券市场的国际化程度越高，证券市场受汇率的影响越大。汇率上升，本币贬值，本国产品竞争力强，出口型企业将受益，因而出口型企业的股票价格将上涨；相反，依赖于进口的企业成本增加，利润下降，股票和债券价格将下跌。汇率上升，本币贬值，将导致资本流出本国，资本的流失将使得本国证券市场需求减少，从而市场价格下跌。汇率上升，为维持汇率稳定，政府可能动用外汇储备，抛售外汇，从而将减少本币的供应量，使得证券市场价格持续下跌，直到汇率水平回落恢复均衡；当然相反的操作可能使证券价格回升。

第四节 宏观经济政策与证券市场

宏观经济政策指的是政府有意识、有计划地运用政策工具，调节控制宏观经济运行。宏观经济政策的目标有经济持续稳定增长、物价稳定、充分就业和国际收支平衡。由于宏观经济政策会影响到经济运行，因而对证券市场也会产生深远的影响。下面从财政政策、货币政策和汇率政策的角度分析其对证券市场的影响。

一、财政政策对证券市场的影响

按照政策目标的不同可将财政政策分为扩张性的财政政策和紧缩性的财政政策。总的来说，实施扩张性财政政策，会增加财政支出，减少财政收入，从而增加总需求，使公司业绩上升，经营风险下降，国民收入增加，从而使证券价格上涨；相反的操作则会使证券价格下降。具体而言，影响证券市场的财政政策工具如下：

(一)税收

税收是政府财政收入的主要部分，它是国家为了实现其职能按照法律预先规定的标准，强制地、无偿地取得财政收入的一种手段，因此税收具有强制性、无偿性、固定性三种特征。税收制度可以调节和制约企业间的负税水平，税收还可以根据消费需求和投资需求的不同对象设置税种或在同一税种中实行差别税率。如果一国的税负增加，将会影响企业经营的积极性，影响居民的投资热情，进而影响证券市场的发展；如果一国的税负减少，直接引起证券市场价格上涨，总需求增加又反过来刺激投资需求，从而使企业扩大生产规模，增加企业利润，从而促进股票价格上涨。例如：2020年6月山东省宣布对个体工商户和小微企业免除一切税费，这对疫情之后山东省的经济恢复提供了强有力的保障，提高了股票市场投资者的信心。

(二)国债

国债是国家按照有偿信用原则筹集财政资金的一种形式，也是实行政府财政政策，进行宏观调控的重要工具。国债可以调整固定资产投资结构，促进经济结构的合理化。政府通过发行国债调节资金供求和货币流通量。另外，国债的发行对证券市场资金的流向格局

第十三章 证券市场的宏观经济分析

也有较大的影响，国债发行规模的缩减使市场供给量减少，从而对证券市场原有的供求平衡产生影响，导致更多的资金转向股票，推动证券市场上扬。例如：2020年5月全国发行地方政府债券13025亿元，创单月发行量新高。地方债大规模发行导致市场资金趋紧，叠加技术性回调等因素影响，5月国债收益率和Shibor等市场利率明显回升，降低了A股市场估值水平。

(三)政府转移支付

政府转移支付是指政府在社会福利保险、贫困救济和补助等方面的支出。转移支付水平发生变化会使社会的购买力在结构上发生重大变化，从而影响总需求。政府进行转移支付，如增加社会福利开支，为维持农产品价格对农民进行拨款等，就会使有些人提高收入水平，也间接促成了企业的利润增长，因此，有利于证券价格的上升；相反，政府转移支付水平下降就会使证券价格下降。一般来说，如果中央政府将地方政府转移支付的水平提升，地方政府将会对当地经济的发展有更多的自主权和财政资源，直接或间接地支持本地上市公司的发展，从而促进证券价格的上涨。

(四)政府购买

政府购买是指政府对产品和劳务的购买，如购买军需用品、购买机关办公用品、发放政府雇员报酬、实施公共项目工程所需的支出等。政府购买是一种实质性支出，直接形成社会需求和购买力，其规模直接关系到社会总需求的增减。当社会总支出水平过低时，政府应提高购买支出水平，如举办公共工程，提高社会总体需求水平，反之，则降低政府支出水平。

财政政策主要通过以上手段对证券市场产生一定影响，随着我国市场经济的不断完善和宏观调控的日趋成熟，财政政策对证券市场的影响也日益明显。

实施积极的财政政策对证券市场的影响

1. 减少税收，降低税率，扩大减免税范围

经济效应为减少了国民和公司的支出，增加了国民的可支配收入和公司利润，从而增加了消费和投资需求。这将对证券市场的影响表现为将增加经济主体的收入，同时增加了他们的投资需求和消费支出。前者直接引起证券市场价格上涨；后者则使得社会总需求增加，总需求增加反过来刺激投资需求，企业扩大生产规模，企业利润增加。同时，企业税后利润增加，也将刺激企业扩大生产规模的积极性，进一步增加利润总额，从而促进股票价格上涨。另一方面因市场需求活跃，企业经营环境改善，盈利能力增强，进而降低了还本付息风险，债券价格也将上涨。

2. 扩大财政支出，加大财政赤字

政府购买是社会总需求的一个重要组成部分。政府通过购买和公共支出增加了对商品和劳务的需求，一方面可直接增加对相关产业的产品需求；另一方面这些产业的发展又形成对其他产业的需求，以乘数的方式促进经济发展。这样公司的利润增加，进一步激励企业增加投入，国民收入水平也得到提高，促进证券价格上扬。特别是与政府购买和支出相关的企业将最先最直接从财政政策中获益，因而有关企业的股价和债券价格将率先上涨。

3. 减少国债发行(或回购部分短期国债)

国债可以调节资金供求和货币流通量，还可以调节国民收入的使用结构以及产业。减少国债或回购部分短期国债的政策效应是扩大货币流通量，扩大了社会总需求，从而刺激生产，推动证券市场价格上升。另外，国债是债券市场的主要交易对象，国债发行规模的缩减使市场供给量减少，从而使得证券市场的供求平衡发生变动，导致资金向股票市场流动，推动证券市场的价格上扬。

4. 增加财政补贴

财政补贴往往使财政支出扩大，其政策效应是，扩大社会总需求和刺激供给增加，从而使得证券市场的总体价格水平趋于上涨。

二、货币政策对证券市场的影响

货币政策是中央银行为实现一定的宏观经济调控目标运用各种货币政策工具调节货币供求的方针和策略的总称，是国家宏观经济政策的重要组成部分。更具体地说，货币政策是指调控货币的供给量而影响宏观经济的政策。比如中国人民银行行长易纲表示"2021年货币政策要'稳'字当头，保持好正常货币政策空间的可持续性"。在总量方面，综合运用各种货币政策工具，保持流动性合理充裕，保持广义货币(M2)和社会融资规模增速同名义经济增速基本匹配。中央银行主要通过三大货币政策工具来实现对宏观经济的调控，即存款准备金率、再贴现率和公开市场操作。

(一)货币政策工具对证券市场的影响

1. 存款准备金率对证券市场的影响

中央银行控制的商业银行的准备金的多少和准备金率的高低影响着银行的信贷规模。这一货币政策工具通常被认为是最猛烈的宏观调控工具之一。因为存款准备金率的小幅调整，会通过货币乘数关系引起货币供应量的巨大波动。当中央银行上调存款准备金率时，货币乘数变小，会有更多的存款从商业银行流向中央银行，商业银行的资金来源减少，放款能力降低，货币供应就会紧缩，社会资金供应紧张，股票价格有下跌的趋势；反之，下调存款准备金率，利于股票价格上涨。

2. 再贴现率对证券市场的影响

再贴现率作为一种货币政策工具，其调控作用一是通过再贴现率的调整，影响商业银行的准备金及社会的资金需求；二是通过规定贴现票据的资格，影响商业银行及全社会的资金投向。再贴现率的高低不仅直接决定再贴现额的高低，而且会间接影响商业银行的再贴现需求，从而影响整体的再贴现规模，即中央银行通过调高或降低再贴现利率以影响商业银行的信用量。如果提高贴现率，商业银行的借入资金成本增大，就会迫使其提高再贷款利率,从而起到减少贷款量和货币供应量的作用;反之,就会刺激贷款的扩大和货币供应规模。总而言之,再贴现率提高会减少商业银行的再贴现行为,从而减少流通到市场中的货币数量,流通货币数量减少,因而投入到证券市场的货币也会减少,证券市场价格降低。

3. 公开市场业务对证券市场的影响

与一般金融机构所从事的证券买卖不同,中央银行买卖证券的目的不是为了盈利目的,而是为了调节货币供应量。根据经济形势的发展,当中央银行认为需要收缩银根时,便卖出证券,相应地收回一部分基础货币,减少金融机构可用资金的数量;相反,当中央银行认为需要放松银根时,便买进证券,扩大基础货币供应,直接增加金融机构可用资金的数量。政府如果通过公开市场购回债券来达到增大货币供应量,则一方面减少了国债的供给,从而减少证券市场的总供给,使得证券价格上扬,特别是被政府购买的国债品种(通常是短期国债)首先上扬;另一方面,政府回购国债相当于向证券市场提供了一笔资金,这笔资金最直接的效应是提高对证券的需求,从而使整个证券市场价格上扬,然后增加的货币供应量将对经济产生影响。可见公开市场业务的调控工具最直接地对证券市场产生了影响。

4. 利率对证券市场的影响

利率政策在各国存在差异,有的采用浮动利率制,此时利率是作为一个货币政策的中介目标,直接对货币供应量做出反应;有的实行固定利率制,利率作为一个货币政策工具受政府(央行)直接控制。利率对证券市场的影响是十分直接的。当利率上升时,公司借款成本增加,利润率下降,股票价格将下跌,特别是那些负债率比较高,而且主要靠银行贷款从事生产经营的企业,这种影响将较为显著;同时利率上升会使债券和股票投资机会成本增大,从而价值评估降低,导致价格下跌。另外,利率上升会吸引部分资金从债市特别是股市转向储蓄,导致证券需求下降,证券价格下跌。相反,利率降低将对证券市场产生完全相反的作用。

5. 创新型货币政策工具对证券市场的影响

(1) 短期流动性调节工具(Short-term Liquidity Operations,SLO)是中国人民银行在2013年年初创设的政策工具,作为公开市场常规操作的必要补充,通常在非公开市场例行交易日操作,在银行体系流动性出现临时性波动时使用。SLO 以 7 天期内短期回购为主,人民银行根据货币调控需要,综合考虑银行体系流动性供求状况、货币市场利率水平等因素,灵活决定操作时机、操作规模及期限品种等。

(2) 常备借贷便利(Standing Lending Facility,SLF)是中国人民银行在 2013 年年初创设的中央银行借贷便利类工具,用以满足金融机构短期的临时性流动性需求。人民银行根据需要适时调整 SLF 利率水平,探索常备借贷便利利率发挥货币市场利率走廊上限的功能。常备借贷便利的实施满足了金融机构流动性的需求,维护了利率的稳定性。例如:2020 年11 月为了满足金融机构临时流动性需求,央行对金融机构开展常备借贷便利操作共 81.5 亿元,其中隔夜期 0.5 亿元,7 天期 36 亿元,1 个月期 45 亿元。常备借贷便利利率发挥了利率走廊上限的作用,有利于维护货币市场利率平稳运行。

(3) 中期借贷便利(Medium-term Lending Facility,MLF)是 2014 年 9 月由中国人民银行

创设的，是央行提供中期基础货币的货币政策工具，对象是符合宏观审慎管理要求的商业银行、政策性银行，采取质押方式发放，并需提供国债、央行票据和政策性金融债等优质债券作为合格质押品。中期借贷便利起到了补充流动性缺口的作用，有利于保持中性适度的流动性水平。MLF 利率发挥中期政策利率作用，通过调节向金融机构中期融资的成本影响其贷款利率，促进降低社会融资成本，同时引导金融向符合国家政策导向的实体经济部门提供资金支持。

(4) 定向降准政策通过建立促进信贷结构优化的正向激励机制，引导商业银行把增量中的更高比例和收回再贷中的更高比例投向"三农"和小微企业领域。中国人民银行多次实施"定向降准"，在不大幅增加贷款总量的同时，使"三农"和小微企业获得了更多信贷资源。

以上各类创新货币政策相互配合，促进形成了更加市场化的货币政策工具体系，实现了证券市场要达到的多重目的。各类期限的流动性供给工具，促进了央行政策利率体系的形成，发挥了央行对金融机构信贷投放的宏观审慎逆周期调节功能。

(二)货币政策变动方向对证券市场的影响

货币政策主要通过调控货币供应量来影响股票市场的涨跌。一般来说，货币政策的变动方向主要有两种：紧缩的货币政策和宽松的货币政策。

1. 紧缩性货币政策与证券市场涨跌的关系

在经济过度扩张，社会需求过度膨胀，社会总需求大于社会总供给时，政府常常运用紧缩性货币政策。紧缩性货币政策的实施常常表现为：提高存款准备金率、再贴现率、利率，在证券市场上出售公债等。这些措施的实施，一方面会减少社会货币供应总量，抑制股票市场投资需求的膨胀；另一方面由于利率上升，企业筹资成本增加，利润率下降，证券投资成本和投资风险增大，公司债券和股票价格下跌。同时，利率上升，会使部分投资者从股票市场上撤出资金，转向储蓄。此外，政府在证券市场上出售公债，直接增大了公债的供给量，股票市场因投资需求下降，供给增加，可能会造成股票价格的下跌。

2. 扩张性货币政策与证券市场涨跌的关系

在经济衰退时期，社会总需求小于社会总供给时，政府常常运用扩张性的货币政策调节宏观经济。扩张性货币政策的实施常常表现为：降低存款准备金率、再贴现率、利率，在证券市场回购债券等。此时，一方面会增加货币供应量，刺激股票市场需求的增长；另一方面由于货币供应量的增加，利率下降，企业筹资成本降低，证券投资成本和投资风险降低，企业利润上升，证券市场价格逐步上升。同时，利率下降会使部分货币持有者由储蓄转为证券投资。此外，政府在证券市场上公开回购公债，直接增大了公债的购买需求，进一步刺激证券投资的需求，从而导致股票价格的上升。

健全现代货币政策框架的重大举措

"十四五"时期是我国全面建成小康社会、实现第一个百年奋斗目标之后的第一个五

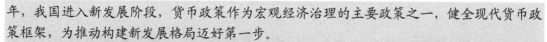

年，我国进入新发展阶段，货币政策作为宏观经济治理的主要政策之一，健全现代货币政策框架，为推动构建新发展格局迈好第一步。

一是完善货币供应调控机制。稳健的货币政策要灵活精准、合理适度，坚持以币值稳定为首要目标，更加重视就业目标，保持货币供应量和社会融资规模增速同名义经济增速基本匹配。

二是构建金融有效支持实体经济的体制机制，健全结构性货币政策工具体系。创新和完善结构性货币政策工具体系精准滴灌，加大对科技创新、小微企业、绿色发展等重点任务的金融支持，增强经济内生增长动力。

三是健全市场化利率形成和传导机制。完善以公开市场操作利率为短期政策利率和以中期借贷便利利率为中期政策利率的央行政策利率体系，健全利率走廊机制，引导市场利率围绕央行政策利率中枢运行。

四是深化人民币汇率市场化改革，把握好内部均衡和外部均衡的平衡。完善以市场供求为基础、参考一篮子货币进行调节、有管理的浮动汇率制度，增强人民币汇率弹性，发挥汇率调节宏观经济和国际收支自动稳定器作用。

五是完善宏观经济治理，促进货币政策与其他宏观经济治理政策目标优化、分工合理、高效协同。坚持央行和财政两个"钱袋子"关系定位，防止财政赤字货币化，维护银行货币创造的正常市场化功能。提高参与国际金融治理能力，维护全球经济和金融市场稳定。

(资料来源：孙国峰.《健全现代货币政策框架》，2021，有删减，www.pbc.gov.cn)

三、汇率政策对证券市场的影响

汇率是国际贸易中最重要的调节杠杆，汇率的高低将直接影响资本的国际流动，也会影响本国的进出口贸易。汇率制度是指一国货币当局对本国汇率水平的确定，汇率变动方式等问题做出的一系列安排和决定。

开放经济条件下，汇率政策对证券市场的影响是显而易见的。一般而言，一国的经济越开放，证券市场的国际化程度越高，证券市场受汇率的影响也越大。我国将保持人民币汇率在合理、均衡水平上的基本稳定，在深化金融改革中进一步探索和完善人民币汇率形成机制，发挥市场配置资源的基础作用，增强汇率杠杆对经济的调节作用，促进国际收支平衡。在新发展格局下的经济开放是国内国际双循环：一是提升"走出去"质量，进一步优化对外投资行业结构，拓展海外投资区域范围。二是优化引进外资结构，集聚更多技术含量高的高质量外资企业。采取多种措施促进国际收支平衡，方针是充分利用国际国内两个市场、两种资源，实现国际收支基本平衡。

(一)汇率政策通过影响证券市场决策行为来影响资本流动，最终影响证券市场价格

外汇市场对本国货币形成升值预期，将在短期内吸引国际资本流入，以获得以本币计值的资产升值的收益，导致证券资产价格上涨，并吸引更多国际资本流入，进一步加大升值压力，推动证券价格上涨。加上证券市场助涨助跌的特点，极易形成市场泡沫。反之，如果外汇市场产生本币贬值预期，则资本大量流出，造成证券价格剧烈波动，并加剧货币

贬值。

(二)汇率政策通过影响上市公司进出口及收益水平，最终影响证券市场价格

本币贬值短期内可刺激出口，限制进口。同时，为避免本币大幅贬值，政府则会提高利率以支持本币汇率水平，公司经营成本就会上升，利润将会减少，证券价格也会下跌。反之，升值则可提高本币购买力，降低进口成本，可以较低价格收购国外企业，扩大对外投资；同时，会抑制出口，造成通胀。总之，相关企业业绩将因此受较大影响，上市公司资产价值变化，促使国际投资者调整投资策略。例如：2021年1月5日根据企业业务需求，中国人民银行、国家外汇管理局决定将境内企业境外放款的宏观审慎调节系数由0.3上调至0.5。政策调整后，境内企业境外放款的上限相应提高，有利于满足企业"走出去"的资金需求，也有利于扩大人民币跨境使用，促进跨境资金双向均衡流动。

(三)通过公开市场、外汇市场等领域操作影响证券市场

本币贬值时，为稳定汇率水平，政府可动用国际储备，抛售外汇，减少本币供应量，导致证券价格下跌。另一方面，也可利用债市与股市的联动关系进行操作，如抛售外汇，同时回购国债，使国债市场价格上扬；既抑制本币升值，又不减少本币供应量。如为了完善外汇市场的做市商制度，我国采取了简政放权、加强日常监测和优化做市商结构等措施。

总之，汇率政策通过汇率变动影响本币，进而影响净出口，从而影响国民生产总值，致使证券市场价格发生变化；或通过汇率变动影响外商对我国货币需求量的变化，从而影响资本流向，致使证券市场价格变化。

本 章 小 结

宏观经济分析是从经济整体运行及政策的角度分析证券市场走势及行为。宏观经济分析指标有GDP、通货膨胀率、投资指标、金融指标等，影响证券投资的宏观因素主要包括经济周期、通货膨胀、财政与货币政策、利率政策、市场供求关系等。它们直接通过影响投资者的心理，使证券价格发生向上或向下的波动；或者是通过对产业因素和企业因素的影响，间接地作用于投资者的心理，亦使证券市场价格发生波动，从而影响证券投资的收益。

自 测 题

一、名词解释

国内生产总值　通货膨胀　货币供应量　再贴现率　失业率　汇率　经济周期　财政政策　货币政策　汇率政策

第十三章 证券市场的宏观经济分析

二、判断题

1. 在经济持续繁荣增长时期，利率下降；在经济萧条市场疲软时，利率上升。（   ）
2. 通货膨胀会使股票价格上涨，绝对对证券市场有利。（   ）
3. 外汇汇率上升，进口企业证券价格上升。（   ）
4. 当社会总供给不足时，单纯使用紧缩性财政政策，证券价格下跌。（   ）
5. 中央银行提高利率将使人们的储蓄倾向变得明显。（   ）

三、单项选择题

1. (   )财政政策将使过热的经济受到控制，证券市场将走弱。
   A. 紧缩性   B. 扩张性   C. 中性   D. 弹性
2. 下列几项中，属于创新型货币政策工具的是(   )。
   A. 法定存款准备金率   B. 再贴现政策
   C. 公开市场业务   D. 常备借贷便利
3. 在下列何种情况下，证券市场将呈现上升走势？(   )
   A. 持续、稳定、高速的GDP增长   B. 高通胀下GDP增长
   C. 宏观调控下的GDP减速增长   D. 转折性的GDP变动
4. 当社会总需求大于总供给，中央银行就会采取(   )的货币政策。
   A. 松   B. 紧   C. 中性   D. 弹性
5. 当出现高通胀下GDP增长时，则(   )。
   A. 上市公司利润持续上升，企业经营环境不断改善
   B. 如果不采取调控措施，必将导致未来的"滞胀"，企业将面临困境
   C. 人们对经济形势形成了良好的预期，投资积极性得以提高
   D. 国民收入和个人收入都将快速增加
6. 下面哪一项不是财政政策的手段？(   )
   A. 国家预算   B. 税收   C. 发行国债   D. 利率
7. 从股价波动与经济周期的联系中，我们得知(   )。
   A. 经济总是处于周期性运动中
   B. 等大众形成了一致的看法，确定了市场趋势，再进入市场
   C. 把握经济周期，随时注意小幅波动，积小利为大利
   D. 景气来临时一马当先上涨的股票往往在市场已经下跌时才开始下跌
8. 下列货币政策操作中，可以增加货币供给的是(   )。
   A. 提高法定存款准备金率   B. 提高下贴现率
   C. 提高超额存款准备金率   D. 央票回购
9. 以下哪一点不是税收具有的特征？(   )
   A. 强制性   B. 无偿性   C. 灵活性   D. 固定性
10. "准货币"是指(   )。
    A. M1   B. M1-M0   C. M2   D. M2-M1

四、多项选择题

1. 通常，利率水平的变化主要影响着人们的( )行为。
   A. 储蓄　　　　B. 就业　　　　C. 投资　　　　D. 消费
2. 财政政策的种类大致可以分为( )。
   A. 扩张性　　　　　　　　　B. 紧缩性
   C. 中性　　　　　　　　　　D. 弹性
   E. 偏松
3. 宏观经济运行对证券市场的影响通常通过( )等途径。
   A. 公司经营效益　　　　　　B. 居民收入水平
   C. 资金成本　　　　　　　　D. 投资者对股价的预测
4. 影响股票投资价值的内部因素有( )。
   A. 投资者对股票价格的预测　B. 公司盈利水平
   C. 行业因素　　　　　　　　D. 公司资产重组
5. 一国汇率会因该国的( )等的变化而波动。
   A. 国际收支状况　B. 通货膨胀　C. 就业率　　　D. 利率

五、简答题

1. 宏观经济分析的意义是什么？
2. 宏观经济分析的一般框架是什么？
3. 简说财政政策对证券市场的影响。
4. 简说货币政策对证券市场的影响。
5. 简说汇率政策对证券市场的影响。

六、论述题

谈谈 GDP 变动与证券市场的关系。

第十四章　证券市场的行业及区域分析

【学习目标】

通过学习本章，读者应当掌握证券市场角度进行产业分析的意义；应当了解主要的行业分类方法；掌握行业的市场结构分析、竞争环境分析和行业生命周期分析；了解我国上市公司的区域特征并理解区域发展对证券市场分析的意义。

【导读案例】

2020年电子信息制造业运行情况

2020年，我国宏观环境持续好转，内需企稳回暖，外需逐步复苏，结构调整、转型升级步伐加快，企业生产经营环境得到了明显改善。在国际环境压力不断加大、行业转型主动性不断增强的关键阶段，我国电子信息制造业呈现产业韧性强、创新推进快、转型升级稳的特点，2020年中国电子信息制造业综合发展指数(以下简称综合发展指数)总得分123.06，比上年上升3.94，增幅略有收窄，其中，产业创新指标连续第二年成为对指数增长贡献最大的指标。

2020年，规模以上电子信息制造业增加值同比增长7.7%，增速比上年回落1.6个百分点，12月份，规模以上电子信息制造业增加值同比增长11.4%，增速比上年回落0.2个百分点；规模以上电子信息制造业出口交货值同比增长6.4%，增速比上年加快4.7个百分点，12月，规模以上电子信息制造业出口交货值同比增长17.3%，增速比上年加快15.4个百分点；规模以上电子信息制造业实现营业收入同比增长8.3%，增速同比提高3.8个百分点，利润总额同比增长17.2%，增速同比提高14.1个百分点；营业收入利润率为4.89%，营业成本同比增长8.1%，12月末，全行业应收票据及应收账款同比增长11.8%；电子信息制造业生产者出厂价格同比下降1.5%，12月，电子信息制造业生产者出厂价格同比下降2.0%，降幅比上月扩大0.1个百分点；电子信息制造业固定资产投资同比增长12.5%，增速同比降低4.3个百分点，比上半年加快3.1个百分点。

(资料来源：中华人民共和国工业和信息化部，https://wap.miit.gov.cn)

第一节　行业分析概述

证券市场的行业分析是对某一特定行业进行分析的方法。宏观经济分析能够帮助投资者了解国民经济运行的总体状况和发展趋势，但由于构成国民经济的各行业有着自身发展的内在规律和行业特点，不同的行业具有不同的增长率，与国民经济的发展并不总是同步，往往出现一些行业的增长快于国民经济的增长；而另一些行业的增长慢于国民经济的增长。宏观经济分析为证券市场分析提供了背景资料，但没能解决投资者投资选择与决策的问题。

要准确选择投资对象,在进行宏观分析后还必须进行行业分析和公司分析。行业分析的目的在于确定值得投资的行业,即通过比较不同行业,把握各个行业的风险和收益,从而为正确的证券投资分析提供依据。

一、行业的定义

行业是指从事国民经济中同性质的生产或其他经济社会活动的经营单位和个体等组成的组织结构体系,如林业、建筑业、制造业、汽车业等;产业是指一个具有某些相同特征的企业群体,在这个企业群体中,各成员企业由于其产品(包括有形或无形)在很大程度上的可相互替代性而处于一种彼此紧密联系的状态,并且由于产品可替代性的差异而与其他企业群体相区别。

从严格意义上来讲,行业与产业有差别,主要是适用范围不一样。因此,产业作为经济学的专门术语,有更严格的使用条件。构成产业一般具有三个特点:①规模性。即产业的企业数量、产品和服务的产出量达到了一定的规模。②职业化。即形成了专门从事这一产业活动的职业人员。③社会功能性。即这一产业在社会经济活动中承担一定的角色,而且是不可缺少的。行业虽然也拥有职业人员,也具有特定的社会功能,但一般没有规模上的规定。比如:国家机关和党政机关构成了一个行业,但是不构成一个产业。证券分析师关注的往往都是具有相当规模的行业,特别是含有上市公司的行业,所以在业内一般约定俗成地把行业分析等同于产业分析,将两者视为同义语。

二、行业的分类

(一)道·琼斯分类法

道·琼斯分类法是在19世纪末为选取在纽约证券交易所上市的代表性的股票而对各公司进行的分类,它是证券指数统计中最常用的分类法之一。道·琼斯分类法将大多数股票分为工业、运输业和公用事业三类,然后选取有代表性的股票。虽然入选的股票并不涵盖这类行业中的全部股票,但足以代表该行业的变动趋势,具有相当的代表性,具体分类如下。

①工业——运输业、采掘业、制造业和商业;②运输业——航空、铁路、汽车运输和航运业;③公用事业——电话公司、煤气公司和电力公司等。

(二)国际标准行业分类法

为便于汇总各国的统计资料并进行相互对比,联合国经济和社会事务统计局曾制定《全部经济活动国际标准行业分类》(简称《国际标准行业分类》),该分类将国民经济划分为10个门类,对每个门类再划分为大类、中类和小类。10个门类包括:①农业、林业、畜牧狩猎业和渔业;②采矿业及土石采掘业;③制造业;④电、煤气和水;⑤建筑业;⑥批发和零售业、饮食和旅馆业;⑦运输、仓储和邮电通信业;⑧金融、保险、房地产和工商服务业;⑨政府、社会和个人服务业;⑩其他。

(三)我国国民经济行业标准分类

为国家宏观管理、各级政府部门和行业协会的经济管理以及进行科研、教学、新闻宣传、信息咨询服务等提供统一的行业分类和编码，《中华人民共和国国家标准》中对我国国民经济行业分类进行了详细的划分。《国民经济行业分类》国家标准于1984年首次发布，分别于1994年和2002年进行修订，2011年第三次修订，2017年第四次修订。新行业分类采用经济活动的同质性原则，将社会经济活动划分为门类、大类、中类和小类四级。小类是国民经济行业分类的核心层，其活动性质的同质性最高；中类是活动性质相近的小类行业的综合类别；大类构成了国民经济重要的经济部门；门类是国民经济行业分类中活动性质相近的经济部门的综合类别。

最新版修订的《中华人民共和国国家标准》(GB/T 4754-2017)已于2017年10月1日实施，新版行业分类共有20个门类、97个大类、473个中类、1380个小类。与2011年版比较，门类没有变化，大类增加了1个，中类增加了41个，小类增加了286个。20个门类包括：①农、林、牧、渔业；②采矿业；③制造业；④电力、燃气及水的生产和供应业；⑤建筑业；⑥交通运输、仓储和邮政业；⑦信息传输、计算机服务和软件业；⑧批发和零售业；⑨住宿和餐饮业；⑩金融业；⑪房地产业；⑫租赁和商务服务业；⑬科学研究、技术服务与地质勘探业；⑭水利、环境和公共设施管理业；⑮居民服务和其他；⑯教育；⑰卫生、社会保障和社会福利业；⑱文化、体育和娱乐业；⑲公共管理和社会组织；⑳国际组织。

(四)其他角度的行业分类

从证券投资的角度看，一般投资者关心的是行业发展前景带来的投资机会，也就是说投资者关注的是看行业分类是否能反映产业的盈利前景。产业的发展前景与国民经济周期以及产业自身发展规律有关。一般根据国民经济周期性的变化，可以分为成长型行业、成熟型行业、周期型行业、防御型行业；根据产业可预期的前景可以分为朝阳产业与夕阳产业等；根据要素集约度又可以分为资本密集型、技术密集型、劳动密集型与智力密集型产业等。

第二节 证券市场的行业基本特征分析

行业分类的目的是发现和选择收益率较高、发展前景较好的行业，从而为证券市场投资决策提供依据。因此行业的盈利能力及未来成长性的预测是行业分析的主要内容。一般而言，行业分析要首先对产业特性进行分析，要弄清楚本产业在经济生产过程中的位置及范围进行市场结构分析，明确行业的竞争环境，了解行业的生命周期特征，在此基础上进行系统的行业分析。

行业与证券市场.mp4

一、行业的市场结构分析

在市场上，进行商品交换的主体是具有独立或相对独立经济利益的集团、企业和个人。

这些市场主体在市场中的作用、位置和相互关系以及他们市场交换的商品的特点，形成了行业的不同市场结构。市场结构是指某一市场中各种要素之间的内在联系及其特征，反映市场竞争和垄断的关系。市场结构分析的目的就是通过分析行业内部面临的竞争与垄断的程度来确定企业在行业中的地位，从而判断其投资价值。根据行业中企业数量的多少、进入限制程度和产品差别，行业的市场结构可分为四大类：完全竞争、垄断竞争、寡头竞争和完全垄断。

(一)完全竞争市场

完全竞争市场是不存在垄断，竞争程度最高的市场。它的主要特征如下：
(1) 产业集中度很低。市场上有大量相互独立的买方和卖方，以致不能影响市场价格。
(2) 产品同一性很高。所有企业都提供同质的标准化产品，产品具有无差异性。
(3) 不存在任何进入与退出壁垒。企业能自由进入退出市场，没有任何资源流动的限制。
(4) 完全信息。所有买方和卖方都能获得完备信息，不存在由信息产生的交易成本。

从上述特点可以看出，完全竞争是一个理论上的假设，其根本特点在于企业的产品无差异，所有的企业都无法控制产品的市场价格。在现实经济中，完全竞争的市场类型是少见的，只有初级产品的市场类型较类似于完全竞争。

(二)垄断竞争市场

它是一种介于完全竞争和完全垄断之间，比较接近现实经济状况的市场结构。主要特征如下：
(1) 产业集中度较低。市场上有很多企业，它们对市场施加有限影响，但不能控制价格。
(2) 产品有差别，不同企业生产的产品是异质的，它们销售在质量、外观、商标等方面有差异的产品，使得企业能够在一定程度上排斥其他产品。
(3) 进入和退出壁垒较低。企业能自由进入退出市场。

可以看出，垄断竞争行业中有大量企业，但没有一个企业能有效影响其他企业的行为。

(三)寡头竞争市场

寡头竞争是一种很普遍的市场结构形式，许多国家的电子设备和计算机行业、汽车、钢铁、有色金属、石油化工等都属于这种结构。其主要特征如下：
(1) 产业集中度较高，产业市场被少数大企业控制。企业之间既相互竞争又相互依赖。
(2) 产品基本同质或差别较大。存在两种情况：一种是几个大企业提供产品基本同质，相互之间依存度很高；另一种是产品有较大差别，彼此相关度较低。
(3) 进入和退出壁垒较高。产业为少数大厂商在资金、技术、知名度等方面占有绝对优势所控制，新企业很难进入。

因此在这个市场上，通常存在着一个起领导作用的企业，其他企业跟随该企业定价与经营方式的变化而相应进行调整。资本密集型、技术密集型产品因为生产这些产品所必需的投资、复杂的技术或产品储量的分布限制了新企业进入市场，多属这种类型。

(四)完全垄断市场

完全垄断市场是指不存在任何竞争的市场,其主要特征如下。

(1) 产业绝对集中度为 100%,市场上只有一家企业提供产品。
(2) 没有可替代产品。
(3) 资本壁垒、技术性壁垒等进入壁垒非常高,其他企业难以进入完全垄断产业与垄断企业竞争。

在现实生活中,国家邮政业是典型的完全垄断市场,某些资本、技术高度密集型或稀有金属矿藏的开采等行业属于接近完全垄断的市场类型。

关于以上四种行业的划分及其相应的特征可用表 14-1 来概括。

表 14-1 行业类型的划分和特征

行业类型	厂商数目	产品差别程度	对价格的控制程度	进出一个行业的难易程度	近似哪种商品市场
完全竞争	很多	几乎无差别	没有	很容易	普通农产品
垄断竞争	很多	有差别	有一些	比较容易	一般工业品、零售业
寡头垄断	几个	有差别	相当程度	比较困难	钢铁、汽车、石油
完全垄断	唯一	产品唯一,且无替代品	很大程度,但受到政府规制	几乎不可能	国家邮政的平信业务

二、行业的竞争环境分析

行业的竞争环境决定了该行业的利润水平。一般地,可采用迈克尔·波特教授提出的"五力分析模型"对行业的竞争环境进行分析。竞争的五种力量的主要来源为:供应商的讨价还价能力、购买者的讨价还价能力、潜在竞争者进入的能力、替代品的替代能力、行业内竞争者的竞争能力(见图 14-1)。不同力量的特性和重要性因行业和公司的不同而变化。

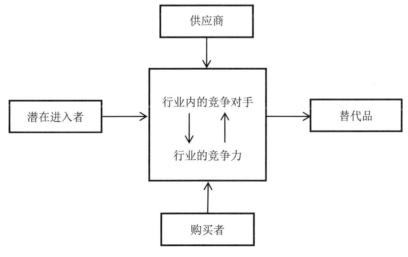

图 14-1 行业竞争环境分析

(一)供应商的议价能力

供应商主要通过其提高投入要素价格来影响行业中现有企业的盈利能力与产品竞争力。如果关键供应商在行业中处于垄断地位,它将对供应产品索取高价,进而影响需求方行业的利润。决定供应商的讨价还价能力的关键因素是需求方能否得到相关的替代品。如果替代品存在而且可以被需求者获得,供应商就失去了讨价还价的资本,因此很难向需求方索取高价;反之,供应方会有很强的议价能力。

(二)购买者的议价能力

如果购买者购买了某一行业的大部分产品,那么它就会掌握很大的谈判主动权,进而压低购买价格,要求提供较高的产品或服务质量的能力,这些行为都会降低行业中现有企业的盈利能力。

(三)新进入者的威胁

新进入者在给行业带来新生产能力的同时,也会在该行业的市场中占有一定的份额,这对市场价格和利润形成压力,最终导致行业中现有企业盈利水平降低,甚至危及这些企业的生存。竞争性进入威胁的严重程度取决于两方面的因素:进入新领域的障碍程度与现有企业对于进入者的反应情况。高盈利低壁垒的行业将吸引大量的新进入者,从而加剧了市场竞争程度,最终将影响行业利润率和投资回报率。

(四)替代品的威胁

如果一个行业的产品存在替代品,那么它将面临与相关行业形成竞争的格局。替代品的存在无形地降低了原行业向消费者索取高价的能力。两个处于同行业或不同行业中的企业,可能会由于所生产的产品是互为替代品,从而产生了相互竞争行为。根据替代程度的不同,替代品的范围也有差别,替代程度越大的产品对行业的威胁越大。

(五)同业竞争者的竞争程度

当某行业中存在一些竞争者时,由于它们都力图扩大各自的市场份额,因而行业内的竞争者常常出现在价格、广告、产品介绍、售后服务等方面的竞争,其竞争强度与很多因素相关。特别是随着行业增长率趋缓,行业内的竞争程度将可能更加激烈。

行业的竞争环境的"五种力量"决定了行业的盈利能力,因为它们影响了行业内的价格、成本和企业所需要的投资。如买方力量影响着企业能够索取的价格,替代品的威胁也是如此;购买者的势力可能影响到成本和投资,因为有市场势力的购买者需要成本高昂的服务;供应商的讨价还价能力决定了原材料和其他各种投入的成本;竞争强度影响了产品价格,也影响了在诸如厂房设施、产品开发、广告宣传和营销等各方面展开竞争的成本;新的竞争厂商进入市场的威胁限制了价格,并增加了为防御进入所需的投资。从静态来看,这五种竞争力量的状况及其综合强度决定着行业内的竞争激烈程度,并最终决定行业内企业的获利程度。从动态来看,这五种竞争力量共同作用的结果决定了行业竞争的强度和行业的发展方向。通过对行业的竞争环境的分析可使得投资者准确获得行业的竞争状况,并

第十四章 证券市场的行业及区域分析

识别那些最能提高行业及公司盈利能力的企业战略。

三、行业的景气变动分析

通常情况下,行业的景气变动会受到国民经济周期变化的影响,但不同的行业因其自身特性与发展机遇的不同,它们对经济周期的敏感性会有差异。

(一)经济周期敏感性影响因素

一个行业对于经济周期的敏感性取决于三个因素:销售额、经营杠杆比率、财务杠杆比率。

1. 销售额

不同行业的销售额对经济周期的敏感性有所差别。对经济周期敏感性最低的是生活必需品行业,其中包括食品、药物和医疗服务。另外有一些行业,收入并不是决定对该行业产品需求的主要因素,这些行业也属于低敏感度的行业,烟草生产商就是这一类行业的显著代表。相反,经济周期对投资品行业的影响很大,机器设备、钢铁、汽车和交通工具等行业对经济的发展状况具有很大的敏感性。

2. 经营杠杆比率

决定经济周期敏感性的第二个因素是经营杠杆比率,它反映了企业固定成本与可变成本之间的分配比例关系,如果企业中的可变成本相对较高,那么它对经济环境的敏感性就比较低。高固定成本公司的利率额对销售的敏感度要高得多,其成本固定不能抵消其收入的变动,具有较高的经济杠杆比率,经济形势的任何细微波动都会对它们的盈利能力产生很大的影响。

3. 财务杠杆比率

影响经济周期敏感性的第三个因素是财务杠杆比率,它是企业使用债务程度的一个反映。债务的利息支付与销售额无关,它们同样也可以看作是能提高净利润敏感度的固定成本,因此具有较高财务杠杆的公司对经济周期的敏感性较大。

(二)基于经济周期敏感性的行业分析

按照行业与经济周期的敏感性关系,可以将行业划分为增长型行业、周期型行业与防守型行业,如图14-2所示。

1. 增长型行业

增长型行业具有如下的特点。

(1) 增长型行业的运动状态与经济活动总水平的周期及其振幅并不紧密相关。

(2) 增长型行业的发展速度经常快于平均速度的行业。在经济高涨时,它的发展速度通常高于平均水平;在经济衰退时,它所受影响较小甚至仍能保持一定的增长。

(3) 增长型行业主要依靠技术进步、新产品推出以及更优质的服务,使其经常呈现出增长形态。

(4) 在过去的几十年内，计算机和复印机行业表现出了这种形态。

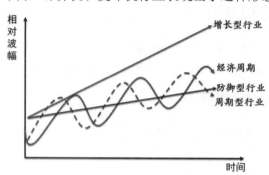

图 14-2　行业与经济周期敏感性

增长型行业增长的形态使得投资者难以把握精确的购买时机，因为这些行业的股票价格不会明显地随着经济周期的变化而变化，但投资者对高增长的行业却十分感兴趣，主要是因为这些行业对经济周期的波动来说，提供了一种财富的"套期保值"手段，且选择该行业进行投资可以分享行业增长的利益。

2. 周期型行业

周期型行业具有如下的特点。

(1) 周期型行业的运动状态直接与经济周期相关。

(2) 当经济处于上升时期，这些行业会紧随其扩张；当经济衰退时，这些行业也相应衰落。

(3) 产品价格呈周期性波动。

(4) 工业品、耐用品制造业及其他需求的收入弹性较高的行业，就属于典型的周期型行业。

周期型行业的周期循环常常沿着行业链按一定的顺序依次发生，通常复苏始于汽车、房地产、基础设施建设、机械等下游行业，然后传导至化纤、非金属矿制品、有色金属冶炼等中游的加工制造业，最后是上游的石油、煤炭、石化等行业。衰退也是从下游行业开始，依次传导至中游、上游行业。在一轮经济周期里，配置不同阶段受益最多的行业股票，可以让投资回报最大化。当然，历史背景不同，周期循环也并非简单的重复，运行规律也不是一成不变的，不能简单地套用历史经验进行对周期拐点的判断，而应根据经验具体情况具体分析。

3. 防守型行业

防守型行业具有如下的特点。

(1) 防守型行业运动形态的存在是因为其行业的产品需求相对稳定，并不受经济周期繁荣或衰退的影响。

(2) 对防守型行业的投资属于收入型投资，而非资本利得型投资。

(3) 当经济衰退时，防守型行业或许会有实际的增长。

(4) 生活必需品和公用事业属于防守型行业，因为需求的收入弹性小，所以这些公的收入相对稳定。

了解经济周期与行业的关系，是为了使投资者认清经济循环的不同表现和不同阶段，顺势选择不同行业进行投资。当经济处于上升、繁荣阶段时，投资者可选择投资周期型行业证券，以谋取丰厚的资本利得；当经济处于衰退阶段时，投资者可选择投资防守型行业证券，可获得稳定的适当收益，并可减轻所承受的风险。

四、行业的生命周期分析

通常每个行业都要经历由成长到衰退的演变过程，这个过程即为行业的生命周期。对行业生命周期的分析预测是行业分析的重要内容。一般地，行业的生命周期可分为幼稚期、成长期、成熟期和衰退期。

(一)幼稚期

处在幼稚期的创业公司的研发费用较高，而且消费者对其产品尚缺乏全面了解，致使产品市场需求小，销售收入低，因而这些创业公司可能不但没有盈利，反而出现较大亏损。同时，较高的产品成本和价格与较小的市场需求之间的矛盾使得创业公司面临很大的市场风险。但是高风险往往孕育着高收益，在幼稚期后期，随着行业生产技术的成熟、生产成本的降低和市场需求的扩大，新行业逐步由高风险、低收益的幼稚期迈入高风险、高收益的成长期。

(二)成长期

行业的成长实际上就是行业的扩大再生产的过程。成长期的行业主要体现在生产能力和规模的扩张上。在成长初期，企业的生产技术逐渐成熟，市场认可度的逐步提高，产品的销量迅速增长，市场规模逐步扩大。在这一时期，一方面拥有一定市场营销能力、雄厚的资本实力和畅通的融资渠道的企业逐渐占领市场；另一方面，由于高额的利润，大量潜在竞争者将进入该行业，行业的竞争程度将逐步增强，行业由高增长逐步过渡为稳定增长，并进入成熟阶段。成长期的行业增长非常迅猛，部分优势企业脱颖而出，投资于这些企业的投资者往往获得较高的投资回报，所以成长期阶段被称为投资机会时期。

(三)成熟期

在成熟期，产品的基本性能、式样、功能、规格、结构都将趋于成熟，产品和服务已达到基本饱和，产品变得标准化。进入成熟期的行业市场被在市场竞争中生存下来的少数资本雄厚、技术先进的大企业所控制。进入成熟期后，各厂商之间的竞争手段逐渐从价格手段转向各种非价格手段，如提高质量、改善性能和加强售后服务等。行业的利润由于垄断而达到较高的水平，而风险却因市场比例比较稳定。在行业成熟期，行业增长速度降到一个适度的水平。甚至整个行业的增长可能会完全停止。

(四)衰退期

在衰退期，由于对原产品需求的转移和大量新产品或替代品的出现，该行业的市场需求逐步减少，产品的销售量逐步降低，利润率下降，一些企业开始出现亏损。一些厂商开始向其他更有利可图的行业转移资金，因而原行业出现了厂商数目减少、利润水平停滞不前或下降的萧条局面。至此，整个行业便进入了衰退期。

一个行业从形成到退出一般要经历幼稚期、成长期、成熟期和衰退期四个阶段，其生命周期曲线的形状呈现出 S 形，未发生异化的标准形态如图 14-3 所示。

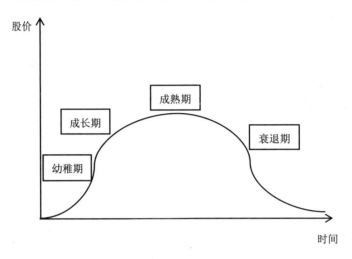

图 14-3　行业生命周期的阶段性特征

以上的行业生命周期分析可以帮助投资者确定其投资的行业所处的行业生命周期阶段，跟踪考察该行业的发展的趋势，分析行业的投资价值和投资风险，评估该行业的销售增长率和利润率。当然行业的实际生命周期由于受到多种因素的影响而更为复杂。

五、行业的影响因素分析*

拓展阅读 14-1　行业的影响因素分析见右侧二维码

拓展阅读 14-1.docx

第三节　证券市场的区域分析

众所周知，由于历史、地理、经济原因，我国东、中、西部的经济发展极不平衡。正是由于经济区域发展的不平衡，处于不同区域的产业发展速度和基本特点都会有所不同。投资者在选择上市公司进行证券投资时就有必要考虑到这一因素对于投资者收益的影响。

一、区域分析

(一)区域内资源与基础条件分析

区域发展的自然条件及社会经济背景条件主要指区域自然条件和自然资源、人口与劳动力、科学技术条件、基础设施条件以及政策、管理、法制等社会因素。对这些条件的分

第十四章 证券市场的行业及区域分析

析主要目的是明确区域发展的基础，摸清家底，评估潜力，为选择区域发展的方向、调整区域产业结构和空间结构提供依据。

为此，对区域自然条件和自然资源的分析，应明确其数量、质量和组合特征，优势、潜力和限制因素，可能的开发利用方向及技术经济前提，资源开发利用与生态保护的关系等问题；对人口与劳动力的分析应重点搞清人口的数量、素质、分布，及其与资源数量和分布及生产布局的适应性或协调性，区域适度人口的规模等问题；对科学技术条件的分析主要应评价区域科学技术发展水平以及引进并消化吸收新技术的能力，技术引进的有利条件和阻力，适用技术的选择等；对区域基础设施的分析应重点评价基础设施的种类、规模、水平、配套等对区域发展的影响；区域社会因素的分析应以区域发展政策、制度、办事效率、法制等的分析为重点，评价其对区域发展的作用。

(二)区域内经济发展状况分析

区域经济分析主要是从经济发展的角度对区域经济发展的水平及所处的发展阶段、区域产业结构和空间结构进行分析。它是在区域自然条件分析的基础上，进一步对区域经济发展的现状作一个全面的考察、评估，为下一步区域发展分析打好基础。

对区域经济发展水平和发展阶段的分析主要是在建立经济发展水平量度标准的基础上，通过横向比较，明确区域经济发展水平，确定其所处的发展阶段，为区域发展的战略决策提供依据。对区域产业结构和空间结构的分析，主要是通过各种计量方法分析比较产业结构和空间结构的合理性，为区域产业结构和空间结构的调整提供依据。

从现实情况看，东部各省市的经济发展速度明显高于中部和西部，而且这一现象有长期性和持续性的特点。与中西部相比，我国东部沿海各省凭借地域、交通和政策的优势，内引外联，发展贸易，建立乡镇和三资企业，使经济获得了巨大的发展。但中西部地区也存在明显的优势，其自然资源和矿产资源要明显优于东部。随着东部地区逐渐饱和和竞争的日趋激烈，东部越来越多的企业家感受到劳动力成本提高和原材料匮乏的压力，开始把目光转向中西部的资源开发。我国区域经济发展水平见表14-2。

表14-2 我国区域经济发展水平

项 目	东 部	中 部	西 部	东 北
地区生产总值(亿元)	511161	218738	205185	74792
第一产业(亿元)	66599	49892	62030	18793
第二产业(亿元)	737501	324871	284462	79023
第三产业(亿元)	983243	352520	344068	105512
人均生产总值(元)	101792	58117	53569	45616
城镇居民可支配收入(元)	51264	36499	35743	34340
农村居民可支配收入(元)	22613	15177	12817	15342

注：城镇、农村居民可支配收入和人均生产总值单位为元，其他单位均为亿元，均为2019年数据。数据均来源于中华人民共和国国家统计局的《2020中国统计年鉴》。

(三)区域发展分析

区域发展分析是在区域发展的自然条件和经济分析的基础上，通过发展预测、结构优化和方案比较，确定区域发展的方向，制定区域发展的政策并分析预测其实施效应。由于区域发展是一个综合性的问题，它不仅涉及经济发展，而且还涉及社会发展和生态保护，因此，区域发展的分析也应包括经济、社会和生态环境三个方面，并以三者综合效益作为区域发展分析中判断是非的标准。对区域发展的分析，也应以经济发展的分析为主，重点分析和确定区域发展的优势、主导产业及其发展方向，经济增长的形式以及产业结构和空间结构的优化等问题。

从目前看，我国区域经济发展呈以下趋势：在各地区经济均有较快增长的情况下，东部与中西部经济发展的绝对差距将继续扩大。但从增长速度来看，中部地区会有所加快，尤其是武汉及其周边地区，可能成为新的经济增长点；从政府政策来看，中央仍将坚持综合协调的策略，在保证东部沿海地区高速发展的同时，大力支持中西部的经济开发，东部将逐步和更大规模地参与中西部的经济开发，中西部的廉价劳动力、丰富的资源和广大的产品需求市场将为东部的投资提供美好的前景。因此，东部地区和中西部地区有可能形成互为依托、互为补充的互补型经济发展格局。

二、区域板块效应

区域板块效应，是指同一地区内的上市公司，由于所处的政策与区域环境具有统一性，市场普遍预期这个地区的相关上市公司可能共同受益于特定的政策与环境变化，从而导致其股票价格在二级市场上产生联动变化。

区域板块以上市公司所处的不同区域进行区分，并将处于同一区域的上市公司进行归总。例如"一带一路"板块、雄安新区板块、海南板块、上海板块、山东板块、"西部概念"板块等。区域板块的形成，是由于各地区经济发展状况不一样，政策部门对上市公司的态度以及具体政策有区别等原因。因此，在一定时期某一地区上市公司的走势会显示出很强的联动性，最明显的例子莫过于在西部开发的国家战略决策下出现的"西部概念"板块。投资者应适当关注区域经济发展的差别，特别是区域经济政策明显的新变化，从中把握市场热点。

粤港澳大湾区

在香港回归20周年之际，粤港澳大湾区城市群建设引发内地及港、澳各界的高度关注。2016年12月，国家发展改革委提出2017年启动珠三角湾区等跨省域城市群规划编制，将香港、澳门和珠三角9市(广州、深圳、珠海、佛山、江门、东莞、中山、惠州、肇庆)作为一个整体来规划，建立和保持湾区城市群之间合理的协作分工关系；规划由国家发展改革委牵头，会同广东及港、澳地区共同编制。2017年3月，李克强总理在政府工作报告中指出："要推动内地与港澳深化合作，研究制定粤港澳大湾区城市群发展规划，发挥港澳独特优势，提升在国家经济发展和对外开放中的地位与功能。"这标志着如何建立和保持"两制"

第十四章　证券市场的行业及区域分析

下不同城市间的合理协作分工关系的探索，不仅上升到国家战略规划层面，也已列入国家年度工作。随着粤港澳大湾区城市群规划的研究制定，粤港澳合作将进入新的阶段，从过去的跨境产业合作、以区域政府间合作为主的模式，转向有国家规划目标引导的跨境协同发展与跨境区域治理。7月1日，在国家主席的见证下，国家发展改革委及粤、港、澳四方在港签署了《深化粤港澳合作 推进大湾区建设框架协议》(简称《大湾区框架协议》)，明确了合作宗旨、合作目标、合作原则与重点合作领域，并确定协调及实施的体制机制安排，显示大湾区城市群规划已取得重要的阶段性成果，迈出协同发展坚实的一步，标志着粤港澳大湾区建设全面启动。

总部位于深港澳大湾区的公司在近期的股价变化，如深圳机场、塔牌集团和时代中国控股等，可以看出各公司的股价具有很强的联动趋势，受到区域板块效应的影响。

(资料来源：中华人民共和国中央人民政府，http://www.gov.cn)

本 章 小 结

证券市场的行业及区域分析是介于宏观经济分析与微观经济分析的中观层次，是证券市场基本面分析的重要环节，也是联结宏观经济分析与上市公司分析的桥梁。本章主要向读者概述了证券投资的行业及区域分析的相关知识，向读者介绍了行业、行业分析以及区域分析的基本概念。

自 测 题

一、名词解释

行业　产业　成长型行业　周期型行业　防守型行业　产业生命周期　完全竞争　不完全竞争　寡头垄断　完全垄断

二、判断题

1. 根据要素集约度又可以分为资本密集型、技术密集型、劳动密集型与智力密集型产业。（　　）

2. 寡头垄断产业集中度较低。市场上有很多企业，它们对市场施加有限影响，但不能限制价格。（　　）

3. 防守型行业运动形态的存在是因为其行业的产品需求相对稳定，并不受经济周期繁荣或衰退的影响。（　　）

4. 产业结构政策是指政府制定的通过影响与推动产业结构的调整和优化来促进经济增长的产业政策。（　　）

5. 一个行业从形成到退出一般要经历幼稚期、成长期、成熟期和衰退期四个阶段，其生命周期曲线的形状呈现出S形。（　　）

三、单项选择题

1. 分析某行业是否属于增长型行业，可采用的方法有（　　）。
   A. 用该行业的历年统计资料来分析
   B. 用该行业的历年统计资料与一个增长型行业进行比较
   C. 用该行业的历年统计资料与一个成熟型行业进行比较
   D. 用该行业的历年统计资料与国民经济综合指标进行比较

2. 周期型行业的运动状态与经济周期的相关性呈现（　　）。
   A. 正相关　　　B. 负相关　　　C. 同步　　　D. 领先或滞后

3. 中国证监会公布的《上市公司行业分类指引》是以（　　）为主要依据。
   A. 道·琼斯分类法
   B. 联合国的《国际标准产业分类》
   C. 北美行业分类体系
   D. 中国国家统计局《国民经济行业分类与代码》

4. 行业是指从事国民经济中（　　）的经营单位和个体等构成的组织结构体系。
   A. 同类型产品生产　　　　　　B. 同性质的经济社会活动
   C. 同性质的生产活动　　　　　D. 同性质的生产或其他经济社会活动

5. 从作用上看，政府限制行业发展的措施有（　　）。
   A. 对国内纺织行业实施压锭措施　　B. 对铁路运输部门实行补贴
   C. 对出口型行业实行出口退税政策　D. 提高汽车整车产品的进口关税

6. 某一行业有如下特征：企业的利润增长很快，但竞争风险较大，破产率与被兼并率相当高，那么这一行业最有可能处于生命周期的（　　）。
   A. 成长期　　　B. 成熟期　　　C. 幼稚期　　　D. 衰退期

7. 在现实经济中，最为少见的市场结构类型是（　　）。
   A. 完全竞争　　B. 不完全竞争　　C. 寡头垄断　　D. 完全垄断

8. 行业的成长实际上是指（　　）。
   A. 行业的扩大再生产　　　　　B. 行业中的企业越来越多
   C. 行业的风险越来越小　　　　D. 行业的竞争力很强

9. 一个行业对于经济周期的敏感性不取决于（　　）因素。
   A. 销售成本　　B. 销售额　　C. 经营杠杆比率　　D. 财务杠杆比率

10. 以下哪个不是产业政策内容？（　　）
    A. 产业组织政策　B. 产业结构政策　C. 产业布局政策　D. 产业规划政策

四、多项选择题

1. 产业组织政策是调节市场结构和规范市场行为的政策，其核心是（　　）。
   A. 反对垄断，促进竞争　　　　B. 规范大型企业集团
   C. 巩固国有企业地位　　　　　D. 扶持中小企业发展

2. 行业分析的主要任务包括（　　）。
   A. 预测行业的未来发展趋势，判断行业投资价值
   B. 分析影响行业发展的各种因素及其影响力度

C. 解释行业本身所处的发展阶段及其在国民经济中的地位
D. 揭示行业投资风险

3. 影响行业发展的主要因素有（   ）。
    A. 技术进步   B. 社会习惯的变化
    C. 产业政策   D. 经济全球化
4. 根据行业的竞争环境分析，对于钢铁冶炼厂来说，其需求方包括（   ）。
    A. 铁矿石厂   B. 建筑公司   C. 商业银行   D. 汽车厂
5. 分析行业的一般特征通常考虑的主要内容有（   ）。
    A. 行业的市场结构   B. 行业的文化
    C. 行业的生命周期   D. 行业与经济周期的关联程度

五、简答题

1. 行业分析包括哪些内容？
2. 行业生命周期可以分为哪几个阶段？各阶段的特点是什么？
3. 行业发展的影响因素是什么？
4. 产业政策的内容有哪些？
5. 我国经济发展的区域特征有哪些？

六、论述题

1. 如何准确地分析行业所处生命周期？
2. 从行业的生命周期角度分析战略性新兴产业的投资机会。

第十五章 证券市场的上市公司分析

【学习目标】

通过学习本章，读者应当了解证券市场上市公司基本素质分析的主要内容；了解上市公司财务报表的结构及主要内容；熟练掌握财务报表分析的基本方法和财务比率分析的基本内容；掌握上市公司估值分析方法，熟练绝对估值法与相对估值法的常用方法。

【导读案例】

大博医疗高增长背后 财务报表指标存疑

大博医疗主营骨科创伤类植入耗材，是国内细分行业龙头，公司上市以来，市值不断屡创新高，截至2020年7月14日收盘突破460亿元，为赛道内市值最大的国内上市公司。

2019年，大博医疗营业收入12.57亿元，同比增长62.77%，而销售费用达4.09亿元，同比增加238.86%，占营业收入的32.60%；销售费用中市场开发及技术服务费为2.73亿元，同比增加875%，占销售费用比例为66.74%；公司上市以来销售费用的增长速度均高于当期营业收入增长，而历年销售费用的主要部分为市场开发及技术服务费。

公司2019年销售人员数量增加79人，销售人员平均薪酬为19.50万元。对比与大博医疗产品及销售模式相同的威高骨科情况，威高骨科2019年的销售费用中商务服务费为3.33亿元，同比增加57%，占销售费用比例为53.29%，销售人员平均薪酬为36.22万元。大博医疗销售人员薪酬大幅低于行业公司，而市场拓展费用增长大幅高于行业公司。

从以上情况来看，大博医疗销售费用增长过快，销售费用中市场开发及技术服务费占比较大，即市场拓展费用较大，销售人员薪酬占比不高。结合上述行贿案情况来看，大博医疗可能通过市场开发及技术服务费处理了相应费用，公司的增长主要来自市场推广的投入，而这部分推广费用可能涉及商业贿赂。中国网财经记者就销售费用致电某医药行业分析师，对方表示："医疗器械行业，受'两票制'影响，市场拓展费用会有提高，但这是个行业影响，如果增速及占比超过行业水平，就不太正常了。"

（资料来源：中国网，http://finance.china.com.cn/，2020-7-15）

第一节 上市公司基本素质分析

上市公司基本素质分析是一个定性分析的过程，分析的重点是对公司潜在盈利能力做出判断，明确公司最重要的利润点与最主要的业务风险点。上市公司基本素质分析主要内容包括公司的基本情况、公司的竞争地位以及公司的竞争优势来源等。

一、上市公司基本情况分析

公司是从事生产经营活动并创造价值的，上市公司基本情况分析首先应当从其主要经营的业务分析入手。

(一)公司业务分析

全面分析一个公司的经营业务,需要调查研究该公司生产经营管理全过程运行情况,这样才能相对准确地评价一个公司的业务状况。上市公司的业务分析首先应该从公司出售的产品或提供的服务开始,投资者需要分析公司每种产品系列的销售数量和金额及其他各自在细分市场的占有率、每种产品的利润率、公司是否会推出新产品及新产品的市场潜力等。对产品及市场的分析,一般会采用波士顿矩阵方法(BCG Matrix),又称市场增长率-相对市场份额矩阵。

波士顿矩阵认为一般决定产品结构的基本因素有两个:市场引力与企业实力。市场引力包括整个市场的销售量(额)增长率、竞争对手强弱及利润高低等。其中最主要的是反映市场引力的综合指标——销售增长率,这是决定企业产品结构是否合理的外在因素。企业实力包括市场占有率,技术、设备、资金利用能力等,其中市场占有率是决定企业产品结构的内在要素,它直接显示企业竞争实力。销售增长率与市场占有率既相互影响,又互为条件:市场引力大,市场占有高,可以显示产品发展的良好前景,企业也具备相应的适应能力,实力较强;如果仅有市场引力大,而没有相应的高市场占有率,则说明企业尚无足够实力,则该种产品也无法顺利发展。相反,企业实力强,而市场引力小的产品也预示了该产品的市场前景不佳,如图 15-1 所示。

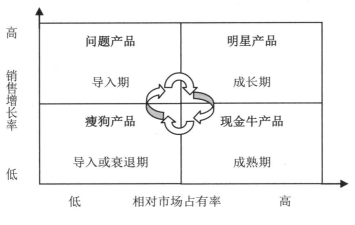

图 15-1 波士顿矩阵

波士顿矩阵对于企业产品所处的四个象限具有不同的定义和相应的战略对策。

1. 明星产品(stars)

它是指处于高增长率、高市场占有率象限内的产品群,这类产品可能成为企业的现金牛产品,需要加大投资以支持其迅速发展。采用的发展战略是积极扩大经济规模和市场机会,以长远利益为目标,提高市场占有率,加强竞争地位。

2. 现金牛产品(cash cow)

它是指处于低增长率、高市场占有率象限内的产品群,已进入成熟期。其财务特点是销售量大，产品利润率高、负债比率低，可以为企业提供资金，而且由于增长率低，也无须增大投资。因而成为企业回收资金，支持其他产品，尤其明星产品投资的后盾。

3. 问题产品(question marks)

它是处于高增长率、低市场占有率象限内的产品群。前者说明市场机会大，前景好，而后者则说明在市场营销上存在问题。其财务特点是利润率较低，所需资金不足，负债比率高。例如，在产品生命周期中处于引进期、因种种原因未能开拓市场局面的新产品即属此类问题的产品。

4. 瘦狗产品(dogs)

它是指处于低增长率、低市场占有率象限内的产品群。其财务特点是利润率低、处于保本或亏损状态，负债比率高，无法为企业带来收益。对这类产品应采用撤退战略：首先应减少批量，逐渐撤退，对那些销售增长率和市场占有率均极低的产品应立即淘汰。其次是将剩余资源向其他产品转移。最后是整顿产品系列，最好将瘦狗产品与其他事业部合并，统一管理。

(二)竞争对手分析

通常情况下，企业看好的顾客，竞争者也会看好，企业在确定业务领域时必须对行业竞争对手进行深入的分析。一旦确定了竞争对手，那么从战略制定讲，需要对竞争对手作以下四个方面的分析。

1. 竞争对手的目标和战略分析

竞争对手的目标和战略分析主要分析竞争对手的增长目标、产品结构、主要市场布局、市场地位和组织结构，以便从中掌握竞争对手的自我估价、战略方向、市场布局、竞争地位以及由组织结构体现出的战略重点。

2. 经营状况和财务状况分析

经营状况和财务状况分析主要分析竞争对手的收益水平、资金周转速度、经营安全性、偿付能力、折旧率，掌握竞争对手的盈利能力、营运能力、资金结构及固定资产更新改造能力，这些都是决定竞争对手发展潜力的重要方面。

3. 技术经济实力分析

技术经济实力分析主要分析竞争对手的产品质量、新产品及技术储备、设备的先进程度、技术人员素质与数量、销售队伍的素质和经验、销售人员与售后服务网络的规模与效率、研发能力及研发投入水平等，掌握竞争对手的产品技术水平、制造能力、研发能力、销售能力及生产效率等。

4. 竞争对手的战略能力分析

竞争对手战略途径与方法是具体的、多方面的，应从企业的各个方面去分析。在此基础上，还要深入研究竞争对手是否具有能力实现其战略目标，这就涉及企业如何规划自己的战略能力以应对竞争。

(三)经营者素质分析

1. 管理风格及经营理念分析

管理风格是企业在管理过程中所一贯坚持的原则、目标及方式等方面的总称。经营理念是企业发展一贯坚持的一种核心思想，是公司员工坚守的基本信条，也是企业制定战略目标及实施战术的前提条件和基本依据。一个企业不必追求"宏伟的"理念，而应建立一个切合自身实际的，并能贯彻渗透下去的理念体系。经营理念往往是管理风格形成的前提。

2. 公司管理人员的素质分析

一般而言，企业的管理人员应该具备如下素质：①从事管理工作的愿望。企业管理是组织、引导和影响他人为实现组织目标而努力的专业性工作，胜任这一工作的前提条件是必须具有从事管理工作的愿望。②专业技术能力。管理人员应当具备处理专门业务技术问题的能力，包括掌握必要的专业知识，能够从事专业问题的分析研究，能够熟练运用专业工具和方法等。③良好的道德品质修养。管理人员能否有效影响和激发他人的工作动机，不仅决定于企业组织赋予管理者个人的职权大小，而且在很大程度上取决于个人的影响力。

3. 公司业务人员素质分析

公司业务人员的素质也会对公司的发展起到很重要的作用。作为公司的员工，公司业务人员应该具有如下的素质：熟悉自己从事的业务，必要的专业技术能力，对企业的忠诚度，对本职工作的责任感，具有团队合作精神，等等。具有以上这些基本素质的公司业务人员，才有可能做好自己的本职工作，才有可能贯彻落实公司的各项管理措施以及完成公司的各项经营业务，才有可能把自身的发展和企业的发展紧密地联系在一起。

二、上市公司竞争地位分析*

拓展阅读 15-1 上市公司竞争地位分析见右侧二维码

拓展阅读 15-1.docx

第二节　上市公司财务分析

上市公司的财务分析是以公司财务报表等相关信息披露资料为主要依据，对公司的财务状况和经营成果进行评价和分析，从而为公司的管理以及投资者投资提供重要依据。显然，投资者要看懂企业，主要就是要看懂财务报表。

如何解读上市公司年报.mp4

一、上市公司财务报表概况*

拓展阅读 15-2 上市公司财务报表概况见右侧二维码

拓展阅读 15-2.docx

二、财务报表分析方法

财务报表分析是相关信息用户以企业财务报告为主要依据。结合环境信息，对企业财务状况、经营业绩和财务状况变动的合理性与有效性进行客观确认，并分析企业内在财务能力和财务潜力，预测企业未来财务趋势和发展前景，评估企业的预期收益和风险，据以为特定决策提供有用的财务信息的经济活动。财务报表分析方法主要有比较分析法、比率分析法和因素分析法。

(一)比较分析法

比较分析法是财务分析普遍使用的重要的分析方法。它是通过对经济指标在数据上的比较，揭示经济指标之间数量关系和差异的一种分析方法。对经济指标的对比，主要有以下两种形式。

1. 水平分析法

水平分析法是将企业报告期财务状况的信息与企业某一历史时期财务状况的信息进行对比，研究其发展变动情况的一种财务分析方法，主要应用于会计报表的分析。其基本要点是将不同时期的同项数据和指标进行对比，对比的方式有：

(1) 变动绝对值，变动绝对值是将不同时期、相同项目的绝对金额进行比较，以观察其绝对额的变化趋势。其计算公式为

$$变动绝对值 = 分析期某指标实际数 - 基期该指标实际数$$

(2) 增减变动率，其计算公式为

$$变动率 = \frac{变动绝对值}{基期该指标实数} \times 100\%$$

2. 趋势分析法

趋势分析法是根据企业两期或者连续几个时期的分析资料，运用指数或完成率的计算，确定分析期各有关项目的变动情况和趋势的一种财务分析方法。趋势分析法的主要有以下两种方式。

(1) 定基分析法：定基分析是以分析期间某一固定时期的报表数据作为基数，其他各期与之对比，计算百分比，以观察各期相对于基数的变化趋势。趋势分析法通常采用定基分析法。

(2) 环比分析法：环比分析是以某一期的数据和上期的数据进行比较，计算趋势百分比，以观察每期的增减变化情况。

(二)比率分析法

比率分析法是根据财务报告中相互关联的两个项目，或多个项目的绝对数进行对比，通过计算经济指标的比率来考察、计量和评价经济活动变动程度的一种分析方法。比率分析法是财务分析最基本最重要的方法。

1. 比率的分类

根据分析的不同内容和要求，可以计算出各种不同的比率进行比较，主要有以下三种方式。

(1) 相关指标比率。是根据经济活动客观存在的相互依存相互联系的关系，将两个性质不同但又相关的指标加以对比，求出比率，然后进行各种形式的比较，以便从经济活动的客观联系中更深刻地认识经济活动，更合理地评价经济效益的高低。

(2) 构成比率。又称结构比率，通过计算某项经济指标各个组成部分占总体的比重来探讨各个部分在结构上的变化规律，反映报表中的项目与总体关系情况及其变动情况的财务分析方法。其计算公式为：

$$构成比率 = \frac{某个组成部分数额}{该总体总额} \times 100\%$$

(3) 动态比率。将某项经济指标不同时期的数额对比求出动态比率，然后进行各种形式的比较，以便考察该项经济指标的发展变化趋势和增减速度。

2. 比率分析法应遵循的原则

在财务分析中，比率分析用途最广，但也有局限性，突出表现在：比率分析属于静态分析，对于预测未来并非绝对合理可靠。比率分析所使用的数据为账面价值，难以反映物价水准的影响。运用比率分析法，必须遵循以下原则。

(1) 相关性：所分析的项目要具有可比性、相关性，将不相关的项目进行对比是没有意义的；

(2) 一致性：比率的分子项与分母项必须在时间、范围等方面保持口径一致；

(3) 科学性：选择比较的标准要注意行业因素、生产经营情况差异性等因素。

(三)因素分析法*

拓展阅读 15-3　因素分析法见右侧二维码

拓展阅读 15-3.docx

三、上市公司财务指标分析

(一)偿债能力指标

偿债能力是指企业偿还到期债务的能力。偿债能力分析包括短期偿债能力分析和长期偿债能力分析两个方面。

1. 短期偿债能力分析

短期偿债能力，又称支付能力，是指企业以流动资产的变现偿还流动负债的能力。它反映企业偿付日常到期债务的实力。反映企业短期偿债能力的财务指标主要有：流动比率、速动比率、现金流动负债比率。

1) 流动比率

流动比率，又称银行家比率，是指企业在某一时点上可以动用的流动资产与流动负债的比率，流动比率反映企业承受流动资产贬值的能力和企业可用在短期内转变为现金的流

动资产偿还到期的流动负债的能力。其计算公式为

$$流动比率=\frac{流动资产}{流动负债}$$

流动比率越高，表明企业流动资产占用资金来源于结构性负债的越多，企业投入生产经营的营运资本越多，而且表明企业可以变现的资产数额大，企业偿还短期债务的能力就越强，债权人的权益越有保证。如果流动比率过低，则表示企业可能难以如期偿还债务。但是，流动比率也不能过高，过高则表明企业流动资产占用较多，会影响资金的使用效率和企业的获利能力。按照西方企业的长期经验，一般认为流动比率的下限为 1∶1，适当比例为 2∶1，达到 2∶1 的比例时，企业财务状况稳定可靠，除了满足日常生产经营的流动资金需要外，还有足够的财力偿付到期短期债务。正常情况下，部分行业的流动比率参考如表 15-1 所示。

表 15-1 部分行业的流动比率经验数值

行业	经验数值	行业	经验数值
汽车	1.1	电子	1.45
化工	1.20	商业	1.65
制药	1.25	玻璃	1.30
建材	1.25	机械	1.80
啤酒	1.75	餐饮	>2
房地产	1.2	计算机	2.0

2) 速动比率

速动比率，又称酸性实验比率，是指企业速动资产与流动负债的比率。速动资产包括货币资金、短期投资、应收票据、应收账款和其他应收款项等流动资产。存货、预付账款、待摊费用、一年内到期的非流动资产和其他流动资产等则不应计入。这一比率用以衡量企业流动资产中可以立即用于偿付流动负债的财力。其计算公式为

$$速动比率=\frac{速动资产}{流动负债}$$

其中：速动资产=货币资金+短期投资+应收账款+应收票据
　　　　　　=流动资产-存货-预付款项-待摊费用-待处理流动资产损失

$$保守速动比率=\frac{现金+证券+应收账款}{流动负债}$$

速动比率可用作流动比率的辅助指标。有时企业流动比率虽然较高，但流动资产中易于变现、可用于立即支付的资产很少，则企业的短期偿债能力仍然较差。因此，速动比率能更准确地反映企业的短期偿债能力。根据经验，一般认为速动比率 1∶1 较为合适。如果速动比率过低，说明企业的偿债能力存在问题；但果如速动比率过高，则又说明企业因拥有过多的货币性资产，而可能失去一些有利的投资和获利机会。部分行业的速动比率参考如表 15-2 所示。

使用流(速)动比率的几点不足，表现在：①各行业的存货流动性和变现性有较大差别，流动比率指标不能反映由于流动资产中存货不等造成的偿债能力差别；②在计算流动比率

时包括了变现能力较差的存货和无法变现的待摊费用,影响了该指标评价短期偿债能力的可靠性,需要用速动比率指标作补充;③流(速)动比率不能反映企业的日现金流量;④流(速)动比率只反映报告日期的静态状况,企业很容易通过一些临时措施或账面处理,形成账面指标不实;⑤流(速)比率不能量化地反映潜在的变现能力因素和短期债务。

表 15-2 部分行业的速动比率经验数值

行业	经验数值	行业	经验数值
汽车	0.85	电子	0.95
化工	0.90	商业	0.45
制药	0.90	玻璃	0.45
建材	0.90	机械	0.90
啤酒	0.90	餐饮	>2
房地产	0.65	计算机	1.25

3) 现金流量比率

现金流量比率,是指企业一定时期的净额同流动负债的比率,该指标从现金流入和流出的动态角度对企业的实际偿债能力进行考察,反映本期经营活动所产生的现金净流量足以抵付流动负债的倍数。其计算公式为

$$现金流量比率 = \frac{经营现金净流量}{年末流动负债} \times 100\%$$

式中经营现金净流量,是指一定时期内企业经营活动所产生的现金及现金等价物的流入量与流出量的差额。该指标是从现金流入和流出的动态角度对企业实际偿债能力进行考察。

现金流量比率越大,表明企业经营活动产生的现金净流量越多,越能保障企业按期偿还到期债务。当该指标大于或等于 1 时,表示企业流动负债的偿还有可靠保证。该指标越大,表明企业经营活动产生的现金净流量越多,越能保障企业按期偿还到期债务,但也并不是越大越好,该指标过大则表明企业流动资金未能得到充分的运用,盈利能力不强。

2. 长期偿债能力分析

长期偿债能力,是指企业偿还长期负债的能力。影响长期偿债能力的因素主要有:企业的盈利能力、投资效果、权益资金的增长和稳定程度、权益资金的实际价值以及企业经营现金流量等。企业的长期负债,包括长期借款、应付长期债券等。

1) 负债比率

负债比率,又称资产负债率,是指企业负债总额对资产总额的比率。它表明企业资产总额中,债权人提供资金所占的比重,以及企业资产对债权人权益的保障程度。这一比率越小,表明企业的长期偿债能力越强。其计算公式为

$$负债比率 = \frac{负债总额}{资产总额} \times 100\%$$

负债比率也表示企业对债权人资金的利用程度。从企业所有者来说:如果此项比率较大,表明利用较少的自有资本投资,形成较多的生产经营用资产,不仅扩大了生产经营规模,而且在经营状况良好的情况下,还可以利用财务杠杆的原理,得到较多的投资利润。

但如果这一比率过大,则表明企业的债务负担重,企业的资金实力不强,债务能力就缺乏保证,债权人蒙受损失的可能性越大,也会影响企业的筹资能力。

2) 股东权益比率和权益总资产率

股东权益比率是所有者权益同资产总额的比率。该比率是企业长期偿债能力保证程度的重要指标,反映企业资产中有多少是所有者投资形成的。其计算公式为

$$股东权益比率=\frac{股东权益}{总资产}$$

股东权益比率应当适中。如果权益比率过小,表明企业过度负债,容易削弱公司抵御外部冲击的能力。而权益比率过大意味着企业没有积极地利用财务杠杆作用来扩大经营规模。股东权益比率与负债比率之和按同口径计算应等于1。

股东权益比率的倒数,称为权益总资产率,又称业主权益乘数,说明企业资产总额是股东权益的多少倍,即企业的股东权益支撑着多大规模的投资。其计算公式为

$$业主权益乘数=\frac{总资产}{股东权益}$$

该项比率越大,表明股东投入的资本在资产总额中所占的比重越小,企业对负债经营利用得越充分,财务风险越大。

3) 产权比率

产权比率,又称负债与股东权益比率,是指负债总额与所有者权益之间的比率。它通过债务负担与偿债保证程度的相对关系来反映企业投资者权益对债权人权益的保障程度。这一比率越低,表明企业的长期偿债能力越强,债权人权益的保障程度越高,承担的风险越小,但企业不能充分地发挥负债的财务杠杆效应。其计算公式为

$$产权比率=\frac{负债总额}{股东权益}$$

产权比率指标反映了由债权人提供的资本与股东提供的资本的相对关系,反映企业基本财务结构是否稳定。从股东来看,在通货膨胀加剧时期,企业多借债可以把损失和风险转嫁给债权人;在经济繁荣时期,多借债可以获得额外的利润;在经济萎缩时期,少借债可以减少利息负担和财务风险。比率高,是高风险、高报酬的财务结构;比率低,是低风险、低报酬的财务结构。企业设置的产权比率标准值通常为1.2。

4) 利息保障倍数

利息保障倍数,又称已获利息倍数,是指企业生产经营所获得的息税前利润与利息费用的比率。它是测定企业以获取的利润偿付负债利息能力的指标。企业生产经营所获得的息税前利润对于利息费用的倍数越多,说明企业支付利息费用的能力越强。其计算公式为:

$$利息保障倍数=\frac{息税前利润总额}{利息支出}$$

其中:息税前利润总额=利润总额+利息

=净利润+所得税+利息

利息保障倍数不仅反映了企业获利能力的大小,而且反映了获利能力对偿还到期债务的保证程度,它既是企业举债经营的前提依据,也是衡量企业长期偿债能力大小的重要标志。企业要维持正常偿债能力,利息保障倍数至少应大于1,比值越高,企业长期偿债能力越强。如果利息保障倍数过低,企业将面临亏损、偿债的安全性与稳定性下降的风险。

(二)营运能力指标

营运能力是指企业利用资金运营的效率和效益。资产运用效率高,企业就可以以较少的投入获取比较多的收益,反之亦然。营运能力分析包括流动资产周转情况分析、固定资产周转情况分析和总资产周转情况分析。

1. 流动资产周转情况分析

反映流动资产周转情况的指标主要有应收账款周转率、存货周转率和流动资产周转率。

1) 应收账款周转率

应收账款周转率是反映应收账款周转速度的指标,它是一定时期内赊销收入净额与应收账款平均余额的比率。应收账款周转率有两种表示方法。一种是应收账款在一定时期(通常为一年)内的周转次数,另一种是应收账款的周转天数即所谓应收账款账龄。应收账款周转次数的计算公式为

$$应收账款周转率(次) = \frac{赊销收入净额}{应收账款平均余额}$$

其中:赊销收入净额 = 销售收入-现销收入-销售返回-销售折扣

$$应收账款平均余额 = \frac{期初应收账款+期末应收账款}{2}$$

在一定时期内应收账款周转的次数越多,表明应收账款的变现能力越强,企业管理工作的效率越高。这不仅有利于企业及时收回贷款,减少或避免发生坏账损失的可能性而且有利于提高企业资产的流动性,提高企业短期债务的偿还能力。

应收账款周转天数的计算公式为

$$应收账款周转期(天) = \frac{360}{应收账款周转次数}$$

应收账款周转天数,反映了年度内应收账款平均变现一次所需要的天数。周转天数越少,说明应收账款变现的速度越快。企业资金被外单位占用的时间越短,管理工作的效率越高。

2) 存货周转率

存货周转率是指一定时期内企业销货成本与存货平均余额间的比率。它是反映企业销售能力和流动资产流动性的一个指标,也是衡量企业生产经营各个环节中存货运营效率的一个综合性指标。在流动资产中,存货所占比重较大,存货的流动性将直接影响企业的流动比率。因此,必须特别重视对存货的分析。其计算公式为

$$存货周转率(次) = \frac{营业成本}{平均存货余额}$$

其中:

$$平均存货余额 = \frac{期初存货+期末存货}{2}$$

存货周转率依产业差异而有不同表现。但就同一产业而言,存货周转率是一个充分反映公司经营管理水平的指标。加快存货周转可以增强偿债能力,即减少资金占用,压缩负债规模,而且可以增强盈利能力。存货周转速度越快,存货的占用水平越低,流动性越强,存货转换为现金或应收账款的速度越快,企业的短期偿债能力及获利能力越强,反之亦然。

存货周转率也可以用周转天数表示，其计算公式为

$$存货周转期(天) = \frac{360}{存货周转次数}$$

企业通常设置的存货周转天数的标准值为120。

3) 流动资产周转率

流动资产周转率是指一定时期内流动资产的周转次数或周转一次所需要的天数，是销售收入与流动资产平均余额的比率。它是衡量流动资产周转速度的重要指标，可以反映全部流动资产的利用效率。其计算公式为

$$流动资产周转率 = \frac{营业收入}{平均流动资产余额}$$

一般情况下，周转速度快，会相对节约流动资产，等于相对扩大资产投入，增强企业盈利能力；周转速度慢，则需要补充流动资产参与周转，形成资金浪费，降低企业盈利能力。流动资产周转率用周转天数表示时，周转一次所需要的天数越少，表明流动资产在经历生产和销售各阶段时占用的时间越短，周转越快。

2. 固定资产周转情况分析

固定资产周转率，又称固定资产利用率，是指企业年销售收入净额与固定资产平均净值的比率。它是反映企业固定资产周转情况，从而衡量固定资产利用效率的一项指标，其计算公式为

$$固定资产周转率 = \frac{营业收入}{固定资产净额}$$

固定资产周转率高，表明企业固定资产利用充分，同时也能表明企业固定资产投资得当，固定资产结构合理，能够充分发挥效率。反之，如果固定资产周转率不高，则表明固定资产使用效率不高，提供的生产成果不多，企业的营运能力不强。

3. 总资产周转情况分析

总资产周转率是指企业在一定时期内主营业务收入净额同平均资产总额的比率。总资产周转率是综合评价企业全部资产经营质量和利用效率的重要指标，其计算公式为

$$总资产周转率(次) = \frac{营业收入}{平均资产总额}$$

总资产周转率是考察企业资产运营效率的一项重要指标，体现了企业经营期间全部资产从投入到产出的流转速度，反映了企业全部资产的管理质量和利用效率。通过该指标的对比分析，可以反映企业本年度以及以前年度总资产的运营效率和变化，一般情况下，该数值越高，表明企业总资产周转速度越快。销售能力越强，资产利用效率越高。企业通常设置的标准值为0.8。

(三) 盈利能力指标

盈利能力就是企业资金增值的能力，通常表现为企业收益数额的大小与水平的高低。由于企业会计的六大要素有机统一于企业资金运动过程，并通过筹资、投资活动取得收入，补偿成本费用，从而实现利润目标。因此，可以按照会计基本要素设置营业利润率、成本费用利润率、资产净利率、净资产收益率和总资产报酬率五项指标，借以评价企业各要素

的获利能力及资本保值的情况。另外，上市公司经常使用的获利能力指标还有每股股利和普通股权益报酬率等(详见本章第一节)。

1. 营业利润率

营业利润率是指企业一定时期内营业利率与营业收入的利率。

营业利润率=营业利润÷营业收入

营业利润率越高，表明企业市场竞争力越强，发展潜力越大，盈利能力越强。

从利润表来看，公司的利润包括营业利润、利润总额和净利润三种形式。而营业收入包括主营业务收入和其他业务收入，收入的来源有商品销售收入、提供劳务收入等。所以在实务中也经常使用营业净利润、营业毛利率等指标来分析企业经营业务的获利水平。

2. 成本费用利润率

成本费用利润率，又称经济效益指标，是指反映企业生产经营过程中发生的耗费与获得的收益之间关系的指标。主要用于评价公司在报告期的投入产出情况，以及对成本的控制水平等。

成本费用利润率=利润总额÷成本费用总额

(成本费用总额=营业成本+营业税金及附加+销售费用+管理费用+财务费)

成本费用利润率是一个能直接反映增收节支、增产节约效益的指标，该比率越高，表明企业耗费所取得的收益越高，成本费用控制得越好，盈利能力越强。企业生产销售的增加和费用开支的节约，都能使这一比率提高。

3. 资产净利率

资产净利率指标反映的是公司运用全部资产所获得利润的水平，即公司每占用 1 元的资产平均能获得多少元的利润。该指标越高，表明公司投入产出水平越高，资产运营越有效，成本费用的控制水平越高。体现出企业管理水平高。

资产净利率=净利润÷平均资产总额

4. 净资产收益率

净资产收益率，又称股东权益收益率，它是指反映公司自有资金投资收益水平的指标，是净利润与平均股东权益的百分比，还是公司税后利润除以净资产得到的百分比率，该指标反映股东权益的收益水平，用以衡量公司运用自有资本的效率。指标值越高，说明投资带来的收益越高。

净资产收益率=净利润÷平均净资产

净资产收益率可衡量公司对股东投入资本的利用效率。它弥补了每股税后利润指标的不足。

5. 总资产报酬率

总资产报酬率是指企业本年总资产增长额同年初资产总额的比率，它反映企业本期资产规模的增长值情况，表示企业全部资产获取收益的水平，全面反映了企业的获利能力和投入产出状况。通过对该指标的深入分析，可以增强各方面对企业资产经营的关注，促进企业提高单位资产的收益水平。

总资产报酬率=息税前利润总额÷平均资产总额

息税前利润总额=利润总额+利息支出=净利润+所得税费用+利息支出

(四)发展能力指标

1. 营业收入增长率

营业收入增长率是指企业本年营业收入增长额与上年营业收入总额的比率，反映企业营业收入的增减变动情况。营业收入增长率大于零，表明企业本年营业收入有所增长。该指标值越高，表明企业营业收入的增长速度越快，企业市场前景越好。

营业收入增长率=本年营业收入增长额÷上年营业收入总额

2. 资本保值增值率

资本保值增值率=期末所有者权益÷期初所有者权益（扣除客观因素后）

资本保值增值率是指企业本年末所有者权益扣除客观增减因素后同年初所有者权益的比率。该指标表示企业当年资本在企业自身的努力下的实际增减变动情况，是评价企业财务效益状况的辅助指标。反映了投资者投入企业资本的保全性和增长性，该指标越高，表明企业的资本保全状况越好，所有者权益增长越快，债权人的债务越有保障，企业发展后劲越强。

3. 总资产增长率

总资产增长率，又称总资产扩张率，是指企业本年总资产增长额同年初资产总额的比率，反映企业本期资产规模的增长情况。

总资产增长率=本年总资产增长额÷年初资产总额

其中：本年总资产增长额=年末资产总额-年初资产总额

总资产增长率越高，表明企业一定时期内资产经营规模扩张的速度越快。但在分析时，需要关注资产规模扩张的质和量的关系，以及企业的后续发展能力，避免盲目扩张。

(五)综合指标分析

企业的各种财务活动、各项财务指标是相互联系、相互影响的。综合评价的主要方法有杜邦分析法和财务比率综合评价法。

1. 杜邦分析法

杜邦分析法是利用各个主要财务比率指标之间的内在联系，建立财务比率分析的综合模型来综合分析企业财务状况的方法。这种方法是由美国杜邦公司最先设计和采用的，故称杜邦分析法。

杜邦分析法中，包含以下几种主要的指标关系如下：

总资产净利率=总资产净利率×权益乘数

　　　　　　=销售净利率×总资产周转率×权益乘数

其中：权益乘数=$\dfrac{资产}{负债}$=$\dfrac{1}{1-资产负债率}$

进行层层分解可得：

总资产净利率=销售净利率×总资产周转率

销售净利率=$\dfrac{\text{净利润}}{\text{营业收入}}$

总资产周转率=$\dfrac{\text{营业收入}}{\text{资产总额}}$

净利润=总收入-总成本费用

资产总额=流动资产+非流动资产

从杜邦财务分析体系中可以看出，企业的核心比率-净资产收益率取决于企业三项指标：企业盈利能力、营运能力和财务杠杆。通过先比较本企业净资产率与前期的差异，将各期净资产报酬率进行层层分解，直至分解到各项明细成本、费用、资产等，从而分析出企业净资产报酬率上升或下降的主要原因。运用这种方法，可以找到企业总体盈利能力变动的根源，从而制定正确的决策，使企业健康发展。

(1) 净资产收益率是一个综合性最强的财务比率，是杜邦系统的核心。财务管理的目标是使所有者财富最大化，净资产收益率反映所有者投入资金的获利能力，反映企业筹资、投资、资产运营等活动的效率，提高净资产收益率是所有者财富最大化的基本保证。

(2) 总资产净利率也是一个重要的财务比率，综合性也较强。它是销售净利率和总资产周转率的乘积，因此，要进一步从销售成果和资产运营两方面来分析。

(3) 业主权益乘数反映了企业资本结构的指标，对提高净资产收益率具有杠杆作用。在总资产需要量既定的前提下，企业适当开展负债经营，相对减少股东权益所占的份额，就可使此项财务比率提高。

(4) 销售利润率是反映企业商品经营能力最重要的指标，提高销售利润率是提高企业盈利能力的关键所在。提高销售利润率的途径，一是要扩大销售收入，二是要降低成本费用。利用杜邦分析图可以研究企业成本费用的结构是否合理，从而加强成本控制。

(5) 总资产周转率是反映企业营运能力的最重要指标，如果企业持有的现金超过业务需要，就可能影响企业的获利能力；如果企业占用过多的存货和应收账款，则既要影响获利能力，又会影响偿债能力。为此，分析企业资产的使用是否合理、营运效率高低、流动资产和非流动资产的比例安排是否恰当是企业资产经营的核心问题。

2. 财务比率综合评价法

各种财务比率分别反映了企业会计报表中各项目之间的对比关系，但是，每项财务比率只能反映某一方面的情况。为了获得一个总的认识，可以运用指数法计算一个综合指数。

运用指数法编制综合分析表的程序如下。

(1) 选定评价企业财务状况的比率指标。通常要选择能够说明问题的重要指标。由于偿债能力、营运能力和获利能力三类比率指标能从不同侧面反映财务状况，故应分别从中选择若干具有代表性的重要比率。

(2) 根据各项比率指标的重要程度，确定其重要性系数。各项比率指标的重要性系数之和应等于1。重要程度的判断，需根据企业经营状况，一定时期的管理要求，企业所有者、债权人和经营者的意向而定。

(3) 确定各项比率指标的标准值。财务比率指标的标准位是指各该指标在本企业现时条件下的最理想的数值，即最优值。

(4) 计算企业在一定时期内各项比率指标的实际值。

(5) 求出各指标实际值与标准值的比率，称为关系比率。

(6) 求得各项比率指标的综合指数及其合计数。各项比率指标的综合指数，是关系比率和重要性系数的乘积，其合计数可作为综合评价企业财务状况的依据。一般而言，综合指数会计数如果为1或接近于1，表明企业财务状况基本上符合标准要求；如果与1有较大的差距，则表明企业财务状况偏离标准要求。

第三节　上市公司估值分析*

拓展阅读 15-4　上市公司估值分析见右侧二维码　　　　拓展阅读 15-4.docx

本 章 小 结

本章包括三个部分内容，第一部分基本素质分析包括业务分析、竞争对手分析和经营者素质分析；第二部分财务报表分析包括偿债能力分析、营运能力分析、盈利能力分析和发展能力分析，以及综合指标分析法，详细介绍了杜邦分析法和财务比率综合评价法；第三部分上市公司估值分析包括绝对估值分析和相对估值分析。

自 测 题

一、名词解释

资产负债率　财务杠杆　存货周转率　杜邦分析　应收账款周转率　利息保障倍数　偿债能力　营运能力　核心竞争力　股利贴现模型

二、判断题

1. 波士顿矩阵认为一般决定产品结构的基本因素有两个，即市场引力与企业实力。
（　　）
2. 资产负债表是根据会计恒等式"资产=负债+所有者权益"编制而成的。（　　）
3. 从杜邦财务分析体系图中可以看出，企业的核心比率——净资产收益率取决于企业三项指标：企业盈利能力、营运能力和财务杠杆。（　　）
4. 流动比率越高，表示企业偿还短期债务的能力就越强，所以，流动比率越高越好。
（　　）
5. 股利折现模型是采用收入的资本化定价方法。（　　）

三、单项选择题

1. 流动比率的大小主要取决于不包括以下因素(　　)。

第十五章 证券市场的上市公司分析

  A. 应付账款 B. 存货周转次数 C. 存货周转天数 D. 平均收账期

2. 从营业收入、成本费用的角度来分析获利能力，主要通过研究利润表中各项目之间的对比关系来分析公司获利能力，这方面的指标不包括(　　)。

  A. 毛利率 B. 营业利润率 C. 总资产收益率 D. 成本费用率

3. 资产负债表中的负债是根据(　　)顺序排列的。

  A. 使用年限 B. 到期时间 C. 重要性 D. 金额大小

4. 财务报表分析的对象是企业的基本活动，不是指(　　)。

  A. 筹资活动 B. 投资活动 C. 经营活动 D. 全部活动

5. 下列活动中属于长期债权的是(　　)。

  A. 短期贷款 B. 融资租赁 C. 商业信用 D. 短期债券

6. 资产与权益的比值被称为(　　)。

  A. 资产负债比 B. 权益乘数 C. 营运比率 D. 资产增长比率

7. 可用于偿还流动负债的流动资产指(　　)。

  A. 存出投资款   B. 回收期在一年以上的应收款项

  C. 现金   D. 存出银行汇票存款

8. 一般来讲 DDM 模型适用于(　　)的公司。

  A. 没有股利发放历史或未来没有明确股利发放政策

  B. 股利发放与公司收益没有直接关系

  C. 股利发放政策多变

  D. 股利分红多且股利稳定

9. 现金牛产品的主要财务特征包括(　　)。

  A. 销售量小 B. 产品利润率低 C. 负债比率高 D. 增长率低

10. 酸性测试比率，实际上就是(　　)。

  A. 流动比率 B. 速动比率 C. 保守速动比率 D. 利息保障倍数

四、多项选择题

1. (　　)指标可用来分析长期偿债能力。

  A. 产权比率 B. 资产负债率 C. 权益乘数 D. 速动比率

2. 财务报表分析的主体是(　　)。

  A. 债权人   B. 投资人   C. 审计师   D. 经理人员

3. 下列不属于波士顿矩阵对产品分类的是(　　)。

  A. 主宰产品 B. 虚弱产品 C. 问题产品 D. 明星产品

4. 从利润表来看，公司的利润包括(　　)几种形式。

  A. 营业利润 B. 息税利润 C. 利润总额 D. 净利润

5. 与 EEITDA 密切相关的财务数据指标包括(　　)。

  A. 税后净利润 B. 贴现净值 C. 所得税   D. 折旧

五、简答题

1. 如何阅读上市公司定期报告？
2. 资产负债率变化对企业的影响是什么？

3. 杜邦分析的含义及其对企业经营的意义是什么？
4. 现金流量表分析的要点是什么？
5. 上市公司估值分析的方法比较。

六、论述题

如何评价上市公司财务指标分析的几种能力指标？

第十六章 证券市场的技术分析

【学习目标】

读者应当了解证券市场技术分析的基本概念、特点以及技术分析与基本面分析的关系；熟悉技术分析的三大假设；掌握技术分析的基本要素；认识技术分析的应用范畴和局限性；熟悉技术分析的常用方法，掌握图形分析的具体分析思路，熟悉指标分析的具体内容。

【导读案例】

> **2020年美股第一次熔断下的国内技术面指标变化**
>
> 2020年3月9日美国东部时间周一，美股市场开盘仅四分钟便触发跌幅7%的熔断，随后三大股指全天均处于大幅下跌的状态，截至收盘，道指跌7.79%；标普500指数下跌7.60%，创2008年12月以来最大单日跌幅；纳指下跌7.29%。国际油价暴跌，美油、布油双双暴跌超24%，创1991年以来最大单日跌幅。财政部表示，合理调整国有金融资本在银行、证券、保险等行业的比重，推动国有金融资本向重要行业和关键领域、重要基础设施和重点金融机构集中，提高资本配置效率。
>
> 2020年3月10日指数小幅低开随后盘中上演V形反转。技术上，沪指处于调整阶段，同级别MACD指标出现绿柱，KDJ指标死叉下行，处于短期震荡趋势。60、30分钟后走出放量反弹阳线，均线压力明显，MACD下方绿柱拉长，KDJ低位钝化，30、15分钟KDJ反弹金叉上行，开口缩小，15分钟缩量阴线。
>
> 美股历史性熔断，全球市场深受影响，沪深两市指数受此波动影响，整体呈现低开震荡的态势，相对较强势，板块个股普遍下跌，市场做多情绪较低迷，短期内A股面临着比较严峻的考验！

(资料来源：东方财富网，https://www.eastmoney.com，2020年3月10日，有增删)

第一节 技术分析概述

一、技术分析的内涵

证券投资一般追求的是证券市场提供的两种增值来源：一种是基本收益，这是投资者进入证券市场最基本的出发点，分析的侧重点在于股票的基本面分析，包括上市公司红利、盈利水平及发展前景；另一种是资本收益，目标是取得买卖差价，即低价买入高价卖出，分析的侧重点在于技术分析。

(一)技术分析的概念界定

技术分析是相对于基本分析而言的。基本分析法着重于对宏观经济情况、行业发展趋势以及个别公司的经营管理状况、发展动态等因素进行分析，以此来研究证券的价值，衡量证券价格的高低。而技术分析则是通过图表或技术指标的记录，研究市场过去及现在的行为反应，以推测未来价格的变动趋势。所关注的市场行为是指证券价格的高低及变化幅度、发生这些变化所伴随的成交量和完成这些变化所经过的时间，简单地说就是价、量、时、空。

(二)技术分析的理论基础：三大假设

技术分析对于市场的认识有其独到的一面，总结出来就是它赖以存在的力量基础，即三个合理的市场假设：市场行为涵盖一切信息；价格沿着趋势移动；历史会重演。

1. 市场行为涵盖一切信息

第一个假设是进行技术分析的基础，技术分析认为影响证券价格的全部因素(包括内在的和外在的)都反映在市场行为中，不必对影响证券价格因素的具体内容过多关心。如果不承认这一前提条件，技术分析所作的任何结论都是无效的。这条假设是有一定合理性的，因为任何一个因素对证券市场的影响最终都必然表现在证券价格的变动上。如果某一消息公布，证券价格同以前一样没有大的变动，说明这个消息不是影响证券价格的因素。

2. 价格沿着趋势移动

第二个假设是进行技术分析最根本、最核心的因素，其主要思想是证券价格的变动是按一定规律进行的，证券价格有保持原来方向运动的惯性。这条假设的合理性在于：一般来说，一段时间内证券价格一直是持续上涨或下跌，那么，今后一段时间，如果不出现意外，证券价格也会按这一方向继续运动，没有理由改变这一既定的运动方向。"顺势而为"是证券市场上的一条名言，如果证券价格没有掉头的内部和外部因素，没有必要逆大势而为。一个证券投资者之所以要卖掉手中的证券，是因为他认为目前的价格已经到顶，马上将往下跌，或者即使上涨，涨的幅度也有限，不会太多了。这种悲观的观点会一直影响这个人，直到悲观的观点得到改变。众多的悲观者就会影响证券价格的趋势，使其继续下跌。这是第二个假设合理的又一理由。否认了第二个假设，即认为即使没有外部因素的影响，证券价格也可以改变原来的运动方向，技术分析就没有了立根之本。

3. 历史会重演

第三个假设主要是从统计学与心理学两个方面考虑的。市场上进行具体买卖的是人，是由人决定最终的操作行为，人必然要受到心理学中某些规律的制约。一个人在某一场合，得到某种结果，那么，下一次碰到相同或相似的场合，这个人就认为会得到相同的结果。证券市场也一样。在某种情况下，按一种方法进行操作取得成功，那么以后遇到相同或相似的情况，就会按同一方法进行操作；如果前一次失败了，后一次就不会按前一次的方法操作。证券市场的某个市场行为给投资者留下的阴影或快乐是会长期存在的。在进行技术分析时，一旦遇到与过去某一时间相同或相似的情况，应该与过去的结果比较。过去的结果是已知的，应该是现在对未来作预测的参考。

三大假设是技术分析的理论基础。第一个假设肯定了研究市场行为就意味着全面考虑了影响证券价格的所有因素；第二和第三个假设使得我们找到的规律能够应用于证券市场的实际操作之中。当然，对这三大假设本身的合理性一直存在争论，不同的人有不同的看法。总的来说，三大假设虽不是十全十美的，但不能因此而否定它存在的合理性，而证券市场中的每个投资者都有自己熟悉和认可的分析思路。

(三)市场行为的构成要素：价、量、时、空

证券市场中，价、量、时、空是进行技术分析的基本要素。分析这几个要素的具体情况和相互关系是进行正确技术分析的基础。价就是指证券价格。可以从排序中看出，"价"是四大要素之首，它包括如下含义：证券所具备的价值、证券目前价格在市场价格体系中的位置、同行业及相关行业证券的比价、对照目标证券自身的历史价位等。量是指成交量以及持仓量。对成交量的分析是仅次于价格分析的，其实作为对市场价格短期运动的分析，成交量分析的价值更甚于价格分析。时是时间，指的是完成一个波段或一个升降周期所经过的时间，投资者关注的是价格有可能在何时出现上升或下降。空是空间，是价格的升降所能达到的程度，投资者关注的是价格有可能上升或下降到什么幅度。

1. 价和量是市场行为最基本的表现

市场行为最基本的表现就是成交价和成交量。过去和现在的成交价、成交量涵盖了过去和现在的市场行为。技术分析就是利用过去和现在的成交量、成交价资料，以图形分析和指标分析工具来分析、预测未来的市场走势。在某一时点上的价和量反映的是买卖双方在这一时点上共同的市场行为，是双方的暂时均势点。随着时间的变化，均势会不断发生变化，这就是价量关系的变化。一般来说，买卖双方对价格的认同程度通过成交量的大小得到确认。认同程度小，分歧大，成交量大；认同程度大，分歧小，成交量小。双方的这种市场行为反映在价与量上就往往呈现这样一种趋势规律：价升量增，价跌量减。根据这一趋势规律，当价格上升时，成交量不再增加，意味着价格得不到买方确认，价格的上升趋势就将会改变；反之，当价格下跌时，成交量萎缩到一定程度就不再萎缩，意味着卖方不再认同价格继续往下降了，价格下跌趋势就将会改变。成交价、成交量的这种规律关系是技术分析的合理性所在。因此，价、量是技术分析的基本要素，一切技术分析方法都是以价、量关系为研究对象的，目的就是分析、预测未来价格趋势，为投资决策提供服务。关于价和量的趋势，一般来说，量是价的先行者，价是虚的，而量是实的。

2. 时间和空间上市场潜在能力的表现

时间更多地与循环周期理论相联系，反映了市场起伏的内在规律与事物发展周而复始的特征，体现了市场潜在能量由小变大再变小的过程。空间反映的是每次市场发生变动幅度的大小，也体现市场潜在能量上升或下降的变化过程。当市场价格在一个区域维持运动越久，那么市场成本会越集中于这个价格区域，当向上或向下有效突破该价格区间的时候，其所具有的意义也就越大。当证券下跌所花的时间越少，而跌幅越大时，说明该证券下跌动力充足，在短暂反弹后还会继续探底。当证券上涨所花的时间越少，而涨幅越大时，它将来的调整幅度越大；证券在上涨或下跌途中，所花的时间越长，而价格波动幅度越小，则往往是该证券不活跃的象征，其在后来的下跌或上涨过程中多数情况下也会相对缓慢，而且涨、跌幅度小，要改变这一局面几乎只有成交量发生突增才能实现。分析证券价格的

上涨或下跌空间首先要参考历史最高价和历史最低价,当证券价格创出历史新高或新低时,需要对该证券进行重新认识。

二、技术分析的分类与特点

不同的投资者基于不同的侧重点及角度在利用历史价、成交量资料基础上进行的统计、数学计算、绘制图表的时候会有不同的研究方式,这就导致不同的技术分析方法。一般来说,可以将技术分析主要包括图形分析与指标分析,其中图形分析分为:K线分析、移动平均线分析、形态分析、波浪分析等。这两大类技术分析方法是从不同的方面理解和考虑证券市场。有些有相当坚实的理论基础,有的就没有很明确的理论基础,但都经过证券市场的实战考验,最终没有被淘汰而被保留下来。

技术分析的优点是同市场接近,考虑问题比较直接。与基本分析相比,技术分析进行证券买卖的见效快,获得利益的周期短。此外,技术分析对市场的反应比较直接,分析的结果也更接近实际市场的局部现象。技术分析适用于短期的行情预测,主要是预测短期内证券价格涨跌的趋势。通过基本分析我们可以了解应购买何种证券,而技术分析则让我们把握具体购买的时机。在时间上,技术分析法注重短期分析,在预测旧趋势结束和新趋势开始方面优于基本分析法,但在预测较长期趋势方面则不如后者。大多数成功的证券投资者都是把两种分析方法结合起来加以运用。他们用基本分析法预测长期趋势,而用技术分析法判断短期走势和确定买卖的时机。

第二节　技术图形分析

一、道氏理论*

　　拓展阅读 16-1　道氏理论见右侧二维码

二、K线理论*

　　拓展阅读 16-2　K线理论见右侧二维码

三、移动平均线理论

(一)移动平均线基本概念

移动平均线(MA)是以道琼斯的"平均成本概念"为理论基础,采用统计学中"移动平均"的原理,将一段时期内的证券价格平均值连成曲线,用来显示证券价格的历史波动情况,进而反映证券价格指数未来发展趋势的技术分析方法。它是道氏理论的形象化表述。

移动平均线定义:"平均"是指最近 n 天收市价格的算术平均线;"移动"是指我们在计算中,始终采用最近 n 天的价格数据。因此,被平均的数组(最近 n 天的收市价格)随着新

拓展阅读 16-1.docx

拓展阅读 16-2.docx

的交易日的更迭，逐日向前推移。

1. 移动平均线的计算方法

$$MA = \frac{(C_1 + C_2 + C_3 + \cdots + C_n)}{N}$$

式中，C_i 是某日收盘价；N 是移动平均周期。

移动平均线依计算周期分为短期(如5日、10日)、中期(如30日)和长期(如60日、120日)移动平均线。

移动平均线依算法分为算术移动平均线、线形加权移动平均线、阶梯形移动平均线、平滑移动平均线等多种，最为常用的是下面介绍的算术移动平均线。所谓移动平均，首先是算术平均数，如1到10十个数字，其平均数便是5.5；而移动则意味着这十个数字的变动。假如第一组是1到10，第二组变动成2到11，第三组又变为3到12，那么，这三组平均数各不相同。而这些不同的平均数的集合，便统称为移动平均数。

2. 移动平均线的意义

移动平均线实质上是一种追踪趋势的工具。其目的在于识别和显示旧趋势已经终结或反转、新趋势正在萌生的关键契机，它以跟踪趋势的进程为己任。移动平均线是一种平滑工具。通过计算价格数据的平均值，求得一条起伏较为平缓的曲线。不过，就其本质来说，移动平均线滞后于市场变化。较短期的移动平均线，比如，5天或10天的平均线，比30天的平均线更贴近价格变化。可是，尽管较短期的平均线能减少滞后的程度，但绝不能彻底地消除。短期平均线对价格变化更加敏感，而长期移动平均线则迟钝些。在某些市况下，采用短期移动平均线更有利。而在另外的场合，长期平均线虽然迟钝，也能发挥所长。

3. 移动平均线的特点

(1) 追踪趋势。移动平均线能表示趋势的方向，并追随趋势，不轻易放弃。它把证券价格的变动连续起来看，从而消除了价格运动当中由于偶然因素影响所导致的价格起伏。

(2) 滞后性。这是由其追踪趋势的特性决定的。与价格趋势相比，当价格趋势反转时，移动平均线的行动迟缓，掉头速度落后于价格方向，这是移动平均线的弱点。

(3) 稳定性。从计算方法的角度来看，移动平均线的数值变化取决于整体价格的数值，而不是某一天的数值，目的是为了消除价格变动的偶然性，因而，其方向的变化不易发生突变。

(4) 助涨助跌性。当证券价格突破移动平均线时，无论方向如何，都有持续性。

(5) 支撑与压力作用。与趋势线一样，当移动平均线的方向向上，且证券价格运行于移动平均线之上时，对证券价格有支撑作用；相反，移动平均线向下，则对运行于其下方的证券价格起阻挡作用。而且，当价格突破移动平均线之后，支撑与压力意义也会相互转换。

(二)葛兰维尔买卖法则

1. 买入信号

(1) 移动平均线从下降开始走平，证券价格从下向上穿越移动平均线。当价格在移动平均线之下时，说明买方的需求较低，卖方的抛售意味较重，以至于证券价格受到下降当中的移动平均线的压制。当证券价格的下降趋势减缓并向上运动后，并不能肯定上升趋势的确立，而当 MA 走平后，证券价格向上突破了移动平均线，则说明市场需求的增长，意味着买方力量的增强，因此是买入的信号时机。

（2）移动平均线上升状态，证券价格跌至移动平均线以下后(急速下跌)。移动平均线的上升趋势表明了价格的运动方向，由于它消除了日常价格波动中偶然因素的影响，因此当价格向下突破 MA 时，并不意味着价格趋势的反转，更大的可能只是价格上升中的调整，因此可作为买入的信号。当然，在价格上升的幅度很大时，此信号只能作为参考，还需要其他的技术分析方法验证。

（3）证券价格在移动平均线之上，且向下跌至移动平均线附近，再度上扬时。移动平均线在上升趋势中具有支撑作用，证券价格在上升的过程中会出现正常的调整，但每次回落的低点却在逐级抬高。虽然价格的回落并不一定能到达移动平均线的位置，但在此附近上扬时却是较好的买入时机。

（4）证券价格在移动平均线之下，远离移动平均线时。证券价格在移动平均线之下大幅下降，意味着出现恐慌性的抛售行为，当价格大幅度下降之后，这种抛售行为通常会因超卖现象导致的价格过低而终止，由此会导致价格的暂时性反弹，对于短线交易者来说，是为买入时机。不过，由于证券价格远离移动平均线没有明确的距离标准，交易者可以参考反映超买超卖现象的技术指标作为交易的依据。

2. 卖出信号

（1）移动平均线由上升开始走平，证券价格向下跌破移动平均线时。移动平均线追踪价格趋势，当移动平均线由上升转为平缓时，表明价格趋势有下降倾向，当价格向下有效穿越移动平均线后，即已确认价格的反转，是为卖出依据。

（2）移动平均线下降，证券价格向上突破移动平均线，又回到移动平均线之下。移动平均线反映了价格的下降趋势，虽然证券价格向上穿越了移动平均线，但并不能就此说明趋势的反转，更大的可能则是较强的价格反弹。因此当价格回落时构成卖出信号。

（3）移动平均线向下，证券价格在移动平均线下方向上，到达移动平均线遇阻回落。下降的移动平均线具有阻力作用，当价格向上到达移动平均线的附近时，通常会遇阻回落，形成卖出时机。

（4）移动平均线向上，证券价格在移动平均线之上暴涨远离移动平均线时。移动平均线追踪并反映价格趋势，当价格快速上扬并远离移动平均线时，意味着因上升的势头过快而不能持久，证券价格会有回归移动平均线的倾向，因此是卖出时机。同样，证券价格远离移动平均线的距离在判断上具有主观性，可参考超买超卖指标作为依据。

3. 信号的过滤

事实上穿越是否有效没有固定的标准，下面几种情况可以提供参考。

（1）不仅收盘价穿越移动平均线，而且当日全部价格穿越移动平均线。对于谨慎的交易者来说，要提高警惕。

（2）收盘价对移动平均线的穿越达到一定幅度。

（3）两日收盘价的穿越移动平均线。

(4) 利用其他分析工具对移动平均线信号验证，如不与移动平均线同步，则可忽略该信号。

(三)移动平均线的交叉

1. 不同期间移动平均线的作用

(1) 长期移动平均线：识别基本走势。移动平均线的期间越长，可以过滤掉越多的、相对较短期的且不妨碍基本走势的价格波动。

(2) 短期移动平均线：选择买卖时机。短期移动平均线可以紧贴价格趋势，牢牢追踪当前的价格变化。但由于所反映的价格波动期间较短，容易造成价格对移动平均线的频繁穿越，从而会反复给出买卖的交易信号，其中的错误信号与中长期的移动平均线相比必定大大增加，对于从事短期交易的投资者来说，仅仅根据短期移动平均线进行交易是不够的。而对于中长期的投资者来说，短期移动平均线的意义就在于对买卖时机的选择。

2. 黄金交叉

(1) 表现形式。短期移动平均线向上穿越长期移动平均线，形成黄金交叉。

(2) 与证券价格结合使用。证券价格上穿短期移动平均线，又上穿长期移动平均线为买入信号。

(3) 伪信号识别。证券价格上穿长期移动平均线之后，又回到短期移动平均线与长期移动平均线之间的地带，说明趋势不明朗，看涨信号取消。

3. 死亡交叉

(1) 表现形式。短期移动平均线向下穿越长期移动平均线，形成死亡交叉。

(2) 与证券价格结合使用。证券价格向下穿越短期和长期移动平均线，卖出信号。

(3) 伪信号过滤。证券价格下穿长期移动平均线，又回到长期和短期移动平均线之间地带。

4. 三重交叉法

(1) 买入信号。短期移动平均线上穿中期移动平均线；验证：短期移动平均线上穿长期移动平均线；上升趋势的验证：短、中、长期移动平均线由上至下依次排列。

(2) 卖出信号。短期移动平均线下穿中期移动平均线；验证：短期移动平均线下穿长期移动平均线；下降趋势验证：短、中、长期移动平均线由下至上依次排列。

四、形态理论*

拓展阅读 16-3　形态理论见右侧二维码

拓展阅读 16-3.docx

五、波浪理论*

拓展阅读 16-4　波浪理论见右侧二维码

拓展阅读 16-4.docx

第三节 技术指标分析

技术指标是技术分析的重要分支。经过百年发展，全世界各种各样的技术指标有千种以上，本书将简要介绍几个常用的技术指标。

一、技术指标概述

技术指标的本质是对原始数据进行处理，指的是将这些数据的部分或全部进行变形，整理加工制成图表，并用制成的图表对股市进行行情研制。可见，不同的处理方法就会产生不同的技术指标。

(一)技术指标的应用法则

技术分析的应用法则主要通过以下几个方面进行：①指标背离；②指标的交叉；③指标的高位和低位；④指标的徘徊；⑤指标的转折；⑥指标的盲点。指标背离是指技术指标的走向与股价走向不一致。指标的交叉是指技术指标中的两条线发生了相交现象，常说的黄金交叉和死亡交叉就属这类情况。高位和低位是指技术指标进入超买区和超卖区。指标的徘徊是指技术指标处在进退都可以的状态，没有明确的对未来方向的判断。指标的转折是指技术指标的图形发生了掉头，这种掉头有时是一个趋势的结束和另一个趋势的开始。指标的盲点是指技术指标无能为力的时候。

(二)技术指标法同其他技术分析方法的关系

其他技术分析方法都有一个共同点，那就是只重视价格，不重视成交量。如果单纯从技术的角度看，没有成交量的信息，别的方法都能正常运转，照样进行分析研究，照样进行行情预测。技术指标由于种类繁多，所以考虑的方面就很多，人们能够想到的，几乎都能在技术指标中得到体现，这一点是其他的技术分析方法无法比拟的。在进行技术指标的分析和判断时，也经常用到其他的技术分析方法的基本结论。

(三)应用技术指标应注意的问题

技术指标说到底是一批工具，每种工具都有自己的适应范围和适用环境。有时有些工具的效果很差，有时效果就好。人们在使用技术指标时，常犯的错误是机械地照搬结论，而不问这些结论成立的条件和可能发生的意外。首先是盲目地绝对相信技术指标，出了错误以后，又走向另一个极端，认为技术分析指标一点用也没有，这显然是错误的认识。每种指标都有自己的盲点，也就是指标失效的时候，投资者要在实际中不断地总结，并找到盲点所在。了解每一种技术指标是很必要的，但是，众多的技术指标不可能都考虑到，每个指标在预测大势方面也有能力大小和准确程度的区别。通常使用的手法是以四五个技术指标为主，别的指标为辅。这四五个技术指标的选择各人有各人的习惯，不好事先规定，但是，随着实战效果的好坏，这几个指标应该不断地进行调整。

二、价格类技术指标

价格类技术指标主要包括平滑异同移动平均线指标、随机指标、相对强弱指标和乖离率指标。

(一)平滑异同移动平均线指标——MACD

MACD 指标又叫指数平滑异同移动平均线，是由查拉尔·阿佩尔(Gerald Apple)创造的，是一种研判股票买卖时机、跟踪股价运行趋势的技术分析工具。MACD 指标主要是通过 EMA、DIF 和 DEA(或叫 MACD、DEM)这三值之间关系的研判，DIF 和 DEA 连接起来的移动平均线的研判以及 DIF 减去 DEM 值而绘制成的柱状图(BAR)的研判等来分析判断行情，预测股价中短期趋势的主要的股市技术分析指标。其中，DIF 是核心，DEA 是辅助。DIF 是快速平滑移动平均线(EMA1)和慢速平滑移动平均线(EMA2)的差。BAR 柱状图在股市技术软件上是用红柱和绿柱的收缩来研判行情。

1. DIF 和 MACD 的值及线的位置

(1) 当 DIF 和 MACD 均大于 0(即在图形上表示为它们处于零线以上)并向上移动时，一般表示为股市处于多头行情中，可以买入或持股。

(2) 当 DIF 和 MACD 均小于 0(即在图形上表示为它们处于零线以下)并向下移动时，一般表示为股市处于空头行情中，可以卖出股票或观望。

(3) 当 DIF 和 MACD 均大于 0(即在图形上表示为它们处于零线以上)但都向下移动时，一般表示为股价即将下跌，可以卖出股票。

(4) 当 DIF 和 MACD 均小于 0(即在图形上表示为它们处于零线以下)但向上移动时，一般表示为行情即将启动，股票将上涨，可以买进股票或持股待涨。

2. DIF 和 MACD 的交叉情况

(1) 当 DIF 和 MACD 都在零线以上，而 DIF 向上突破 MACD 时，表明股市处于一种强势之中，股价将再次上涨，可以加码买进股票或持股待涨，这就是 MACD 指标"黄金交叉"的一种形式。

(2) 当 DIF 和 MACD 都在零线以下，而 DIF 向上突破 MACD 时，表明股市即将转强，股价跌势已尽将止跌朝上，可以开始买进股票或持股，这是 MACD 指标"黄金交叉"的另一种形式。

(3) 当 DIF 和 MACD 都在零线以上，而 DIF 却向下突破 MACD 时，表明股市即将由强势转为弱势，股价将大跌，这时应卖出大部分股票而不能买股票，这就是 MACD 指标的"死亡交叉"的一种形式。

(4) 当 DIF 和 MACD 都在零线以上，而 DIF 向下突破 MACD 时，表明股市将再次进入极度弱市中，股价还将下跌，可以再卖出股票或观望，这是 MACD 指标"死亡交叉"的另一种形式。

3. MACD 指标中的柱状图分析

在股市计算机分析软件中通常采用 DIF 值减去 DEA(即 MACD、DEM)值而绘制成柱状图，用红柱状和绿柱状表示，红柱表示正值，绿柱表示负值。用红绿柱状来分析行情，既直观明了又实用可靠。

(1) 当红柱状持续放大时，表明股市处于牛市行情中，股价将继续上涨，这时应持股待涨或短线买入股票，直到红柱无法再放大时才考虑卖出。

(2) 当绿柱状持续放大时，表明股市处于熊市行情之中，股价将继续下跌，这时应持币观望或卖出股票，直到绿柱开始缩小时才可以考虑少量买入股票。

(3) 当红柱状开始缩小时，表明股市牛市即将结束(或要进入调整期)，股价将大幅下跌，这时应卖出大部分股票而不能买入股票。

(4) 当绿柱状开始收缩时，表明股市的大跌行情即将结束，股价将止跌向上(或进入盘整)，这时可以少量进行长期战略建仓而不要轻易卖出股票。

(5) 当红柱开始消失、绿柱开始放出时，这是股市转市信号之一，表明股市的上涨行情(或高位盘整行情)即将结束，股价将开始加速下跌，这时应开始卖出大部分股票而不能买入股票。

(6) 当绿柱开始消失、红柱开始放出时，这也是股市转市信号之一，表明股市的下跌行情(或低位盘整)已经结束，股价将开始加速上升，这时应开始加码买入股票或持股待涨。

(二)随机指标——KDJ

KDJ 指标的中文名称是随机指数。最早起源于期货市场。随机指标是由乔治·莱恩首创的，它在通过当日或最近几日最高价、最低价及收盘价等价格波动的波幅，反映价格趋势的强弱。随机指标在图表上共有三根线，K 线、D 线和 J 线。随机指标的使用方法如下：

(1) 一般而言，D 线由下转上为买入信号，由上转下为卖出信号。

(2) KD 都在 0～100 的区间内波动，50 为多空均衡线。如果处在多方市场，50 是回档的支持线；如果处在空方市场，50 是反弹的压力线。

(3) K 线在低位上穿 D 线为买入信号，K 线在高位下穿 D 线为卖出信号。

(4) K 线进入 90 以上为超买区，10 以下为超卖区； D 线进入 80 以上为超买区，20 以下为超卖区。宜注意把握买卖时机。

(5) 高档区 D 线的 M 形走向是常见的顶部形态，第二头部出现时及 K 线二次下穿 D 线时是卖出信号。低档区 D 线的 W 形走向是常见的底部形态，第二底部出现时及 K 线二次上穿 D 线时是买入信号。M 形或 W 形的第二部出现时，若与价格走向发生背离，分别称为"顶背驰"和"底背驰"，买卖信号可信度极高。

(6) J 值可以大于 100 或小于 0。J 指标为依据 KD 买卖信号是否可以采取行动提供可信判断。通常，当 J 值大于 100 或小于 10 时被视为采取买卖行动的时机。

(7) KDJ 本质上是一个随机性的波动指标，所以，计算公式中的 N 值通常取值较小，以 5～14 为宜，可以根据市场或商品的特点选用。不过，将 KDJ 应用于周线图或月线图上，也可以作为中长期预测的工具。

(三)相对强弱指标——RSI

RSI 指标的中文名称是相对强弱指数(Relative Strength Index)，是一个非常有用的动能指标。它的原理是假设收盘价是买卖双方力道的最终表现与结果，把上涨视为买方力道，下跌视为卖方力道，通过比较双方的力道转化成双方力道的相对强度，使之成为一个位于 0～100 的数值，从而更能方便参考使用。

强弱指标理论认为，任何市价的大涨或者大跌，均在 0～100 波动。根据常态分析，认为 RSI 值在 30～70 的变动属正常情况，在 80～90 时，被认为市场已达超买状态，至此市场价格自然面临回落调整；而在 10～20 时，被认为市场已达超卖状态，至此市场价格自然面临企稳回升。但投资者可能会发现：有时 RSI 在 80 以上时，股价仍不断上扬，因此仅仅用是否通过 80 来划分股价是否超买来判断顶部，不太可靠。

一般来讲，技术指标都有"顶背离"的走势出现，RSI 指标也不例外。RSI 指标出现"顶背离"，是指股价在一个上升趋势当中，先创出一个新高点，这时 RSI 指标也相应在 80 以上创出一个新高点，之后股价出现一定幅度回落，RSI 也随着股价的回落走势出现调整。但是如果之后股价再度出现冲高，并且超越前期高点时，而 RSI 虽然随股价继续上扬，但是并没有超过前期高点，这就形成 RSI 的"顶背离"。RSI 出现"顶背离"后，股价见顶的可能性较大。发现指标出现"顶背离"走势后，投资者应结合当时市场气氛和盘面情况进行综合判断。如果市场仍然处于相对看多的阶段，则股价继续上扬的可能性较大，但是幅度和力度都将明显弱于前期，这主要是因为这种上涨，是在市场人气刺激下出现的上涨走势，并不是成交量的实质推动，因而涨势不能长久。

(四)乖离率指标——BIAS

乖离率(BIAS)简称 Y 值，它是移动平均原理派生的一项技术指标，其功能主要是通过测算股价在流动过程中与移动平均线出现的偏离程度，从而得出股价在剧烈波动时因偏离移动平均线而造成的可能的回档与反弹，以及股价在波动过程中继续原有趋势的可信度。乖离率指标的应用方法如下：

(1) 在弱势市场上，股价与 6 日移动平均线的乖离率达到+6%以上时为超买现象，是卖出时机；当其达到-6%以下时为超卖现象，是买入时机。而在强势市场上，股价与 6 日移动平均线乖离率达+8%以上时为超买现象，是卖出时机；当其达到-3%以下时为超卖现象，是买入时机。

(2) 在弱势市场上，股价与 12 日移动平均线的乖离率达到+5%以上时为超买现象，是卖出时机；当其达到-5%以下时为超卖现象，是买入时机。而在强势市场上，股价与 12 日移动平均线的乖离率达到+6%以上时为超买现象，是卖出时机；当其达到-4%以下时为超卖现象，是买入时机。

(3) 对于个别股票，由于受多空双方激战的影响，股价和各种平均线的乖离率容易偏高，因此运用中要随之而变。

(4) 当股价与平均线之间的乖离率达到最大百分比时，就会向零值逼近，有时也会低于零或高于零，这都属于正常现象。

(5) 多头市场的暴涨和空头市场的暴跌，都会使乖离率达到意想不到的百分比值，但出现的次数极少，而且持续时间也很短，因此可以将其看作一种例外情形。

(6) 在大势上涨的行情中，如果出现负乖离率，就可以在股价下跌时买进，此时损失的风险较小。

(7) 在大势下跌的行情下，如果出现正乖离率，可以在股价上升时脱手卖出。

三、成交量类技术指标*

拓展阅读 16-5　成交量类技术指标见右侧二维码

拓展阅读 16-5.docx

四、大盘类技术指标*

拓展阅读 16-6　大盘类指标见右侧二维码

拓展阅读 16-6.docx

本 章 小 结

技术分析的本质是通过图表或技术指标的记录，研究市场过去及现在的行为反应，以推测未来价格的变动趋势。本章介绍了证券市场技术分析的基本概念、理论基础和基本要素；梳理了证券投资技术分析的道氏理论、波浪理论、移动平均线理论、K 线理论及组合分析、反转形态、整理形态分析及其应用，除此之外，还介绍了证券市场技术指标的基本原理与应用原则，帮助读者更好地理解证券投资技术分析。

自 测 题

一、名词解释

上影线　下影线　趋势　反转形态　技术指标　乖离率　道氏理论　支撑线　压力线　量、价、时、空

二、判断题

1. 市场行为涵盖一切信息是进行技术分析最根本、最核心的因素。　　　　　　　（　　）
2. 技术分析法注重短期分析，在预测旧趋势结束和新趋势开始方面优于基本分析法，但在预测较长期趋势方面则不如后者。　　　　　　　　　　　　　　　　　　（　　）
3. 第二浪是最具爆炸性的一浪，也经常会成为最长的一个浪。　　　　　　　　（　　）
4. 移动平均线具有追踪趋势、滞后性、稳定性、助涨助跌性、支撑与压力作用等特点。　　　　　　　　　　　　　　　　　　　　　　　　　　　　　　　　（　　）
5. 在 VR＜160 时，股价上扬，VR 值见顶，可卖出。　　　　　　　　　　　　（　　）

三、单项选择题

1. 技术分析流派主要的假设不包括(　　)。
   A. 市场行为涵盖一切信息　　　　B. 价格沿着趋势移动
   C. 股票的价格围绕着价值波动　　D. 历史会重演
2. 下面哪一个不是道氏理论中指出的证券价格运动的趋势？(　　)
   A. 基础趋势　　B. 长期趋势　　C. 次级趋势　　D. 短期趋势

3. (　　)认为所有价格中，收盘价是最重要的价格，甚至认为只需要用收盘价，不需要用其他价格。
   A. 道氏理论　　B. K 线理论　　C. 形态理论　　D. 波浪理论
4. 波浪理论认为一个完整的周期分为(　　)。
   A. 上升 5 浪，调整 3 浪　　　　B. 上升 5 浪，调整 2 浪
   C. 上升 3 浪，调整 3 浪　　　　D. 上升 4 浪，调整 2 浪
5. 股市当中常说的黄金交叉，是指(　　)。
   A. 短期移动平均线向上突破长期移动平均线
   B. 长期移动平均线向上突破短期移动平均线
   C. 短期移动平均线向下突破长期移动平均线
   D. 长期移动平均线向下突破短期移动平均线
6. 移动平均指标线的特点不包括(　　)。
   A. 具有一定的滞后性　　　　B. 追踪趋势
   C. 波动性　　　　　　　　　D. 助涨助跌性
7. (　　)假说是进行技术分析最根本、最核心的因素。
   A. 价格围绕价值波动　　　　B. 价格沿趋势移动
   C. 市场行为涵盖一切信息　　D. 历史会重演
8. 描述股价与移动平均线相距远近程度的指标是(　　)。
   A. RSI　　B. PSY　　C. MACD　　D. BIAS
9. OBV 线表明了量与价的关系，最好的买入机会是(　　)。
   A. OBV 线上升，此时股价下跌　　B. OBV 线下降，此时股价上升
   C. OBV 线从正的累计数转为负数　D. OBV 线与股价都急剧上升
10. 当 ADR=1 时，一般表示(　　)。
    A. 多空双方谁也不占大的优势，市场处于均衡　　B. 市场出现突发利好
    C. 多方占优　　　　　　　　　　　　　　　　　D. 空方占优

四、多项选择题

1. 技术分析的要素有(　　)。
   A. 量　　　B. 价　　　C. 时　　　D. 空
2. 下列论述正确的有(　　)。
   A. 股票价格的变动反映了市场所有的消息
   B. 应当适当进行一些基本分析和别的方面的分析，以弥补技术分析的不足
   C. 市场行为是千变万化的，不可能有完全相同的情况重复出现
   D. 市场行为反映的信息同原始的信息毕竟有差异，损失信息是必然的
3. 一条 K 线上完整地记录了(　　)。
   A. 开盘价　　B. 收盘价　　C. 最高价　　D. 最低价
4. 利用 MACD 进行行情预测时，主要是从(　　)方面进行。
   A. 黄金交叉原则　　　　　　B. 指标背离原则
   C. DIF 与 DEA 的值　　　　　D. DIF 与 DEA 的相对取值

5. 以下说法正确的是( )。
   A. 在大势下跌的行情下,如果出现正乖离率,可以在股价上升时脱手卖出
   B. 当股价与平均线之间的乖离率达到最大百分比时,不会出现低于零值的情况
   C. 在大势上涨的行情中,如果出现负乖离率,就可以在股价下跌时买进,此时损失的风险较小
   D. 在弱势市场上,股价与 6 日移动平均线的乖离率达到+6%以上时,为超买现象,是卖出时机

五、简答题

1. 技术分析的三大假设如何理解?
2. 如何理解技术分析的四大要素?
3. 如何理解证券市场的市场行为?
4. 旗形与楔形分析的区别是什么?
5. 移动平均线是什么?

六、论述题

谈谈你对技术指标分析的一般认识以及如何应用各种指标。

第十七章 证券市场的策略分析

【学习目标】

通过学习本章，读者应当掌握证券市场投资活动的风险种类，分析各类风险对收益的影响，了解证券投资策略的含义与分类；掌握证券市场的价值投资策略；掌握证券市场组合投资策略及其绩效评价方法；掌握量化投资策略的主要内容，了解其相关技术。

【导读案例】

量化投资策略助力基金发展

为助力投资者把握创业板投资机遇，景顺长城在2020年5月便推出了景顺长城创业板综指增强基金。公开资料显示，景顺长城创业板综指增强基金投资于创业板综合指数成分股及其备选成分股的比例不低于非现金基金资产的80%，通过量化方法挑选优质个股，追求超越创业板综合指数的业绩水平。具体来看，创业板综合指数选取在深圳证券交易所创业板上市的全部股票，反映创业板市场的总体走势，创业板相关行业和个股覆盖较全面。该指数成分股覆盖医药生物、计算机、电子、传媒等新兴成长行业，囊括相关新能源汽车、医药生物、5G、高端制造等主题个股。

据了解，景顺长城量化投资策略和模型结合了A股市场发展历史的纵向参考和常年投资新兴市场的横向经验，具有预判性和前瞻性。指数增强相关策略产品历史业绩表现好，超额收益显著。以景顺长城沪深300指数增强为例，在量化策略的驱动之下，该产品的增强效果较为显著。过去五年，景顺长城沪深300指数增强的累计收益率为65.92%，同期沪深300指数涨幅仅为26.63%，展现了多因子模型出色的收益增强能力。

(资料来源：中国经济网，http://www.ce.cn/)

第一节 证券市场的风险与投资策略

与证券投资所追求的收益相伴随的总是风险，通常收益越高，风险越大；大众在证券市场投资中只能在收益和风险之间加以权衡，即在风险相同的证券中选择收益较高的，或者在收益相同的证券中选择风险较小的进行投资，所以证券市场的投资策略就显得十分重要。

一、证券市场的投资风险*

拓展阅读17-1 证券市场的投资风险见右侧二维码

拓展阅读17-1.docx

二、证券市场的投资策略

(一)投资策略的含义

在证券市场中,投资交易者基于对市场特定规律把握和人性的理解,以投资目标制定指导投资的规则体系、以投资规则制定行动计划方案,这种规则体系和行动计划方案就是证券投资策略。证券市场中的投资策略的核心是根据证券市场特征,制定具备盈利特征的策略集合,这些策略集合主要依赖投资交易者预期、考察证券市场历史表现,以及两者之间的相互作用的关系,以求达到一定收益预期的一系列的交易操作。

无论是中国证券市场,还是外国证券市场,证券形势都是千变万化、纷繁复杂的,但其内在规律则具有相对稳定性。人性是复杂的,但其在证券市场中的表现却具有相对稳定性和简单性。为了避免被变化万千的表面现象所迷惑和欺骗,证券投资者根据一定原则实施依规律制订的操作计划,即制定操作策略,以求尽可能地防范证券投资风险。

(二)投资策略的分类

证券市场中投资策略的分类是多样的,不同策略之间行动方案的方向有时是矛盾的。

1. 按投资交易的基础理念划分投资策略

(1) 消极型投资交易策略。消极型投资交易策略对证券市场投资交易者来说,具有相当稳定性,投资证券不随时机的变化而变化,即非时机抉择型投资策略。消极型投资策略可分为两种:简单型长期持有策略、科学组合型长期持有策略。

简单型长期持有策略。证券一旦买入并且长期持有,投资组合便具有很高的稳定性。投资组合只要确定了,积极的股票买卖行为就不会在证券市场产生。

科学组合型长期持有策略。利用现代金融学理论和行为金融学的相关理论构造复杂的股票投资组合。证券价格以基准指数为参照物,拟合证券价格走势,实时跟踪把握误差,借此衡量拟合程度。

(2) 积极型投资交易策略。积极型投资交易策略是时机选择型投资策略。积极型投资策略可分为三类:价格判断型投资策略、概念判断型投资策略和心理判断型投资策略。

价格判断型投资交易策略。在证券投资交易时以技术分析为基础,按操作策略与证券价格趋势的关系,可分为顺势策略和反转策略。顺势策略操作的指导原则是价格上升时买入或价格下降时卖出;反转策略操作的指导原则与顺势策略相反。

概念判断型投资交易策略。概念判断型投资策略以基本分析为依据,可分为价值投资、成长投资两种。价值投资策略:价值投资交易者追求的是较固定的投资回报,通过基本分析方法,对价格低于内在价值的证券进行投资。价值投资又分为消极价值投资和积极价值投资两类,消极价值投资不涉及企业的管理;而积极价值投资透过持有的股份影响企业的改造重组。成长投资交易策略:该投资策略以投资成长股、潜力股、新兴行业为主要投资对象,其投资的主要目标是随企业成长获取证券价格增值。

心理判断型投资策略。该投资策略的理论基础是行为金融理论,即以市场情绪变化为投资的出发点,以证券市场中交易者的普遍悲观与乐观程度作为投资决策参考点。

第十七章 证券市场的策略分析

(3) 混合型投资策略。这种策略也即博采型投资策略。有以下主要类型。

积极指数投资策略。这种策略也称加强指数法，指盯住选定的股票指数，随市场指数变化做相应的调整。

心理判断与概念判断复合型投资策略。把概念判断和心理判断结合起来，心理与基本分析相结合。以心理判断为投资交易买卖时机选择的依据，以独立的投资品种(行业、企业)为投资交易的选择依据。

心理判断与价格判断复合型投资策略。该策略的理论基础是现代金融学与行为金融学，该策略将心理分析方法与技术分析方法结合，是一种择时投资证券的策略。

概念判断与价格判断复合型投资策略。这种策略既考虑基本分析又结合技术分析。独立的投资品种为选择依据，技术分析为交易时机选择依据，基本分析为品种选择的依据。该策略又可大致分类如下：简单型长期持有策略、科学组合型长期持有策略、指数策略、加强指数策略、概念判断型投资策略、成长投资策略与价值投资策略、心理判断型投资策略、价格判断型投资策略、混合博采型投资策略、内幕型投资策略、利用异常型策略等。利用异常型策略是指在证券市场中存在有规律的异常现象，投资者利用这些异常现象以获得收益的行为过程。证券市场的异常现象有：小公司效应、日历效应、低市盈率效应与低价售比效应等。

2. 按投资的方法划分投资策略

为了应对证券市场的风险，获取预期收益，大众投资者与专家学者在证券市场上总结与创造的一般策略与投资技巧很多，本书主要讨论价值投资策略、组合投资策略以及量化投资策略。

(1) 价值投资策略。价值投资策略是由证券分析之父格雷厄姆提出的，指的是当股票价格低于其价值时买入股票，而当价格高于其价值时卖出股票。价值投资可以协助投资人在股市过热时预做卖出准备，而在股市空头气氛消减时抢得买入先机。价值投资的核心是基本面分析，但值得注意的是只有在无效市场或者弱式有效市场中，价值投资策略才能发挥作用。

(2) 组合投资策略。证券投资组合策略，称证券组合投资，是选择多种证券作为投资对象，在保证预定收益的前提下使投资风险最小化或在控制风险的前提下使投资收益最大化。理性投资者的基本行为特征是厌恶风险和追求收益最大化。投资者力求在这一对矛盾中达到可能的最佳平衡。如果投资者仅投资于单个证券，他只有有限的选择。当投资者将各种证券按不同比例进行组合时，其选择就会有无限多种。这为投资者在给定风险水平的条件下获取更高收益提供了机会。当投资者对证券组合的风险和收益进行权衡时，他能够得到比投资单个资产更为满意的收益与风险的平衡。

(3) 量化投资策略。量化投资策略就是利用量化的方法，进行金融市场的分析、判断和交易的策略、算法的总称。所谓的量化就是通过海量的数据客观分析决策，利用模型捕捉价差，获得持续稳定的收益，从而避免了人为主观因素干扰。量化投资就是利用计算机科技并采用一定的数学模型去实现投资理念、实现投资策略的过程。根据数学模型和交易规则生成交易信号，由系统自动执行指令的交易过程。简单来说，量化投资不是依赖大脑的判断，而是靠数学公式来投资。量化投资者把最新的市场数据和其他相关信息输入到公式里，通过公式计算得出投资的对象及投资的时机决策。量化投资实际上是一种工具，一种由投资者的经验创造、用数学模型实现的借助计算机信息化的工具。量化投资有客观性、纪律性、系统性、全面性、及时性、准确性、高效性等优势。

第二节 证券市场的价值投资策略

一、价值投资策略的概述

(一)价值投资策略的理论基础

19世纪20年代，证券市场上的股票交易只需要很低的保证金，大量的投资者进入股市，使得股票价格的上涨远远超过了股票的实际价值。随着1929年经济危机的爆发，股票大跌，股票市场损失了140亿美元，格雷厄姆与合伙人经营的投资在这一时期也遭受了重大的损失。这场经济危机促使投资者对股票市场进行重新认识。正是在这样的经济背景下，格雷厄姆提出了价值投资理论。价值投资理论也叫作稳固基础投资理论。目前学者对价值投资并没有给出一个严格统一的定义。价值投资理论认为上市公司内在价值是股票价格的基础，价格围绕内在价值的稳固基点上下波动。股票内在价值决定于经营管理等基本面因素，而股票价格在短期内除了受内在价值的约束，还取决于股市资金的供需状况。在市场资金供给不足的情况下，一家绩优企业出现安全边际时，对其投资就具备所谓的价值。

价值投资是遵循证券市场运行的首要特征，即证券价格围绕其基本价值运动的理念，其基本假设是：尽管证券的价格波动很大，其内在价值稳定且可测量，短期内证券市场价格会经常偏离其内在价值，但市场存在自我纠偏的机制，长期来看内在价值与市场价格趋同。正是由于股票价格围绕其内在价值上下波动，价值投资才能起作用。价值投资理论认为：市场是非完全有效的，至少某些时候是无效的。市场并非完全有效给价值投资者提供了以低价买入股票的机会，也提供了高价卖出股票的机会。传统观点认为，投资者的预期回报与其所承担的风险成正比。然而，价值投资理论认为，投资者所追求的回报率依赖于投资者愿意和能够完成任务的明智的努力程度，被动的投资者只能得到较小的回报，因为其不想过多地费心而又想安全；积极的投资者因运用了大量的智力、技巧和研究而能得到较大的回报，这正是建立在市场非完全有效理论基础上的投资策略。国外大量的实证研究表明价值股的市场表现优于成长股的市场表现，然而在解释这个现象上理论界存在很大的分歧：一是以DeBondt和Thaler为代表的"过度反应假说"，该学派对有效市场理论提出了挑战；二是以Fama和French为代表的"风险改变假说"，该学派从收益与风险相匹配的角度来解释两类股票的收益差，坚持有效市场理论。由于在熊市里，市场下跌是一种不分好坏整体性下跌，市场走熊后，无论是好股票，还是坏股票，该跌的跌，不该跌的也跌，不分好坏。当有价值的股票在价格下跌后，其唯一的结果是形成投资机会。这种价值不变、价格猛跌的情况在熊市下跌的过程中普遍存在，因此在熊市中安全边际大量存在。熊市里到处是黄金和黑马，熊市是价值投资的春天。

(二)价值投资策略的适用条件

1. 投资对象的长期性和业绩的优良性

价值分析非常注重对公司以往的数据分析。如果没有可靠精准的分析数据，我们将无法拿出有效的证据来估算企业的价值。由于价值投资具有优化配置证券市场资源的功能，业绩优良公司的股票总是能够获得更多投资者的青睐，而那些业绩差的公司的股票则很少有人问津。所以资金总是更多地流向那些业绩优良的公司。因此，业绩优良的公司更具投资的价值性，同时，价值投资更适合长期性投资。

2. 参照物选择的稳定性

在运用价值投资策略时，必须在同等投资环境下对不同投资工具的投资效果进行横向比较，使投资收益最大化。例如，投资债券的收益率要高于银行利率，投资股票的收益率应该高于同时期的债券的收益率。我们进行价值投资的有价证券经过可靠的历史数据即历史收益率的分析，要有比市场平均值更高更稳定的收益率。

3. 市场的有效性

市场价格能够充分反映所有信息，时间越长反映的信息越充分、准确。完全的市场化操作这是整个价值投资策略成立的基础。由供求变动和市场作用来决定最终的投资价格，才能保证价值和价格的关系得以体现和发挥。否则，价格体现价值的能力将受到限制，价格偏离之后向价值回归的趋势将发生变化。

(三)主要价值投资策略

1. 保守型价值投资策略

保守型价值投资策略以格雷厄姆为代表，在价值投资时侧重于内在价值三要素中的资产价值，认为成长性有很大的局限性，仅仅只是对未来趋势的一种预测，而不是真实的价值，成长性的风险也远远高于资产价值，并且不能计算出准确的数字。保守型价值策略与其他价值投资策略的根本区别在于其追求的是低风险、低价格、最大化的安全度。根据保守型价值投资者追求安全边际最大化、风险最小化的方法划分投资行为主要有两种：分散投资不同的证券，分散投资债券和股票。分散投资到不同的证券意味着要投资多个股票，每只股票投资的数额较小，尤其在公司配股时可以用更低的价格购买。保守型价值投资者特别倾向于购买低价位股票，特别是当公司股价被严重低估时买进，股价不超过资产价值的2/3，其中资产价值去掉全部债务和无形资产。另外，分散投资也是一种规避风险的方法，将投资分配到债券或者股票，剩余的按照两者当时的价格来决定，买进价格较低的，卖出价格较高的。

2. 积极型价值投资策略

积极型价值投资策略以彼得·林奇为代表，分散投资、高安全边际、不建议长期持有是积极型投资策略的核心。可以认为积极型投资策略是保守型投资策略和综合型投资策略的综合，不仅关心公司的内在价值，而且将公司的未来前景、行业的竞争地位、所处的宏观经济环境等也包括在内。在具体的投资策略中，表现为不追求长期持有、分散投资和价格要低于内在价值这三个特点。

3. 综合型价值投资策略

综合型价值投资策略以沃伦·巴菲特为代表的,认为在确定股票的内在价值时,除了取决于财务报表和数据以外,还要关注公司的管理层是否有先进的管理经验以及从公司各部门获取的信息。资产价格不仅包括持有的现金、流动资本、固定资产、现有资产净值,还应包括不动产、设施和设备,甚至产品的品牌形象以及客户关系、员工素质等无形资产。在具体的投资策略中主要表现为集中持有和长期持有两个特点。他们认为资金分布在少数几只股票上比分散在上百只股票更能分散投资风险,他们主张选择少于十家公司的股票,并且按照公司的管理水平、盈利水平、主营业务增长率等指标选出重点投资的公司,将资金按比例分配在这些公司的股票上,并把大部分资金投在重点选择的公司股票上。综合型价值投资策略的另一个特点是长期持有,在公司的基本面没有变得很差的时候,不轻易改变投资对象,通过长期持有减少分析公司的交易成本以及信息成本等,从而更有效地分析公司的基本经营情况。

二、价值投资策略的流程

(一)从宏观、中观到微观面的经济预测

价值投资关注的是上市公司未来的成长性,因此需要对GDP、行业未来的市场状况以及公司的销售收入、收益、成本和费用等做出尽可能准确的预测。预测方法主要有概率预测和经济计量模型预测两种。

(二)筛选具有发展潜力的行业

通过宏观经济预测和行业经济分析,投资者可以判断当前经济所处的阶段和未来几年内的发展趋势,这样可以进一步判断未来几年内可以有较大发展前景的行业。

(三)估算股票的内在价值

在确定了欲投资的行业之后,需要对所选行业内的个股进行内在价值分析。股票内在价值的估算有很多种方法,一般来说,股利贴现模型最为简单而被普遍使用。通常确定价值型股票的标准有:

1. 低市盈率(P/E)标准

市盈率是将股票的价格除以当期每股收益所得的值。市盈率越高,投资者对相等的盈利所支付的价格也越高,那么对相应公司未来盈利增长的期望越高。偏好低市盈率的投资者相信,过高的期望是不现实的,最终将会随着股价的暴跌而被粉碎;而低市盈率股票往往价格被低估,一旦盈利水平上升,必然有良好回报。

2. 低市值比(P/B)标准

市值比是将股票的价格除以每股账面价值所得的值。所谓账面价值也即股票的清算价值或净资产值。本质上看,买入低市值比的股票也就是以接近公司净资产值的价格获得了

公司的资产，其获得良好回报的可能性较高。

3. 低价现比(P/C)标准

价现比是股票的价格同当期每股现金流的比值。该标准类似于低市盈率标准，只是一些审慎的投资者认为，现金流数字通常比盈利数字更加难以操纵罢了，所以该标准可能更为可靠。

4. 低价售比(P/S)标准

价售比是股票价格与每股销售额的比值。该标准认为，每股销售收入反映了公司产品的市场接受状况，具备良好的销售收入并且价格较低的股票未来获得高回报的可能性较大。

5. 高股息率标准

高股息率通常在国外成熟市场是指股息占股票总收益的比例在50%以上。直接投资该类股票不仅既得收益可观，并且通常由于股息被人为操纵的可能性较小，所以该标准属于典型的审慎的价值投资。

(四)筛选具有投资价值的股票

价值投资理念以效率市场理论为基础，认为有效市场的机制会使公司将来的股价和内在价值趋于一致，所以当股票的内在价值超过其市场价格时，便会出现价值低估现象，其市场价格在未来必然会修正其内在价值。由于证券市场存在信息不对称现象，所以内在价值和市场价格的偏离又是常见的现象。因此，通过上面的分析，大众投资者可以找出那些内在价值大于市场价格的股票，这类股票也就是价值投资策略所要寻求的个股。

巴菲特与可口可乐

巴菲特5岁时第一次喝到可口可乐，他觉得味道不错，在不久后，巴菲特就开始打包批发可口可乐，然后拆开，一瓶一瓶地卖掉来赚钱。但在接下来的50年里，虽然他目睹了可口可乐非凡的成长，却没有买。在这期间，他买了许多传统行业如纺织厂、百货公司、农场设备制造商。

1988年，经历了1987年股市崩盘，可口可乐的股价对比崩盘前的高价，已经低了25%，股价可以说是到了一个地板价。巴菲特悄悄地买了可口可乐公司的股票，可口可乐总裁唐纳德·基奥也发现有人在巨量买入公司的股票。基奥发现所有这些买单均来自中西部的经纪商，这时他突然想到了他的朋友沃伦·巴菲特，并决定打个电话给他。因为就在一年前，他曾经在白宫的一次活动上，给巴菲特送上了一瓶樱桃味的可口可乐。基奥直接就问巴菲特："你不是恰好正在买入可口可乐吧？"巴菲特说："巧得很，我正在买入。但是如果你能在我发表声明之前保持沉默，我将非常感激。"

在基奥的保密下，巴菲特大量吃进可口可乐股票。直到1989年春天，伯克希尔的股东们才知道巴菲特动用10.2亿美元购买可口可乐股票，占到可口可乐公司股本的近7%，是伯克希尔投资组合的三分之一。这也是时至今日，伯克希尔最大的单笔投资。

(资料来源：《金融投资报》，2019-5-9)

第三节　证券市场的组合投资策略*

拓展阅读 17-2　证券市场的组合投资策略见右侧二维码

拓展阅读 17-2.docx

第四节　证券市场的量化投资策略

一、量化投资策略概述

(一)量化投资策略涉及的主要内容

量化投资策略几乎覆盖了投资的全过程,包括量化选股、量化择时、股指期货套利、商品期货套利、统计套利、算法交易、资产配置等。

1. 量化选股

量化选股就是采用数量的方法判断某个公司是否值得买入的行为。根据某个方法,如果该公司满足了该方法的条件,则放入股票池,如果不满足,则从股票池中剔除。

2. 量化择时

股市的可预测性问题与有效市场假说密切相关。如果有效市场理论或有效市场假说成立,股票价格充分反映了所有相关的信息,价格变化服从随机游走,股票价格的预测则毫无意义。众多的研究发现我国股市的指数收益中,存在经典线性相关之外的非线性相关,从而拒绝了随机游走的假设,指出股价的波动不是完全随机的,它貌似随机、杂乱,但在其复杂表面的背后,却隐藏着确定性的机制,因此存在可预测成分。

3. 股指期货套利

股指期货套利是指利用股指期货市场存在的不合理价格,同时参与股指期货与股票现货市场交易,或者同时进行不同期限,不同(但相近)类别股票指数合约交易,以赚取差价的行为,股指期货套利主要分为期现套利和跨期套利两种。股指期货套利的研究主要包括现货构建、套利定价、保证金管理、冲击成本、成分股调整等内容。

4. 商品期货套利

商品期货套利盈利的逻辑原理是基于以下几个方面:①相关商品在不同地点、不同时间对应都有一个合理的价格差。②由于价格的波动性,价格差经常出现不合理。③不合理必然要回到合理。④不合理回到合理的这部分价格区间就是盈利区间。正是基于以上几个方面,才产生了套利机会,套利者所赚取的利润就是从不合理到合理这部分空间。

5. 统计套利

有别于无风险套利,统计套利是利用证券价格的历史统计规律进行套利,是一种风险套利,其风险在于这种历史统计规律在未来一段时间内是否继续存在。统计套利在方法上可以分为两类：一类是利用股票的收益率序列建模，目标是在组合的β值等于零的前提下实现 alpha 收益，称之为β中性策略；另一类是利用股票的价格序列的协整关系建模，称之为协整策略。

6. 期权套利

期权套利交易是指同时买进卖出同一相关期货但不同敲定价格或不同到期月份的看涨或看跌期权合约，希望在日后对冲交易部位或履约时获利的交易。期权套利的交易策略和方式多种多样，是多种相关期权交易的组合，具体包括：水平套利、垂直套利、转换套利、反向转换套利、跨式套利、蝶式套利、飞鹰式套利等。

7. 算法交易

算法交易，又被称为自动交易、黑盒交易或者机器交易，它指的是通过使用计算机程序来发出交易指令。在交易中，程序可以决定的范围包括交易时间的选择、交易的价格甚至可以包括最后需要成交的证券数量。根据各个算法交易中算法的主动程度不同，可以把不同算法交易分为被动型算法交易、主动型算法交易、综合型算法交易三大类。

8. 资产配置

资产配置是指资产类别选择，投资组合中各类资产的适当配置以及对这些混合资产进行实时管理。量化投资管理将传统投资组合理论与量化分析技术的结合，极大地丰富了资产配置的内涵，形成了现代资产配置理论的基本框架。它突破了传统积极型投资和指数型投资的局限，将投资方法建立在对各种资产类股票公开数据的统计分析上，通过比较不同资产类的统计特征，建立数学模型，进而确定组合资产的配置目标和分配比例。

(二)量化投资策略的分类

量化投资交易策略，主要包括量化择时策略、统计套利策略、算法交易策略、组合套利策略、高频交易策略等。

量化择时策略是收益率最高的交易策略，是指利用某种方法来判断走势情况，确定是买入、卖出或持有，通过高抛低吸获得超额收益率。在量化择时策略中，趋势跟踪策略是投资者使用最多的策略，也是历史上收益率较高的策略。

统计套利策略是将套利建立在对历史数据进行统计分析的基础之上，利用统计学的概念及理论，估计相关变量的概率分布，并结合基本面数据进行分析以用以指导套利交易。

算法交易策略主要是研究如何利用各种下单方法，尽可能降低冲击成本的交易策略，即将一个大额的交易通过一定算法拆分成数十个小额交易，以此来尽量减少对市场价格造成冲击，降低交易成本。

组合套利策略主要是针对期货市场上的跨期、跨市及跨品种套利等交易策略。

高频交易策略是指从那些人们无法利用的极为短暂的市场变化中寻求获利的计算机化交易，一般高频交易具有交易量巨大、持仓时间短、交易次数多、单笔收益率低等特点，依靠快速大量的计算机交易以获取高额稳定的收益，目前国内市场还没有放开高频交易。

如下是量化投资中几种主要的投资交易策略：

1. 趋势跟踪策略

趋势跟踪的基本思想是追随大的走势，对于一个投资产品来说，当向上突破重要的压力位后可能意味着一波更大的上涨趋势行情的到来，或者当向下突破重要的压力位后可能意味着一波更大的下跌趋势行情的到来。趋势跟踪策略就是试图寻找大的趋势波段的到来，并且在突破的时候进行建仓或平仓的操作，以获得大的波段的收益。

趋势交易策略本身的盈利能力取决于四个因素：一是交易频率的选择；二是确定计算指标的历史数据周期；三是确定技术指标的阈值，即触发交易的指标阈值；四是风险控制原则，最主要的是止损策略。

2. 噪声交易策略

市场上有很多异常信息，当投资产品在某个特定的情况下它们就会出现，比如产品股价在底部或顶部的时候，往往会有一些知情的交易员提前知道某些信息，他们的交易行为对市场形成了干扰，如果能够捕获到这些异常信息，则可能对投资的判断提供重要的价值。噪声交易策略的运用主要是机构投资者，机构投资者通过计算获取到市场的噪声交易指数，并根据监测该指数的变化来设计量化交易策略。下面是一个简单交易策略的例子，经过回溯检验，该策略可以在熊市中提前抓住主要的反弹信号，并获得丰厚的绝对回报。

3. 协整策略

各种统计套利策略中，协整套利策略是理论基础最坚实、应用最广泛的一种策略。协整套利的主要原理，是先找出相关性最好的几对投资产品，再找出每一对的长期均衡关系，即协整关系，当某一对投资产品的价差，即协整方程的残差，偏离到一定程度时建仓，买进被低估的投资产品、卖空被高估的投资产品，等到价差回归均衡时获利了结平仓。

4. 多因素回归策略

多因素回归策略，也是统计套利中被广大机构投资者所使用的策略。这一策略基于投资收益与多种选择因素存在相关性，这类方法的代表是套利定价模型(Arbitrage Pricing Theory，APT)。该策略包括定义影响收益的因素，用收益对这些因素进行多元回归，然后基于这些相关性选择个股来建立投资组合。多因素模型通过捕捉引起收益变动的共同因素，然后开发基于这些因素的多元模型，简化投资组合分析所要求的证券相关系数的输入。

(三)量化投资策略涉及的主要技术*

拓展阅读 17-3　量化投资的主要技术见右侧二维码

拓展阅读 17-3.docx　　拓展阅读 17-4.docx

(四)国内量化交易平台*

拓展阅读 17-4　量化投资的主要交易平台见右侧二维码

二、量化投资流程*

拓展阅读 17-5　量化投资流程见右侧二维码

拓展阅读 17-5.docx

本 章 小 结

本章主要介绍了证券市场的投资风险和投资策略。证券投资风险是现代经济发展中每个投资者所面临的一个非常重要的问题。在证券投资市场，如何尽可能地避免风险的发生或将证券投资风险降到最低，获取预期收益，这就需要针对性地进行策略设计，证券市场的一般策略主要有价值投资策略、组合投资策略与量化投资策略。要注意价值投资策略的适用条件，组合投资策略的业绩评估以及量化投资策略的主要内容。

自 测 题

一、名词解释

风险　利率风险　证券投资策略　价值投资　安全边际　证券组合投资　夏普指数　詹森指数　特雷诺指数　量化投资

二、判断题

1. 过度投机形成的泡沫是股灾发生的直接原因。（　　）
2. 证券市场投资策略的制定只能依靠对市场特定规律把握。（　　）
3. 保守型价值策略与其他价值投资策略的根本区别在于其追求的是低风险、低价格、最大化的安全度。（　　）
4. 对证券投资组合业绩进行评估时，夏普指数应该越小越好。（　　）
5. 量化投资不仅靠数学公式来投资，还要依赖大脑的判断。（　　）

三、单项选择题

1. 以下不属于风险特征的是(　　)。
   A. 相对性　　B. 不可测度性　　C. 不确定性　　D. 危害性
2. 属于价值投资策略的重要概念的是(　　)。
   A. 安全边际　　B. 成长性　　C. 产品创新　　D. 价格趋势
3. 以下不属于积极型投资策略的是(　　)。
   A. 价格判断型投资交易策略　　B. 概念判断型投资交易策略
   C. 积极指数投资策略　　D. 心理判断型投资策略
4. (　　)是将股票的价格除以每股账面价值所得的值。
   A. 市盈率　　B. 市值比　　C. 价现比　　D. 价售比
5. 组合投资策略是根据(　　)的理论产生的。
   A. 格雷厄姆　　B. 巴菲特　　C. 马科维兹　　D. 威廉·夏普

6. 特雷诺用单位( )系数所获得的超额收益率来衡量投资基金的业绩。
   A. 总风险　　　B. 系统性风险　　C. 非系统性风险　D. 期望收益

7. 主要为年纪较大的投资者、需要负担家庭生活及教育费用的投资者以及有定期支出的机构投资者(如养老基金等)所运用的投资组合策略是( )。
   A. 避税型证券组合　　　　　　B. 收入和增长混合型证券组合
   C. 指数化证券组合　　　　　　D. 收入型证券组合

8. 模拟某种市场指数，以求获得市场平均的收益水平的策略是( )。
   A. 积极指数投资策略　　　　　B. 协整策略
   C. 指数化证券组合策略　　　　D. 趋势策略

9. 以下不属于量化投资的主要内容的是( )。
   A. 量化选股　　B. 量化择时　　C. 套期保值　　D. 期权套利

10. 各种统计套利策略中，( )是理论基础最坚实、应用最广泛的一种策略。
    A. 协整套利策略　　　　　　B. 多因素回归策略
    C. 噪声交易策略　　　　　　D. 趋势跟踪策略

四、多项选择题

1. 下列选项中，不会引起系统性风险的有( )。
   A. 罢工　　　　　　　　　　B. 新产品开发失败
   C. 诉讼失败　　　　　　　　D. 通货膨胀

2. 综合型价值投资策略的特点有( )。
   A. 长期持有　　B. 集中持有　　C. 追求低风险　D. 高安全边际

3. 下列属于基于CAPM框架对于基金证券组合业绩评价定量测定法的是( )。
   A. 夏普指数　　B. 特雷诺指数　　C. 詹森指数　　D. 成本比率

4. 量化投资运用的主要技术包括( )。
   A. 随机过程　　B. 人工智能　　C. 数据挖掘　　D. 时间序列分析

5. 属于人工智能领域研究的有( )。
   A. 聚类处理　　B. 自动推理　　C. 遗传算法　　D. 机器学习

五、简答题

1. 证券市场投资的风险一般有哪些内容？
2. 简述证券市场投资的分类。
3. 价值投资策略的适用条件是什么？
4. 证券市场投资组合策略的一般步骤有哪些？
5. 量化投资的主要内容有哪些？

六、论述题

结合我国证券市场的发展，论述价值投资策略是否适合我国证券市场。

参 考 文 献

[1] 中国证券业协会. 金融市场基础知识[M]. 北京：中国财政经济出版社，2020.
[2] 中国证券业协会. 证券市场基本法律法规[M]. 北京：中国财政经济出版社，2020.
[3] 李金轩，杜军平，薛哲. 基于多视角股票特征的股票预测研究[J]. 南京大学学报：自然科学版，2021，57(1).
[4] 吴晓求. 证券投资学[M]. 4 版. 北京：中国人民大学出版社，2020.
[5] 蔡清福. 全球金融市场回顾与评论[J]. 国际金融，2021(1).
[6] 丁忠明，黄华继. 证券投资学[M]. 2 版. 北京：高等教育出版社，2013.
[7] 张本照，汪文隽，蒋有光. 证券市场分析[M]. 2 版. 北京：清华大学出版社，2019.
[8] 董德志. 投资交易笔记(三)[M]. 北京：经济科学出版社，2019.
[9] 邹健. 中国债券市场操作手册[M]. 北京：中国金融出版社，2020.
[10] 中国证券投资基金业协会. 证券投资基金[M]. 北京：高等教育出版社，2017.
[11] 洪卉. 证券投资基金投资管理学[M]. 北京：中国经济出版社，2019.
[12] 基金从业人员资格考试命题研究组. 证券投资基金基础知识[M]. 成都：西南财经大学出版社，2019.
[13] 胡新辉. 基金投资品种、配置与策略[M]. 南京：东南大学出版社，2019.
[14] 基金从业资格考试专家组. 基金法律法规、职业道德与业务规范[M]. 北京：中国金融出版社，2018.
[15] 阮其华，蔡美德. 证券投资分析[M]. 南京：南京大学出版社，2019.
[16] 何文静. 公司金融[M]. 南京：南京大学出版社，2019.
[17] 李文静，张宁，于洋，等. 财务管理实务[M]. 北京：人民邮电出版社，2018.
[18] 中国人民大学国际货币研究所. 人民币国际化报告 2020[M]. 北京：中国人民大学出版社，2020.
[19] 刘金波，任鑫鹏，王立志，等. 外汇交易原理与实务[M]. 北京：人民邮电出版社，2015.
[20] 杨柳，唐晓玲. 外汇交易理论、案例与实务[M]. 重庆：重庆大学出版社，2018.
[21] 祝小兵. 黄金白银投资与理财[M]. 北京：清华大学出版社，2017.
[22] 甘犁，路晓蒙，王香，等. 中国家庭财富指数调研报告(2020 年度)[R]. 四川：西南财经大学中国家庭金融调查与研究中心，杭州：蚂蚁集团研究院，2020.
[23] 黄韬，吕廷廷，郭镇升，等. 2020 财富管理白皮书[R]. 广州：滨海金控，21 世纪资本研究院，2020.
[24] 陈岚，周菲. 中国房地产创新发展报告[R]. 北京：德勤研究中心，2020.
[25] 李文杰，许小乐. 数字化居住：2021 年新居住展望[R]. 北京：贝壳研究院，2020.
[26] 任泽平，夏磊. 房地产周期[M]. 北京：人民出版社，2017.
[27] 汪天都. 技术分析、有效市场与行为金融[M]. 上海：复旦大学出版社，2014.
[28] 2020 年第四季度中国货币政策执行报告[R]. 中国人民银行货币政策分析小组，2021.
[29] 向松祚. 经济新动能：中国经济如何转型升级[M]. 北京：中信出版社，2020.
[30] 张新民. 中小企业财务报表分析[M]. 北京：中国人民大学出版社，2020.
[31] 姚江红，张荣斌. 财务管理[M]. 南京：南京大学出版社，2019.
[32] 张虹，陈迪红. 保险学原理[M]. 北京：清华大学出版社，2018.
[33] 张智勇，朱晓哲，刘宁，等. 保险理财规划[M]. 北京：清华大学出版社，2015.
[34] 丁鹏. 量化投资策略与技术(精装版)[M]. 北京：电子工业出版社，2016.
[35] 李俊之. 价值投资策略与实战[M]. 北京：人民邮电出版社，2019.
[36] 陈工孟. 量化投资分析[M]. 北京：经济管理出版社，2015.

[37] Fama E. Efficient Capital Markets: A Review of Theory and Empirical Work[J]. Journal of Finance, 1970, 25(2): 383-417.

[38] Benjamin Graham. The Intelligent Investor[M]. Rev Ed. New York: Harper Business, 2005.

[39] Benjamin Graham. Security Analysis[M]. 6th Edition. New York: The McGraw-Hill, 2009.

[40] Jack Welch. Winning[M]. New York: Harper Business, 2005.

[41] Martin J. Whitman, Fernando M. Diz. Modern Security Analysis: Understanding Wall Street Fundamentals[M]. New Jersey: John Wiley & Sons, 2013.

[42] Philip A. Fisher. Common Stocks and Uncommon Profits and Other Writings[M]. New Jersey: John Wiley & Sons, 2003.

[43] Sharpe W. Capital Asset Prices: A Theory of Market Equilibrium Under Conditions of Risk[J]. Journal of Finance, 1964, 19(3).

[44] George D. McCarthy, Robert E. Healy. Valuing a Company: Practices and Procedures[M]. New York: Ronald Press, 1971.

[45] Franco Modigliani, Merton H. Miller. The Cost of Capital, Corporation Finance and the Theory of Investment[J]. American Economic Review, 1958, 10(3).

[46] Ross S. The Arbitrage Theory of Capital Asset Pricing[J]. Journal of Economic Theory, 1976, 13(3).

[47] Richard Brealey, Stuart C. Myers. Principles of Corporate Finance[M]. 4th Edition. New York: The McGraw-Hill, 1991.

[48] Thomas E. Copeland, Tim Koller. Valuation: Measuring and Managing the Value of Companies[M]. New Jersey: John Wiley & Sons, 1992.

[49] Martin J. Whitman, Fernando Diz. Distress Investing-Principles and Technique[M]. New Jersey: John Wiley &Sons, 2009.

[50] Gray Patrick J, Randall Woolridge. Street smart Guide to Valuing a Stock: The Savvy Investors Key to Beating the Market[M]. New York: The McGraw-Hill, 2003.

[51] R H. Thaler. Advances in Behavioral Finance[M]. New York: Princeton University Press, 1993.

[52] Hsee C K. The Affection Effect in Insurance Decisions[J]. Journal of Risk and on Certainty, 2000, 20(2).

[53] Lynch A, Musto D. How Investors Interpret Past Fund Returns. Journal of Finance[J]. 2003, 58(5).

[54] Gaspar J. Favoritism in Mutual Fund Families? Evidence on Strategic Cross-Fund Subsidization[J]. Journal of Finance, 2006, 61(1).

[55] Nanda V. Family Values and the Star Phenomenon: Strategies of Mutual Fund Families[J]. Review of Financial Studies, 2004, 17(3).

[56] Baker M, Wurgler J. Investor Sentiment and Cross Section of Stock Returns[J]. Journal of Finance, 2006, 61(4).

[57] Bergstresser D, Poterba J. Do After tax Returns Affect Mutual Fund Inflows? Journal of Financial Economics, 2002, 63(3).